公路勘测设计

主　编　李　燕
副主编　高　源

北京理工大学出版社
BEIJING INSTITUTE OF TECHNOLOGY PRESS

内 容 提 要

本书吸取了公路工程勘测设计的实践经验与方法，紧密结合现行最新公路工程勘测设计国家标准规范，全面、系统地介绍了公路勘测设计的基本理论与方法。全书共分为10个项目，主要内容包括绪论、公路平面设计、公路纵断面设计、公路横断面设计、公路选线、公路定线、公路交叉设计、公路沿线设施与环境保护、公路外业勘测及公路现代测设技术等。

本书可作为高等院校道路桥梁工程技术、交通工程以及土木工程等相关专业的教学用书，也可供从事公路工程及道路工程设计、施工的相关技术人员学习参考使用。

版权专有　侵权必究

图书在版编目（CIP）数据

公路勘测设计／李燕主编.—北京：北京理工大学出版社，2020.5（2024.2重印）
ISBN 978-7-5682-6700-7

Ⅰ.①公… Ⅱ.①李… Ⅲ.①道路测量－高等学校－教材 ②道路工程－设计－高等学校－教材 Ⅳ.①U412

中国版本图书馆CIP数据核字（2019）第025366号

责任编辑： 李玉昌　　　　**文案编辑：** 李玉昌
责任校对： 周瑞红　　　　**责任印制：** 边心超

出版发行 ／ 北京理工大学出版社有限责任公司
社　　址 ／ 北京市丰台区四合庄路6号
邮　　编 ／ 100070
电　　话 ／ （010）68914026（教材售后服务热线）
　　　　　　（010）68944437（课件资源服务热线）
网　　址 ／ http://www.bitpress.com.cn
版 印 次 ／ 2024年2月第1版第3次印刷
印　　刷 ／ 北京紫瑞利印刷有限公司
开　　本 ／ 787 mm×1092 mm　1/16
印　　张 ／ 12.5
字　　数 ／ 306千字
定　　价 ／ 45.00元

前　言

为深入实施《国家中长期教育改革和发展规划纲要（2010—2020年）》和《国家中长期人才发展规划纲要（2010—2020年）》，加快发展现代教育，编者在全面分析研究当前高等教育特点的基础上，根据最新公路行业标准、规范和人才培养目标的要求编写了本书。本书以培养学生的实践能力为导向，重点培养学生理论联系实际的学习能力和逻辑思维能力。

本书编写的主要依据为《公路工程技术标准》（JTG B01—2014）、《公路路线设计规范》（JTG D20—2017）和《公路勘测规范》（JTG C10—2007），结合工程实际，对公路的平面、纵断面、横断面的线型设计以及公路选线、定线、外业勘测等内容进行了细致、清晰的叙述。通过该课程的学习，学生应了解公路勘测设计的阶段和任务，熟悉公路勘测的方法和步骤，掌握公路路线设计的原理和方法，熟悉公路路线的设计成果，了解当前公路勘测设计的新技术，能够进行中小规模公路路线的勘测设计，为学生后续学习及以后的工作奠定一定的基础。

本书共分为10个项目。其中项目1绪论主要介绍道路发展概况及规划、道路的分级与技术标准、道路勘测设计的依据、阶段及任务等内容；项目2公路平面设计部分重点介绍公路线型三要素的线型性质及设计计算要点、曲线超高与加宽、行车视距、路线坐标计算以及平面线型设计成果；项目3公路纵断面设计部分主要介绍路线纵坡及坡长、竖曲线、爬坡车道、道路平面与纵断面线型组合设计以及纵断面设计成果；项目4公路横断面设计主要围绕路基横断面组成及设计、公路建筑限界与公路用地、路基土石方数量计算与调配、横断面设计成果几个方面展开叙述；项目5公路选线主要针对选线总体设计、不同地理区域选线要点及方案进行叙述；项目6公路定线主要介绍纸上定线、现场定线、实地放线等方法；项目7公路交叉设计包括公路交叉口交通分析、公路与公路平面和立体交叉等内容；项目8公路沿线设施与环境保护主要介绍道路服务设施、道路交通安全与管理设施、道路绿化及环境保护；项目9公路外业勘测主要介绍公路初测和定测方法；项目10公路现代测设技术主要就公路测设的新技术，例如，对CAD技术、道路透视图及公路虚拟仿真技术等在道路勘测设计中的应用进行了介绍。

为了方便读者学习，本书每个项目后均附有思考与练习，以便于学习者巩固学习内容。另外，与现今广泛使用的新技术相结合，就各项目的主要知识点生成二维码，读者可以通过扫描二维码来进行课程拓展学习。

本书由李燕担任主编，高源担任副主编。

由于编者水平有限，书中难免出现疏漏和不足之处，恳请读者批评指正。

编　者

目 录

项目1 绪论 ……………………………… 1

1.1 公路发展概况及规划 ……………… 1
　1.1.1 交通运输网络构成 …………… 1
　1.1.2 我国公路现状与发展规划 …… 2
1.2 公路的分级与技术标准 …………… 3
　1.2.1 公路分级 ……………………… 3
　1.2.2 公路技术等级选用的基本原则 … 3
1.3 公路勘测设计的依据、阶段及任务 … 4
　1.3.1 设计车辆 ……………………… 4
　1.3.2 设计速度 ……………………… 5
　1.3.3 交通量 ………………………… 5
　1.3.4 通行能力 ……………………… 6
1.4 公路勘测设计程序 ………………… 7
　1.4.1 公路勘测设计的技术依据 …… 7
　1.4.2 工程可行性研究 ……………… 7
　1.4.3 设计任务书 …………………… 7
　1.4.4 勘测设计阶段及任务 ………… 8
　1.4.5 设计文件的编制 ……………… 8
思考与练习 ……………………………… 8

项目2 公路平面设计 ………………… 9

2.1 直线 ………………………………… 9
　2.1.1 直线的线型特征 ……………… 9
　2.1.2 直线长度限制 ………………… 10
　2.1.3 直线设计要点 ………………… 11

2.2 圆曲线 ……………………………… 11
　2.2.1 圆曲线半径的计算公式与影响因素 ……………………………… 11
　2.2.2 圆曲线最小半径及选用 ……… 14
　2.2.3 圆曲线的几何要素 …………… 15
　2.2.4 主要点里程桩号的计算 ……… 15
2.3 缓和曲线 …………………………… 16
　2.3.1 设置缓和曲线的目的和条件 … 16
　2.3.2 缓和曲线的性质 ……………… 16
　2.3.3 缓和曲线最小长度 …………… 17
　2.3.4 缓和曲线常数 ………………… 18
　2.3.5 公路平面线设计 ……………… 19
2.4 平曲线超高 ………………………… 22
　2.4.1 设置超高的原因 ……………… 22
　2.4.2 圆曲线上最大超高值 ………… 22
　2.4.3 超高过渡段 …………………… 23
2.5 平曲线加宽 ………………………… 25
　2.5.1 设置加宽的原因 ……………… 25
　2.5.2 加宽的确定 …………………… 25
　2.5.3 加宽过渡段 …………………… 26
2.6 中桩坐标的计算 …………………… 27
　2.6.1 测量坐标系统 ………………… 27
　2.6.2 中桩坐标计算 ………………… 27
2.7 行车视距 …………………………… 31
　2.7.1 视距的种类 …………………… 31
　2.7.2 视距的计算 …………………… 32

  2.7.3 视距保证 ………………………33
2.8 平面线型设计要点 …………………35
  2.8.1 平面线型设计一般原则 …………35
  2.8.2 平面线型组合类型 ………………36
2.9 公路平面设计成果 …………………38
  2.9.1 直线、曲线及转角一览表 ………38
  2.9.2 逐桩坐标表 ………………………40
  2.9.3 路线平面设计图 …………………40
思考与练习 ………………………………43

项目3　公路纵断面设计 ……………44

3.1 纵坡及坡长设计 ……………………45
  3.1.1 最大纵坡、最小纵坡、平均纵坡
     及缓和坡段 ………………………45
  3.1.2 坡长限制 …………………………46
3.2 竖曲线 ………………………………48
  3.2.1 竖曲线要素计算 …………………48
  3.2.2 竖曲线半径的确定 ………………49
  3.2.3 竖曲线的设计和计算 ……………50
3.3 爬坡车道 ……………………………51
  3.3.1 设置爬坡车道的条件 ……………51
  3.3.2 爬坡车道的设计 …………………52
3.4 公路平、纵线型组合设计 …………53
  3.4.1 线型组合的基本要求 ……………53
  3.4.2 公路平、纵线型组合设计要点 …53
3.5 纵断面设计要点 ……………………56
  3.5.1 纵断面设计的主要内容 …………56
  3.5.2 纵断面设计的基本要求 …………56
  3.5.3 纵坡设计的步骤与要点 …………57
3.6 纵断面设计成果 ……………………59
  3.6.1 纵断面设计图 ……………………59
  3.6.2 路基设计表 ………………………60
思考与练习 ………………………………63

项目4　公路横断面设计 ……………64

4.1 路基横断面组成 ……………………64
  4.1.1 路基标准横断面 …………………64
  4.1.2 各级公路车道宽度 ………………65
  4.1.3 路基典型横断面 …………………68
4.2 公路建筑限界和用地范围 …………72
  4.2.1 公路建筑限界 ……………………72
  4.2.2 公路用地范围 ……………………73
4.3 公路横断面设计 ……………………74
  4.3.1 横断面设计的步骤 ………………74
  4.3.2 路基土石方数量计算及调配 ……74
4.4 横断面设计成果 ……………………78

项目5　公路选线 ………………………80

5.1 概述 …………………………………80
  5.1.1 公路选线的一般原则 ……………80
  5.1.2 公路选线的步骤和方法 …………81
5.2 路线方案选择 ………………………82
  5.2.1 影响路线方案选择的主要因素 …82
  5.2.2 路线方案比选示例 ………………82
5.3 平原区选线 …………………………84
  5.3.1 平原区路线的特点 ………………84
  5.3.2 平原区路线布设的要点 …………84
5.4 山岭区选线 …………………………86
  5.4.1 概述 ………………………………86
  5.4.2 沿河（溪）线 ……………………87
  5.4.3 越岭线 ……………………………92
  5.4.4 山脊线 ……………………………95
5.5 丘陵区选线 …………………………96
  5.5.1 概述 ………………………………96
  5.5.2 路线布设方式 ……………………97
5.6 特殊地区和不良地质地区选线 ……98
  5.6.1 风沙地质下的公路选线 …………98

  5.6.2 冻土地区的公路选线设计……… 98
  5.6.3 黄土地区的公路选线设计……… 99
  5.6.4 高烈度地质下的公路路线
     设计………………………………… 99
 思考与练习…………………………………… 100

项目6 公路定线 ……………………… 101

 6.1 定线方法 ………………………………… 101
 6.2 纸上定线 ………………………………… 102
 6.3 现场定线 ………………………………… 105
  6.3.1 一般情况下的定线……………… 105
  6.3.2 放坡定线………………………… 106
  6.3.3 直接定线与纸上定线的比较…… 110
 6.4 实地放线 ………………………………… 111
  6.4.1 穿线交点法……………………… 111
  6.4.2 直接定线法……………………… 112
  6.4.3 坐标法…………………………… 113
 思考与练习…………………………………… 114

项目7 公路交叉设计 ………………… 115

 7.1 公路交叉口交通分析 …………………… 115
  7.1.1 平面交叉口的交通分析………… 115
  7.1.2 减少或消灭冲突点的措施……… 116
 7.2 公路平面交叉 …………………………… 117
  7.2.1 交叉口设计的基本要求和任务… 117
  7.2.2 平面交叉口的技术要求………… 117
  7.2.3 平面交叉的类型和适用范围…… 118
  7.2.4 平面交叉的勘测设计要点…… 121
 7.3 公路立体交叉 …………………………… 123
  7.3.1 立体交叉的组成………………… 123
  7.3.2 主要设计内容与一般要求……… 124
  7.3.3 测设要点………………………… 128
  7.3.4 公路与公路立体交叉设计成果… 128

 7.4 公路与其他路线交叉 …………………… 129
  7.4.1 公路与铁路交叉………………… 129
  7.4.2 公路与乡村道路交叉…………… 129
  7.4.3 公路与管线交叉………………… 130
 思考与练习…………………………………… 130

项目8 公路沿线设施与环境保护 … 131

 8.1 道路服务设施 …………………………… 131
  8.1.1 公共交通站点的布设…………… 131
  8.1.2 道路照明设计…………………… 133
  8.1.3 人行天桥和人行地道…………… 135
 8.2 道路交通安全与管理设施 ……………… 137
  8.2.1 我国道路交通安全现状………… 137
  8.2.2 道路交通安全对策与措施……… 138
  8.2.3 道路交通安全设施设计………… 139
 8.3 道路绿化 ………………………………… 146
  8.3.1 道路绿化规划与设计基本原则… 146
  8.3.2 道路绿化的相关概念…………… 147
  8.3.3 道路绿化带设计………………… 147
 8.4 道路环境保护 …………………………… 148
  8.4.1 道路建设对环境的影响………… 148
  8.4.2 道路建设可持续发展的研究
     分析……………………………… 149
  8.4.3 道路环境保护设计的现状……… 151
  8.4.4 道路环境保护设计各阶段的
     内容……………………………… 151
  8.4.5 道路环境保护设计的依据……… 154
  8.4.6 道路环境保护设计的原则……… 155
 思考与练习…………………………………… 158

项目9 公路外业勘测 ………………… 160

 9.1 道路的初测 ……………………………… 160
  9.1.1 初测的准备工作………………… 160

9.1.2 初测的工作内容……………161
9.2 道路的定测………………………163
　　9.2.1 定测的基本知识……………163
　　9.2.2 定测的工作内容……………163
　思考与练习…………………………173

项目10　公路现代测设技术………174

10.1 概述……………………………174
　　10.1.1 数据采集与处理新技术……174
　　10.1.2 计算机辅助设计系统CAD…174
10.2 公路勘测新技术…………………175
　　10.2.1 地理信息系统（Geographic Information System）…………175
　　10.2.2 全球卫星定位系统（Global Positioning System）…………176
　　10.2.3 遥感技术（Remote Sensing）…177
　　10.2.4 航空摄影测量及新测量仪器的应用……………………………177
10.3 公路计算机辅助设计……………178
　　10.3.1 CAD技术简介………………178
　　10.3.2 公路CAD技术………………178
10.4 公路虚拟仿真技术………………182
　　10.4.1 数字地面模型的概念及应用…182
　　10.4.2 公路勘测设计一体化技术应用……………………………183
　　10.4.3 计算机辅助路线平纵横设计…185
　　10.4.4 公路路线三维可视化设计……187
　　10.4.5 公路勘测设计发展趋势………191
　思考与练习…………………………191

参考文献……………………………192

项目 1 绪　　论

本章要求

1. 了解现代交通运输的组成、公路运输的特点、我国公路的现状及发展规划。
2. 熟悉公路的分级及依据、公路等级选用的原则、技术标准体系。
3. 熟悉公路设计依据。

本章重点

公路的分级；公路等级选用的原则；公路设计依据。

1.1 公路发展概况及规划

1.1.1 交通运输网络构成

运输是指为具体实现人和物的移动提供服务所进行的经济活动。

1. 国家综合运输系统的构成

现代交通运输由铁路、公路、水运、航空及管道五种运输方式组成。

(1)铁路运输：运量大、路程远，在交通运输中起着主要作用。

(2)公路运输：机动灵活、服务面广，主要服务于客货短途。

(3)水运运输：运量大、成本低，运速慢且受到航道的限制。

(4)航空运输：速度快、成本高，服务于远距离和有时间要求的客货运输。

(5)管道运输：适用于液态、气态、散装粉状物体的运输。

2. 公路运输的特点及其在国民经济中的地位

公路运输与其他运输方式相比，具有如下特点：

(1)机动灵活，能迅速集中和分散货物，做到直达运输，无须中转，可以实现"门到门"的直接运输，节约时间和减少中转费用，减少货损。

(2)受交通设施限制少，是最广泛的一种运输方式，可伸展到任何山区、农村、机关、单位，可承担其他运输方式的转运任务，是交通运输网中其他各种运输方式联系的纽带。

(3)适应性强，服务面广，时间上随意性强，可适用于小批量运输和大宗运输。

(4)公路运输投资少，资金周转快，社会效益显著。

(5)与铁路、水运比较，公路运输由于汽车燃料价格高，服务人员多，单位运量小，所以在长途运输中，其运输成本偏高。但随着高速公路的迅速发展，汽车制造技术的不断改进，运输管理水平的不断提高，这些不足之处正在逐步得到改善。

公路运输在经济建设中发挥着重要的作用。其是我国综合运输体系中最活跃的一种运输方式，并显示出广阔的发展前景。

1.1.2 我国公路现状与发展规划

我国公路发展现状及发展方向

1. 公路发展史

中华人民共和国成立以后，国家对公路建设做出了很大的努力，取得了显著成就，特别是改革开放后的十几年来，公路建设得到了迅速发展。

1978年年底，我国公路通车里程达88万千米。1994年年底公路通车里程达到110万千米，并实现了县县通公路，97%的乡及78%的村通了汽车。到2015年年底，我国公路总里程达到457万千米。

我国高速公路建设非常迅速，1988年10月31日，第一条高速公路——沪嘉高速公路全线通车，到2015年年底，我国高速公路通车总里程达12.5万千米，稳居世界第一。

2. 发展规划

我国的公路建设坚持以提高公路质量、等级与加大公路密度并重的原则，积极建设新公路，沟通断头路，加速国道主干线高速公路网建设与旧路的技术改造。

根据2004年12月17日国务院审议通过的《国家高速公路网规划》，我国国家高速公路网将采用放射线与纵横网格相结合的布局形态，构成由中心城市向外放射以及横连东西、纵贯南北的公路交通大通道，即国家将建成布局为"7918"的高速公路网络，包括7条首都放射线、9条南北纵向线和18条东西横向线，总里程约为8.5万千米。

2013年6月20日，交通运输部在国务院新闻办举行的新闻发布会上正式公布了《国家公路网规划（2013—2030年）》，在新的规划里国家高速公路网进一步得到完善，在西部增加了两条南北纵线，到2030年，我国将形成"71118"高速公路网。即7条首都放射线、11条北南纵线、18条东西横线，以及地区环线、并行线、联络线等。规划总里程增加到了11.8万千米，另规划远期展望线约为1.8万千米。

(1) 7条北京放射线：

北京—上海(1 245 km)　　北京—台北(1 973 km)　　北京—港澳(2 387 km)
北京—昆明(2 865 km)　　北京—拉萨(3 733 km)　　北京—乌鲁木齐(2 582 km)
北京—哈尔滨(1 280 km)

(2) 11条南北纵线：

鹤岗—大连(1 394 km)　　沈阳—海口(3 711 km)　　长春—深圳(3 618 km)
济南—广州(2 110 km)　　大庆—广州(3 460 km)　　二连浩特—广州(2 685 km)
包头—茂名(3 132 km)　　兰州—海口(2 577 km)　　银川—昆明(2 322 km)
呼和浩特—北海(2 678 km)　银川—百色(2 281 km)

(3) 18条东西横线：

绥芬河—满洲里(1 523 km)　珲春—乌兰浩特(887 km)　　丹东—锡林浩特(960 km)
荣成—乌海(1 880 km)　　青岛—银川(1 601 km)　　青岛—兰州(1 795 km)
连云港—霍尔果斯(4 286 km)南京—洛阳(712 km)　　上海—西安(1 490 km)

上海—成都(1 960 km)	上海—重庆(1 898 km)	杭州—瑞丽(3 405 km)
上海—昆明(2 336 km)	福州—银川(2 485 km)	泉州—南宁(1 635 km)
厦门—成都(2 307 km)	汕头—昆明(1 710 km)	广州—昆明(1 610 km)

1.2 公路的分级与技术标准

1.2.1 公路分级

交通部颁布的国家行业标准《公路路线设计规范》(JTG D20—2017)(以下简称《规范》)将公路根据交通特性及控制干扰的能力分为高速公路、一级公路、二级公路、三级公路、四级公路五个技术等级。

1. 高速公路

高速公路为专供汽车分方向、分车道行驶,全部控制出入的多车道公路。高速公路的设计交通量宜在 15 000 辆小客车/日以上。

2. 一级公路

一级公路为供汽车分方向、分车道行驶,可根据需要控制出入的多车道公路。一级公路的设计交通量宜在 15 000 辆小客车/日以上。

3. 二级公路

二级公路为供汽车行驶的双车道公路。二级公路的设计交通量宜为 5 000～15 000 辆小客车/日。

4. 三级公路

三级公路为供汽车、非汽车交通混合行驶的双车道公路。三级公路的设计交通量宜为 2 000～6 000 辆小客车/日。

5. 四级公路

四级公路为供汽车、非汽车交通混合行驶的双车道或单车道公路。双车道四级公路设计交通量宜在 2 000 辆小客车/日以下;单车道四级公路设计交通量宜在 400 辆小客车/日以下。

1.2.2 公路技术等级选用的基本原则

确定一条公路的等级,应首先确定该公路的功能,是用于干线公路,还是集散公路,即属于直达还是连接,以及是否需要控制出入等,根据预测交通量初步拟定公路等级。结合地形、交通组成等,确定公路的设计速度、路基宽度。

(1)公路技术等级选用应根据路网规划、公路功能,并结合交通量论证确定。
(2)主要干线公路作为公路网中结构层次最高的主通道,应选用高速公路。
(3)主要集散公路连接干线公路与支线公路,宜选用一、二级公路。
(4)次要集散公路服务于县乡区域交通,宜选用二、三级公路。
(5)支线公路宜选用三、四级公路。当设计交通量达到 5 000 辆小客车/日时,宜选用二级公路。

(6)当有公路不能满足功能需要时,应结合公路网发展规划,有计划地对其进行改建。

1.3 公路勘测设计的依据、阶段及任务

公路设计的基本设计依据是设计车辆、交通量和设计速度。

1.3.1 设计车辆

1. 设计车辆种类及标准

我国《公路工程技术标准》(JTG B01—2014)(以下简称《标准》)将设计车辆分为五类,分别为小客车、大型客车、铰接客车、载重汽车和铰接列车。设计车辆所采用的外廓尺寸规定见表1-1。

表1-1 设计车辆外廓尺寸

车辆类型	总长/m	总宽/m	总高/m	前悬/m	轴距/m	后悬/m
小客车	6	1.8	2	0.8	3.8	1.4
大型客车	13.7	2.55	4	2.6	6.5+1.5	3.1
铰接客车	18	2.5	4	1.7	5.8+6.7	3.8
载重汽车	12	2.5	4	1.5	6.5	4
铰接列车	18.1	2.55	4	1.5	3.3+11	2.3

注:铰接列车的轴距(3.3+11)m:3.3 m为第一轴至铰接点的距离,11 m为铰接点至最后轴的距离。

2. 交通量换算

我国《标准》交通量换算采用小客车为标准车型,将公路上行驶的各种车辆折合成小客车,并确定公路等级的各汽车代表车型和车辆折算系数规定见表1-2。

表1-2 各汽车代表车型与车辆折算系数

汽车代表车型	车辆折算系数	说 明
小客车	1.0	座位≤19座的客车和载质量≤2 t的货车
中型车	1.5	座位>19座的客车和2 t<载质量≤7 t的货车
大型车	2.5	7 t<载质量≤20 t的货车
汽车列车	4.0	载质量>20 t的货车

(1)畜力车、人力车和自行车等非机动车按路侧干扰因素计。
(2)公路上行驶的拖拉机每辆折算为4辆小客车。
(3)公路通行能力分析所要求的车辆折算系数应针对路段、交叉口等形式,按不同的地形条件和交通需求,采用相应的折算系数。

1.3.2 设计速度

1. 设计速度的定义

设计速度是指在气候条件良好,交通量正常,汽车行驶只受公路本身条件影响时,驾驶员能够安全、舒适驾驶车辆行驶的最大速度。

设计速度是公路设计时确定其几何线型的最关键参数。

2. 设计速度的规定

设计速度的选用主要根据公路的功能与技术等级,结合地形、工程经济、预期的运行速度和沿线土地利用性质等因素综合论证确定,《标准》规定设计速度的最大值采用 120 km/h,最低值为 20 km/h。各级公路设计速度规定见表 1-3。

表 1-3 各级公路设计速度

公路等级	高速公路			一级公路			二级公路		三级公路		四级公路	
设计速度/(km·h^{-1})	120	100	80	100	80	60	80	60	40	30	30	20

3. 设计速度的选用

(1)高速公路设计速度不宜低于 100 km/h,受地形、地质等条件限制时,可以选用 80 km/h。

(2)作为干线的一级公路,设计速度宜采用 100 km/h;受地形、地质等条件限制时,可采用 80 km/h。作为集散的一级公路,设计速度宜采用 80 km/h;受地形、地质等条件限制时,可采用 60 km/h。

(3)高速公路和作为干线的一级公路的特殊困难局部路段,且因新建工程可能诱发工程地质病害时,经论证,该局部路段的设计速度可采用 60 km/h,但长度不宜大于 15 km,或仅限于相邻两互通式立体交叉之间的路段。

(4)作为干线公路的二级公路,设计速度宜采用 80 km/h,受地形、地质等条件限制,可采用 60 km/h。作为集散公路时,设计速度宜采用 60 km/h;受地形、地质等条件限制时,可采用 40 km/h。

(5)三级公路设计速度宜采用 40 km/h;受地形、地质等条件限制时,可采用 30 km/h。

(6)四级公路设计速度宜采用 30 km/h;受地形、地质等条件限制时,可采用 20 km/h。

1.3.3 交通量

公路的交通量是指单位时间内(每小时或每昼夜)通过公路上某一横断面处的往返车辆总数。

1. 设计日交通量

一条公路交通量普遍采用的计量单位是年平均日交通量(简写为 AADT),用全年总交通量除以 365 所得。

设计交通量是指拟建公路到达交通预测年限时能达到的年平均日交通量(辆/日)。

高速公路和一级公路设计交通量预测年限为 20 年;二级、三级公路设计交通量预测年限为 15 年;四级公路可根据实际情况确定。

2. 设计小时交通量

小时交通量(辆/h)是以小时为计算时段的交通量，是确定车道数和车道宽度或评价服务水平时的依据。

设计小时交通量的取值，一般认为将一年中 8 760 小时交通量按交通量大小顺序排列，一般宜采用序号为第 30 位的小时交通量作为设计小时交通量，也可根据项目特点与需求，在当地年第 20~40 位小时交通量之间取值。

1.3.4 通行能力

公路通行能力是在一定的道路和交通条件下，公路上某一路段适应车流的能力，以单位时间内通过的最大车辆数表示。

1. 基本通行能力

基本通行能力是指在理想条件下，单位时间内一个车道或一条车道某一路段可以通过的小客车最大数，是计算各种通行能力的基础。

所谓理想条件包括公路本身和交通两个方面，即公路本身应在车道宽、侧向净宽有足够的宽度及平线型、纵线型和视距良好；交通上只有小客车行驶，没有其他车型混入且不限制车速。

基本通行能力的计算可采用"车头时距"或"车头间距"推求。车头时距是指连续两车通过车道同一地点的时间间隔；车头间距是指交通流中连续两车之间的距离。

2. 设计通行能力

(1)公路服务水平。我国《标准》将公路服务水平划分为六级。高速公路、一级公路以不低于三级服务水平进行设计，突出了依据功能选用服务水平的理念，以保证高峰期交通的运行质量及达到预测交通量使用年限。当一、二、三级公路的功能类别高时，应该选用较高的服务水平，功能类别低时，也可降低一级，节约工程投资。

《标准》规定的各级公路设计采用的服务水平等级见表 1-4 所示，与每一级服务水平相应的交通量称为服务交通量。

表 1-4 各级公路设计服务水平

公路等级	高速公路	一级公路	二级公路	三级公路	四级公路
服务水平	三级	三级	四级	四级	—

注：1. 一级公路作为集散公路时，设计服务水平可降低一级。
　　2. 长隧道及特长隧道路段、非机动车及行人密集路段、互通式立体交叉的分合流区段以及交织区段，设计服务水平可降低一级。

(2)设计通行能力。设计通行能力由可能通行能力乘以与该公路服务水平相应的交通量和基本通行能力之比(V/C)得到。

V/C 是指在理想条件下，各级服务水平最大服务交通量与基本通行能力之比。基本通行能力是四级服务水平上限最大交通量。V/C 值小则最大服务交通量小，车流运行条件好，服务水平就高；反之 V/C 值大，服务交通量也大，车流运行条件差，服务水平也低。当设计小时交通量超过设计通行能力时，公路将发生堵塞。

1.4 公路勘测设计程序

1.4.1 公路勘测设计的技术依据

(1)公路勘测设计主要的技术依据如下：
1)《公路工程技术标准》(JTG B01—2014)；
2)《公路路线设计规范》(JTG D20—2017)。
(2)公路勘测设计相关的技术依据如下：
1)《公路勘测规范》(JTG C10—2007)；
2)《全球定位系统(GPS)测量规范》(GB/T 18314—2009)；
3)《工程测量规范》(GB 50026—2007)。
(3)公路勘测设计其他的技术依据如下：
1)《公路工程基本建设项目设计文件编制办法》(交公路发〔2007〕358号)；
2)《建设工程勘察设计管理条例》；
3)《公路环境保护设计规范》(JTG B04—2010)。

1.4.2 工程可行性研究

"工程可行性研究"是基本建设前期工作的重要内容，是建设程序的组成部分，是建设项目决策和编制计划任务书的科学依据。

"工程可行性研究"可定义为"论证工程(或产品)项目技术上的可行性和经济上的合理性，并论证何时修建或分期修建，提供业主决策，保证工程的经济效果。"

公路建设必须严格遵守国家规定的基本建设程序。所有大中型项目应根据批准的项目建议书(或委托书)，进行可行性研究，可行性研究工作完成后应进行评估。经过综合分析后，提出投资少、效益好的建设方案。

可行性研究工作是交通建设综合管理的手段，必须从运输生产的目的出发。研究技术可行性必须与经济效益相结合，研究经济效益必须考虑采用新技术的可能，重视运输领域的综合效益。

可行性研究应附有必要的图表，其中包括路线方案(及比较方案)图、历年工农业总产值与客货运量统计表、公路客货运量、交通量预测表、效益计算表等。

在可行性研究的同时，应进行环境影响分析，以工程性质、路线位置、资源利用、环境影响等为依据。同时，可行性研究还应对工程进行宏观分析，确定项目是否成立。在计划任务书下达后，进行初步设计的同时，应编制环境影响评价书，即根据预测工程对环境的影响，提出对环境污染、破坏的防治措施以及综合整治的方法。

1.4.3 设计任务书

公路勘测设计工作是根据批准的设计任务书进行的。

设计任务书一般由提出计划的主管部门下达或由下级单位编制后报批。设计任务书的内容包括：建设的依据和意义；路线的建设规模和修建性质；路线的基本走向和主要控制点；工程技术等级和主要技术标准；勘测设计的阶段划分及各阶段完成的时间；建设期限，投资估算，需要钢、木、水泥的数量；施工力量的原则安排；路线示意图。

在计划任务书实施过程中，如对建设规模、期限、技术等级标准及路线走向等重大问题有变更时，应报原批准机关审批同意。

1.4.4 勘测设计阶段及任务

公路勘测设计根据路线的设计和要求，可分为一阶段设计、两阶段设计和三阶段设计。

1. 一阶段设计

一阶段设计适用于技术简单、方案明确的小型公路工程。即根据批准的设计任务书，进行一次详细定测，编制施工图设计和工程预算。

2. 两阶段设计

两阶段设计为公路测设一般所采用的测设程序。其步骤为：先进行初测、编制初步设计和工程概算；经上级批准初步设计后，再进行定测、编制施工图和工程预算。也可直接进行定测、编制初步设计；然后根据批准的初步设计，通过补充测量编制施工图。

3. 三阶段设计

对于技术上复杂而又缺乏经验的建设项目或建设项目中的个别路段、特殊大桥、互通式立体交叉、隧道等，必要时应采用三阶段设计。即初步设计、技术设计和施工图设计三个阶段。技术设计阶段主要是对重大、复杂的技术问题，落实技术方案，计算工程数量，提出修正的施工方案，修正设计概算。其深度和要求介于初步设计和施工图设计之间。

无论采用何种划分阶段设计，在勘测前都要进行实地调查（或称视察），它是勘测前不可缺少的一个步骤，也可与可行性研究结合在一起，但不作为一个阶段。

1.4.5 设计文件的编制

设计文件是公路勘测设计的最后成果，经审查批准后是公路施工的依据。其组成、内容和要求随设计阶段不同而异。

根据《公路工程基本建设项目设计文件编制办法》规定，设计文件的组成和内容由总体设计（高速公路、一级公路），路线、路基、路面、桥梁、涵洞、隧道、路线交叉、交通工程及沿线设施，环境保护与景观设计，其他工程，筑路材料，施工方案（施工组织计划），设计概算（施工图预算）共12篇组成。其表达形式有文字说明、设计图、表格三种。

思考与练习

1. 交通运输方式有哪些？道路运输的特点是什么？
2. 高速公路和一般公路相比有哪些特点？在公路运输的地位和作用是什么？
3. 公路等级怎样划分？共分为哪几个等级？
4. 公路勘测设计为什么要分阶段进行设计？针对不同情况如何选用设计阶段？

项目 2　公路平面设计

本章要求

1. 了解公路平面的基本概念,各线型要素之间的不同组合。
2. 熟悉公路各线型要素的特点,平面线型设计理论。
3. 掌握平面线型各项设计参数的确定方法。

本章重点

重点:圆曲线、缓和曲线、超高、加宽以及视距的计算与设计。
难点:平曲线设计与测设方法,路线坐标计算。

本章主要学习平面线型组成,直线、圆曲线和缓和曲线设计的基本方法,超高、加宽的设计计算,以及《标准》和《规范》的有关规定和要求,掌握平面设计成果。

公路是一条带状的三维空间结构物,它的中线在平面上的投影称为公路路线平面。沿着中线竖直剖切公路,再将直线竖直曲面展开成直面,即公路路线的纵断面。中线上的任意一点处公路的法向剖面称为公路路线在该点的横断面。

公路路线的平面、纵断面和横断面是公路的几何组成部分。公路路线的平断面、纵断面、横断面是相互关联的,设计时既分别进行,又要综合考虑。公路路线设计主要研究公路的平面、纵断面和横断面的设计原理与设计方法。

公路平面线型是由直线、圆曲线和缓和曲线三种要素构成的,这三种要素是公路平面线型最基本的组成,通常称之为"平面线型三要素"。高速公路、一级公路、二级公路、三级公路平面线型应由直线、圆曲线和缓和曲线三种要素构成;四级公路平面线型应由直线和圆曲线两种要素构成。公路平面缓和曲线应采用回旋线。

2.1　直　　线

2.1.1　直线的线型特征

由于两点之间直线距离最短,因此,一般在选线和定线时,只要地势平坦,无大的地物、地形障碍,选线定线人员都会首选考虑使用直线。因此,直线在公路中使用最为广泛。直线具有以下主要特征:

(1)直线以最短的距离连接两目的地,具有路线短捷、缩短里程和行车方向明确的特点。

(2)直线具有视距良好、行车快速、易于排水等特点。

(3)由于已知两点就可以确定一条直线,因而直线线型简单,容易测设。

(4)从行车的安全和线型美观来看,过长的直线,线性呆板,行车单调,易使驾驶员产生疲劳,也容易发生超车和超速行驶,行车时驾驶员难以估计车间距离,在直线上夜间行车时,双方车容易产生眩光等。因而,过长直线行车的安全性较差,往往是发生车祸较多的路段。

(5)直线虽然路线方向明确,但只能满足两个控制点的要求,难以与地形及周围环境相协调。特别是在山区、丘陵区,采用过长的直线会破坏自然景观,并易造成大挖、大填施工,工程的经济性也较差。

(6)笔直的公路给人以简捷、直达、刚劲的良好印象,在美学上直线也有其自身的视觉特点。

2.1.2 直线长度限制

在路线设计中,应根据路线所处地形、地物、驾驶员的视觉、心理状态以及保证行车安全等合理布设。直线的最大、最小长度应有所限制。

1. 直线最大长度

由于长直线会使驾驶员的安全警惕感下降,所以相对安全性差。由于我国地域辽阔,地形条件在不同的地区有很大的不同,对直线最大长度很难作出统一的规定。总的原则是:直线的长度不宜过长。受地形条件或其他特殊情况限制而采用长直线时,应结合沿线具体情况采取相应的技术措施。

2. 直线的最小长度

(1)同向曲线间的直线最小长度。同向曲线是指两个转向相同的相邻曲线之间以直线相连接而成的平面线型。其中间的直线长度就是指前一曲线的终点至后一曲线的起点之间的长度。当此直线长度很短时,在视觉上容易形成直线与两端的曲线构成反弯的错觉,使整个组合线型缺乏连续性,形成所谓的"断背曲线"。《规范》规定,当设计速度大于或等于 60 km/h 时,同向圆曲线间最小长度(以 m 计)以不小于设计速度(以 km/h 计)的 6 倍为宜,即 $L_1 \geqslant 6V$,如图 2-1(a)所示,当设计速度小于或等于 40 km/h 时,可参照上述规定执行。

(2)反向圆曲线间的直线最小长度。反向曲线是指两个转向相反的相邻曲线之间以直线相连接而成的平面线型。由于两弯道转弯方向相反,考虑其超高和加宽缓和的需要以及驾驶员的操作方便,其间的直线最小长度应予以限制。《规范》规定,当设计速度大于或等于 60 km/h 时,反向圆曲线直线最小长度(以 m 计)以不小于设计速度(以 km/h 计)的 2 倍为宜,即 $L_2 \geqslant 2V$,如图 2-1(b)所示,当设计速度小于或等于 40 km/h 时,可参照上述规定执行。

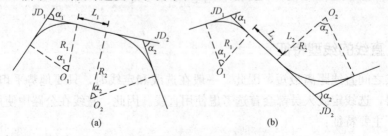

图 2-1 同向曲线与反向曲线

(a)同向曲线;(b)反向曲线

(3)相邻回头曲线间的直线最小长度。回头曲线是指山区公路为克服高差在同一坡面上回头展线时所采用的曲线。《规范》规定,两相邻回头曲线之间,应有较长的距离,由一回头曲线的终点至下一回头曲线起点的距离,设计速度为 40 km/h、30 km/h、20 km/h 时,应分别不小于 200 m、150 m、100 m。

2.1.3 直线设计要点

1. 适用条件

(1)路线不受地形、地物限制的平原区或山间的开阔谷地;
(2)市镇及其邻近或规划方正的农耕区等以直线为主体的地区;
(3)为缩短构造物长度以便于施工的长大桥梁、隧公路段;
(4)为争取较好的行车和通视条件的平面交叉前后;
(5)双车道公路在适当间隔内设置一定长度的直线,以提供较好条件的超车路段。

2. 直线运用注意问题

(1)采用直线应特别注意它同地形的关系,在运用直线并决定其长度时,必须持谨慎态度,并不宜采用长直线。直线长度也不宜过短,特别是同向圆曲线之间不得设置短的直线。
(2)长直线或长下坡尽头的平面曲线,除曲线半径、超高、视距等必须符合规定要求外,还必须采取设置标志、增加路面抗滑能力等安全措施。
(3)在长直线上纵坡不宜过大,因为长直线在陡坡下行时很容易导致超速行车。长直线上的纵坡一般应小于 3%。
(4)长直线与大半径凹形竖曲线组合为宜,这样可以使生硬呆板的直线得到一些缓和或改善。
(5)公路两侧地形过于空旷时,宜采取种植不同树种或设置不同风格的建筑物、雕塑等措施,以改善单调的景观。

2.2 圆曲线

圆曲线是公路平面设计中最常用的线型之一,《规范》规定:各级公路平面无论转角大小,均应设置圆曲线。由于具有圆曲线曲率半径不变、线型美观、易于测设等优点,故使用十分广泛。

2.2.1 圆曲线半径的计算公式与影响因素

在选用圆曲线半径时,应与设计速度相适应。行驶在弯道上的汽车由于受离心力作用其稳定性受到影响,而离心力的大小又与圆曲线半径密切相关,半径越小越不利,所以,在选择平曲线半径时应尽可能采用较大的值,只有在地形或其他条件受到限制时才可使用较小的曲线半径。为了行车的安全与舒适,《标准》规定了圆曲线半径在不同情况下的最小值。

根据汽车行驶在曲线上的力的平衡式得到

$$R=\frac{v^2}{127(\mu+i)} \tag{2-1}$$

式中 R——圆曲线半径(m);

v——车辆速度(km/h);

μ——横向力系数,极限值为路面和轮胎之间的横向摩阻系数;

i——路面横向坡度(%)。

式(2-1)中的 v 采用各级公路相应的设计速度,因此,最小 R_{min} 取决于容许的最大横向力系数 μ_{max} 和该曲线的最大超高 i_{max}。对这些因素讨论如下。

1. 横向力系数 μ

横向力系数 μ 值的大小会直接影响乘车人的舒适感。横向力的存在对行车产生不利影响,而且 μ 值越大越不利,主要表现在以下几个方面:

(1)考虑汽车行驶的横向稳定性。汽车在圆曲线上行驶的稳定性包括横向倾覆稳定性和横向滑移稳定性。由于汽车在设计和制造时,充分考虑横向倾覆稳定性,将其重心定得足够低,完全可以保证在正常装载和行驶情况下,不会在横向上产生倾覆。因此,在平曲线设计过程中,主要考虑横向滑移稳定性,保证轮胎不在路面上产生滑移即可。为此,需要满足关系式横向力 $X \leqslant$ 轮胎与路面之间的摩阻力 F,因为 $X=\mu G$ 和 $F=fG$,所以只需满足条件

$$\mu \leqslant f \tag{2-2}$$

式中 f——轮胎与路面间的摩阻系数,与车速、路面种类及状态、轮胎状态等有关。在干燥路面上为 0.4~0.8;在潮湿的黑色路面上汽车高速行驶时,降低到 0.25~0.40;路面结冰和积雪时,f 降到 0.2 以下;在光滑的冰面上可降到 0.06(不加防滑链)。

(2)考虑驾驶员操作。弯道上行驶的汽车,在横向力作用下,轮胎会产生横向变形,使轮胎的中间平面与轮迹前进方向形成一个横向偏移角,如图 2-2 所示,致使增加了汽车在方向操纵上的困难,尤其是车速较高时,就更不容易保持驾驶方向上的稳定。

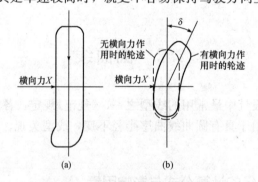

图 2-2 汽车轮胎的横向偏移角

(a)轮胎横向变形;(b)轮迹的偏移角

(3)考虑燃料消耗和轮胎磨损。由于横向力的影响,行驶在曲线上的汽车比在直线上的汽车的燃料消耗和轮胎磨损都要大。这是因为当汽车在曲线上行驶时,除要克服行驶阻力外,还要克服横向力对行车的作用,才能使汽车沿着正确的方向行驶,为此增加了燃料的消耗。与此同时,在曲线上行驶时,横向力的作用使汽车轮胎发生变形,致使轮胎的磨损也额外增加。表 2-1 中列出了由于横向力系数 μ 的存在,使车辆的燃油消耗和轮胎磨损增加的百分比。

表 2-1　横向力系数 μ 与燃料消耗、轮胎磨损关系表

横向力系数 μ	燃料消耗/%	轮胎磨损/%
0	100	100
0.05	105	160
0.10	110	220
0.15	115	300
0.20	120	390

(4)考虑乘车的舒适性。汽车行驶在弯道上，随横向力系数 μ 值的大小不同，乘客将有不同的感受。据试验，乘客随 μ 值的变化其感觉和心理反应如下：

1)当 $\mu<0.10$ 时，不感到有曲线存在，很平稳；
2)当 $\mu=0.15$ 时，稍感到有曲线存在，尚平稳；
3)当 $\mu=0.20$ 时，已经感到有曲线存在，稍感不平稳；
4)当 $\mu=0.35$ 时，感到有曲线存在，已感到不平稳；
5)当 $\mu\geqslant0.40$ 时，非常不稳定，站不住，有倾倒的危险感。

综上所述，μ 值的采用关系到行车的安全、经济与舒适。为计算最小平曲线半径，应考虑各方面因素采用一个舒适 μ 值。研究表明：μ 的舒适界限，由 0.10 到 0.16 随行车速度而变化，设计中对高、低速路可取不同的数值。

2. 超高横坡度 i_b

(1)最大超高横坡度 $i_{b,\max}$。在车速较高的情况下，平衡离心力要采用较大的超高横坡度，但在公路上行驶车辆的速度并不一致，特别是在混合交通的公路上，需要兼顾快、慢车的行驶安全。对于慢车，特别是因故暂停在弯道上的车辆，其离心力接近于 0 或等于 0。如超高横坡度过大，超出轮胎与路面间的横向摩阻系数，车辆有沿着路面最大合成坡度下滑的危险，因此必须满足：

$$i_{b,\max} \leqslant f_w \tag{2-3}$$

式中　f_w——一年中气候恶劣季节路面的横向摩阻系数。

制定最大超高度坡度 $i_{b,\max}$ 除考虑公路所在地区的气候条件外，还必须给予驾驶员和乘客心理上的安全感。对山岭重丘区、城市附近、交叉口以及有相当数量非机动车行驶的公路上，最大超高横坡度比一般公路还要小。

《标准》对各级公路圆曲线的最小半径的横向系数及超高值的规定，见表 2-2。

表 2-2　圆曲线的最小半径的横向系数及超高值

设计速度/(km·h^{-1})	120	100	80	60	40	30	20
横向力系数 μ	0.10	0.12	0.13	0.15	0.15	0.16	0.17
超高值/%	6	6	6	6	6	6	6
	8	8	8	8	8	8	8
	10	10	10	10	10	10	10

(2)最小超高横坡度 $i_{b,\min}$。公路的超高横坡度不应该小于公路直线段的路拱横坡度，否则不利于公路的排水，因此有：

$$i_{b,\min}=i_1 \tag{2-4}$$

式中　i_1——路拱横坡度。

2.2.2　圆曲线最小半径及选用

1. 圆曲线最小半径

行驶在曲线上的汽车由于受到离心力的作用，其稳定性受到了影响，离心力的大小又与曲线半径密切相关，半径越小越不利，所以，在选择曲线半径时应尽可能采用较大的半径值，只有在地形或其他条件受到限制时才可使用较小的曲线半径。为了行车安全与舒适，我国《规范》给出了直接影响行车安全性的圆曲线最小半径的两种值，即最小半径和不设超高最小半径。

(1)圆曲线最小半径。我国《规范》中规定的超高值变化范围在 4%～10% 之间，分别采用 4%、6%、8%、10% 的超高值代入计算，将计算结果取整而得，圆曲线最小半径见表2-3。

表2-3　圆曲线最小半径

设计速度/(km·h^{-1})		120	100	80	60	40	30	20
圆曲线最小半径(一般值)/m		1 000	700	400	200	100	65	30
圆曲线最小半径（极限值）/m	$I_{\max}=4\%$	810	500	300	150	65	40	20
	$I_{\max}=6\%$	710	440	270	135	60	35	15
	$I_{\max}=8\%$	650	400	250	125	60	30	15
	$I_{\max}=10\%$	570	360	220	115	—	—	—

(2)不设超高的圆曲线最小半径。圆曲线半径大于一定数值时，可以不设超高，而允许设置等于直线路段路拱的反超高。即采用与直线相同的双向路拱断面，离心力对外侧车道上行驶的汽车的影响很小。

不设超高最小半径是判断圆曲线设不设超高的一个界限，当圆曲线半径大于或等于该公路等级对应的不设超高的最小半径时，圆曲线横断面采用与直线相同的双向路拱横断面，不必设计超高；反之，则采用向内倾斜单向超高横断面形式。因此，我国《规范》制定了"不设超高的圆曲线最小半径"，见表2-4。

表2-4　不设超高的圆曲线最小半径

设计速度/(km·h^{-1})		120	100	80	60	40	30	20
不设超高圆曲线最小半径/m	路拱≤2.0%	5 500	4 000	2 500	1 500	600	350	150
	路拱>2.0%	7 500	5 250	3 350	1 900	800	450	200

2. 圆曲线半径的选用

圆曲线能较好地适应地形的变化，它在路线遇到障碍或地形需要改变方向时需设置，适应范围较广而灵活。圆曲线半径选用得当，可获得圆滑舒顺的平面线型。

选用圆曲线半径时，应注意以下几点：

(1)在地形、地物等条件许可时，优先选用大于或等于不设超高的最小半径。

(2)一般情况下宜采用极限最小曲线半径的 4~8 倍或超高为 2%~4%的圆曲线半径。
(3)当地形条件受限制时,应采用大于或接近一般最小半径的圆曲线半径。
(4)在自然条件特殊或受其他条件严格限制而不得已时,方可采用极限最小半径。
(5)《规范》规定圆曲线最大半径不宜超过 10 000 m。

2.2.3 圆曲线的几何要素

圆曲线的几何要素如图 2-3 所示。

切线长:$T = R \cdot \tan \dfrac{\alpha}{2}$

曲线长:$L = \dfrac{\pi}{180} \alpha R$

外　距:$E = R \left(\sec \dfrac{\alpha}{2} - 1 \right)$

切曲差:$J = 2T - L$

式中　T——切线长(m);
　　　L——曲线长(m);
　　　E——外距(m);
　　　J——切曲差(或校正值)(m);
　　　R——圆曲线半径(m);
　　　α——转角(°)。

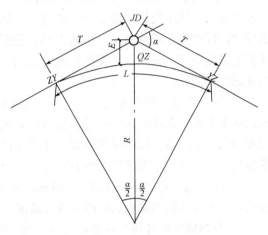

图 2-3　圆曲线几何要素

2.2.4 主要点里程桩号的计算

以上圆曲线的几何要素,目的是计算圆曲线段各主要点的里程桩号。公路平面线型上的各点一般采用路线所处位置距离路线起点的水平距离的统一格式表示,记为 K＃＃＃＋＃＃＃.＃＃＃(＃号表示 0~9 的数字),我们将此表示符号称为里程桩号。其中 K 为英文单词公里 kilometre 的首字母,K 后面的整数表示整公里数,"＋"号后面的数字表示不足 1 km 的部分,即后面数字单位为 m。例如,里程桩号 K25＋314.258 是指,该点距离起点的水平距离为 25 km 零 314.258 m 处。圆曲线中各主要点里程桩号的计算可以采用以下类似竖式子的方式进行计算。

JD:	K＃＃＃＋＃＃＃.＃＃＃
－	T
ZY:	K＃＃＃＋＃＃＃.＃＃＃
＋	L
YZ:	K＃＃＃＋＃＃＃.＃＃＃
－	L/2
QZ:	K＃＃＃＋＃＃＃.＃＃＃
＋	J/2
JD:	K＃＃＃＋＃＃＃.＃＃＃

2.3 缓和曲线

2.3.1 设置缓和曲线的目的和条件

1. 设置缓和曲线的目的

(1)消除离心力的突变,提高乘客舒适性。根据离心力的计算可知,圆曲线半径越小,离心力越大。为了使汽车能安全、迅速、平稳、舒适地从没有离心力的直线逐渐驶入离心力较大的圆曲线,或从离心力小的大半径圆曲线逐渐驶入到离心力大的小半径圆曲线,消除离心力的突变,必须在直线和圆曲线之间,或大圆与小圆之间设置曲率半径随弧长逐渐变化的缓和曲线。

(2)便于驾驶员操纵方向盘。汽车从直线驶入圆曲线,即从无限大的半径到一定值的半径或从大半径圆曲线驶入小半径圆曲线时,从汽车前轮转向角逐渐变化的必要性,其中间需要插入一个逐渐变化的缓和曲线,才能保持车速不变而使汽车前轮的转向角从 0 至 α 逐渐转向,从而有利于驾驶员操纵方向盘。

(3)完成超高和加宽的过渡。当圆曲线需要设置超高和加宽时,其超高缓和段和加宽缓和段,一般应在缓和曲线长度内完成超高或加宽的过渡。

(4)与圆曲线配合得当,增加线型美观。圆曲线与直线相连接,而连接处曲率突变,在视觉上有不平顺的感觉。但在圆曲线与直线之间设置了缓和曲线后,使线型连续圆滑,增加线型美观。

2. 设置缓和曲线的条件

直线和圆曲线半径小于不设超高最小半径的圆曲线相衔接处,应在直线和圆曲线之间设置缓和曲线以满足曲率半径逐渐过渡的要求。

(1)缓和曲线参数与其长度应根据线型设计以及对安全、视觉、景观等的要求,选用较大的数值。

(2)四级公路无论圆曲线半径的大小可不考虑设计缓和曲线,用超高、加宽缓和段径相相连。

2.3.2 缓和曲线的性质

1. 汽车转弯时行驶的轨迹方程

汽车由直线进入圆曲线的行驶轨迹,先假定汽车是等速行驶,驾驶员匀速转动方向盘,当方向盘转动角度为 φ 时,前轮相应转动角度为 φ,通过理论推导得出弧长和曲率半径的关系(图 2-4)。即

$$l = \frac{vd}{k\omega\rho}$$

式中 k——小于1的系数;
ω——方向盘转动的角速度(rad/s);
t——行驶时间(s);
d——汽车前后轴轮距;
v——汽车匀速行驶的速度(m/s)。

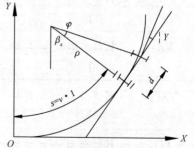

图 2-4 汽车在曲线上行驶轨迹图

因为 v、d、k、ω 均为常数；令 $C=\dfrac{vd}{k\omega}$，则

$$l=\dfrac{C}{\rho} \tag{2-5}$$

式中　l——汽车自直线终点进入曲线经 t 时间后行驶的弧长(m)；

　　　ρ——汽车行驶经 t 时间后行驶的弧长 l 处相对应的曲率半径(m)；

　　　C——常数。

由此可见，汽车匀速从直线进入圆曲线或(相反)其行驶轨迹的弧长于曲线的曲率半径之乘积为常数，即弧长和半径成反比。

2. 回旋线作为缓和曲线

汽车行驶理论方程与回旋线基本方程相符，我国《标准》规定缓和曲线采用回旋线。回旋线的数字表达式为

$$lr=A^2 \tag{2-6}$$

式中　l——回旋线上某点至回原点的曲线长(m)；

　　　r——回旋线上某点的曲线半径(m)；

　　　A^2——回旋线的参数(m)。

回旋线参数 A 的确定：

$$RL_S=A^2 \qquad A=\sqrt{RL_S} \tag{2-7}$$

式中　R——圆曲线半径(m)；

　　　L_S——缓和曲线长度(m)。

只要设计选定圆曲线半径和缓和曲线长度，回旋线参数就确定了。

2.3.3　缓和曲线最小长度

由于汽车在缓和曲线上完成不同曲率的过渡行驶，所以要求缓和曲线应有足够的长度，以使驾驶员能从容地操纵方向盘，乘客感觉舒适，线型美观流畅，并且能顺利完成超高和加宽过渡，因此，要规定缓和曲线的最小长度。缓和曲线的长度应随着圆曲线半径的增大而增大，当圆曲线按规定设置超高时，缓和曲线长度应大于超高缓和段的长度。

(1)控制离心加速度增长率，满足旅客舒适要求。汽车在缓和曲线上行驶时，半径从无穷大过渡到一定半径，所以，离心加速度从零过渡到 $a_{\max}=\dfrac{v^2}{t}$，设离心加速度由零均匀地增加到 $a_{\max}$，所以离心加速度的增长率(以 a_s 表示)为

$$L_S=0.021\,3\dfrac{V^3}{Ra_s} \tag{2-8}$$

从乘客舒适性来看，a_s 以 0.5～0.75 为好，不能过大，我国公路设计中采用 $a_s=0.6\ \mathrm{m/s^3}$。

$$\therefore \qquad L_S=0.035\dfrac{V^3}{R} \tag{2-9}$$

式中　L_S——缓和曲线最小长度(m)；

　　　V——计算行车速度(km/h)；

　　　R——圆曲线半径(m)。

(2)根据驾驶员操作方向盘所需的时间为

$$L_S \geqslant v_t = \frac{Vt}{3.6}$$

一般认为汽车在缓和曲线上行驶时间最少为3 s。

$$L_{S_{\min}} = \frac{V}{1.2}(\text{m}) \tag{2-10}$$

(3)根据超高渐变率适中。由于在缓和曲线上要完成超高过渡,设置超高缓和段,如果缓和曲线太短使超高渐变太快,不但对行车和路容不利,还影响到舒适性;如果缓和曲线太长,使超高渐变率太小,对排水不利。《规范》规定了适中的超高渐变率,由此可导出计算缓和段最小长度的计算公式为

$$L_S = \frac{b'}{p}\Delta i \tag{2-11}$$

式中 L_S——缓和曲线最小长度;

b'——超高旋转轴至路面外侧边缘的距离;

Δi——超高旋转轴外侧的最大超高横坡度与原路面横坡度的代数差;

p——超高渐变率,参考表2-7选用。

(4)从视觉上应有平顺感的要求考虑。按视觉考虑,从回旋线起点至终点形成的方向变位,实践得知最好是在3°～29°之间。

从图2-5中可知,方向变位角 β 为

$$\beta = \frac{L_S 180}{2R\pi} \tag{2-12}$$

其中: $3° \leqslant \beta \leqslant 29°$ $S_1 \leqslant L_S \leqslant S_2$

按上述四种方法,计算缓和曲线长度公式与设计速度的关系最大,与半径关系则有差异。为此,我国《规范》规定按设计速度来确定缓和曲线最小长度,同时考虑了行车时间和附加纵坡的要求,回旋线最小长度见表2-5。

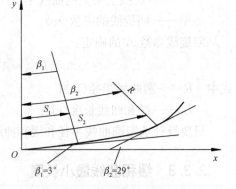

图2-5 视觉要求的回旋线长度

表2-5 回旋线最小长度

设计行车速度(km·h^{-1})	120	100	80	60	40	30	20
缓和曲线最小长度/m	100	85	70	50	35	25	20

注:四级公路为超高、加宽过渡段长度。

2.3.4 缓和曲线常数

1. 切线角 β

根据推算,切线角按式(2-13)计算:

$$\beta = \frac{L_S}{2R} \tag{2-13}$$

2. 内移值 p 和切线增长值 q

为了在直线和圆曲线之间设置缓和曲线,必须将原来的圆曲线向内移动,才能使缓和

曲线的起点切于直线上,而缓和曲线的终点又与圆曲线相切,如图2-6所示。

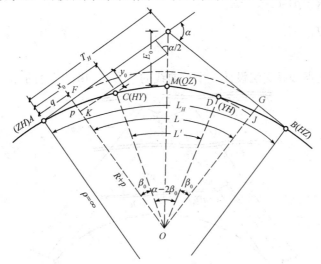

图2-6 含缓和曲线的平曲线

设有缓和曲线后圆曲线内移距离为p,内移圆曲线半径为R。

$$p = \frac{L_S^2}{24R} \tag{2-14}$$

设有缓和曲线的圆曲线起点(终点)至缓和曲线起点距离(即曲线切线增长值)为q。

$$q = \frac{L_S}{2} - \frac{L_S^3}{240R^2} \tag{2-15}$$

2.3.5 公路平曲线设计

由公路平面线型三要素组成为:直线－缓和曲线－圆曲线－缓和曲线－直线,此类线型称为公路平面线型中的"基本型",相应的曲线组成称为平曲线,其几何元素的计算公式如下。

1. 单交点(对称形)

(1)缓和曲线常数:

缓和曲线的切线角:$\beta = \frac{L_S}{2R} \cdot \frac{180}{\pi}$

未设缓和曲线圆曲线的起点至缓和曲线起点的距离:$q = \frac{L_S}{2} - \frac{L_S^3}{240R^2}$

设有缓和曲线后圆曲线的内移值:$p = \frac{L_S^2}{24R}$

(2)平曲线几何要素计算:

平曲线切线长:$T_H = (R+p)\tan\frac{\alpha}{2} + q$

平曲线中的圆曲线长:$L' = (\alpha - 2\beta)\frac{180}{\pi}R$

平曲线总长:$L_H = (\alpha - 2\beta)\frac{180}{\pi}R + 2L_S$

外距：$E_H=(R+p)\sec\dfrac{\alpha}{2}-R$

超距：$D_H=2T_H-L_H$

2. 双交点

(1)同向两个交点按虚交法设计一个单曲线的情形，如图 2-7 所示。

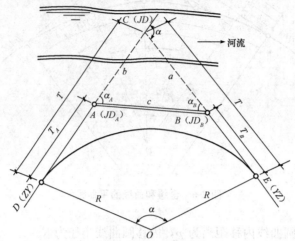

图 2-7 虚交单曲线

$$a=\dfrac{\sin\alpha_A}{\sin\alpha_B}\cdot AB \qquad b=\dfrac{\sin\alpha_B}{\sin\alpha_A}\cdot AB$$

$$T_A=T-b \qquad T_B=T-a$$

式中　　a，b——虚交三角形边长(m)；

　　　　AB——辅助交点间距，即辅助基线长，实测求得(m)；

　　　　α_A，α_B——辅助交点转角，实测求得；

　　　　T_A，T_B——辅助交点至曲线起点、终点距离(m)；

　　　　T——按单交点曲线计算的切线长(m)；

　　　　α——路线转角，$\alpha=\alpha_A+\alpha_B$。

(2)两个同向交点按切基线设计成一个单曲线的情形，如图 2-8 所示。

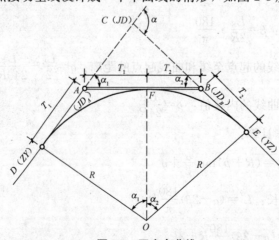

图 2-8 双交点曲线

1)当平曲线不设缓和曲线时:

$$T_1 = R\tan\frac{\alpha_1}{2} \qquad T_2 = R\tan\frac{\alpha_2}{2}$$

$$T_1 + T_2 = R\tan\frac{\alpha_1}{2} + R\tan\frac{\alpha_2}{2}$$

$$R = \frac{T_1 + T_2}{\tan\frac{\alpha_1}{2} + R\tan\frac{\alpha_2}{2}}$$

计算出圆曲线半径 R 后,就可以按单圆曲线计算。

2)当平曲线设有缓和曲线时:

通常,由于 AB 的长度已知,设计双交点曲线方式为选定缓和曲线长度 L_s,反求圆曲线半径。

由 $AB = (R+p)\tan\frac{\alpha_A}{2} + (R+p)\tan\frac{\alpha_B}{2}$,可以得 $24R^2 - 24\dfrac{AB}{\tan\frac{\alpha_A}{2} + \tan\frac{\alpha_B}{2}}R + L_s^2 = 0$ 求解公式,确定圆曲线半径 R。

【例 2-1】 某高等级公路,路线 JD_2 的坐标 $X_{JD_2} = 2\,588\,711.270$ m, $Y_{JD_2} = 20\,478\,702.880$ m;路线 JD_3 的坐标 $X_{JD_3} = 2\,591\,069.056$ m, $Y_{JD_3} = 20\,478\,662.850$ m;路线 JD_4 的坐标 $X_{JD_4} = 2\,594\,145.875$ m, $Y_{JD_4} = 20\,481\,070.75$ m; JD_3 的里程桩号 K6+790.306;圆曲线半径 $R = 2\,000$ m,缓和曲线长度 $L_s = 100$ m, $A_{i-1} = 48°32'00''$,试计算该平曲线的主点桩号。

解: (1)计算路线转角:

$$\tan A_{32} = \left|\frac{Y_{JD_2} - Y_{JD_3}}{X_{JD_2} - X_{JD_3}}\right| = \left|\frac{Y_{JD_2} - Y_{JD_3}}{X_{JD_2} - X_{JD_3}}\right| = \left|\frac{+40.030}{-2\,357.756}\right| = 0.016\,977\,792$$

$$A_{32} = 180 - 0°58'21.6'' = 179°01'38.4''$$

$$\tan A_{34} = \frac{Y_{JD_4} - Y_{JD_3}}{X_{JD_4} - X_{JD_3}} = \frac{+2\,407.90}{+3\,076.819} = 0.782\,593\,97$$

$$A_{34} = 38°02'47.5''$$

右角 $\beta = 179°01'38.4'' - 38°02'47.5'' = 140°58'50.9''$

$\beta < 180°$,为右转角:

右转角 $\alpha = 180° - 140°58'50.9'' = 39°01'09.1''$

(2)缓和曲线常数:

$$\beta = \frac{L_s}{2R}\frac{180}{\pi} = 1°25'56.6'' \qquad p = \frac{L_s^2}{24R} = 0.208 \text{ m}$$

$$q = \frac{L_s}{2} - \frac{L_s^3}{240R^2} = 49.999 \text{ m}$$

(3)平曲线要素:

$$T_H = (R+p)\tan\frac{\alpha}{2} + q = 758.687 \text{ m}$$

$$L' = (\alpha - 2\beta)\frac{180}{\pi}R = L' = 1\,262.027 \text{ m}$$

$$L_H = (\alpha - 2\beta)\frac{180}{\pi}R + 2L_s = 1\,462.027 \text{ m}$$

$$E_H=(R+p)\sec\frac{\alpha}{2}-R=122.044 \text{ m}$$

$$D_H=2T_H-L_H=55.347 \text{ m}$$

(4)主点桩桩号：

JD_3	K6+790.306
$-T_H$	758.687
ZH	K6+031.619
$+L_S$	100
HY	K6+131.619
$+L'$	1 262.027
YH	K7+393.646
$+L_S$	100
HZ	K7+493.646
$-L_H/2$	713.014
QZ	K6+762.632
$+D_H/2$	27.674
JD_3	K6+790.306

2.4 平曲线超高

公路平曲线是由圆曲线与缓和曲线构成的，从直线到圆曲线上的全超高是在缓和曲线段过渡变化完成的。

2.4.1 设置超高的原因

为了抵消汽车在曲线路段上行驶时所产生的离心力，在该路段横断面上设置外侧高于内侧的单向横坡，称为超高。也就是将此弯道横断面做成向内倾斜的单向横坡形式，利用重力向内侧分力抵消一部分离心力，改善汽车的行驶条件。

《规范》规定，当圆曲线半径小于不设超高圆曲线最小半径时，应在曲线上设置超高。

2.4.2 圆曲线上最大超高值

1. 圆曲线上全超高横坡度的确定

超高的横坡度应按设计速度、圆曲线半径、路面类型、自然条件和车辆组成等情况确定。各级公路圆曲线的最大超高值规定见表2-6。各级公路圆曲线部分的最小超高值应与该公路直线部分的正常路拱横坡度值一致。在圆曲线段半径不变，故超高横坡度从圆曲线起点至圆曲线终点是一个不变的定值。

表2-6 各级公路圆曲线最大超高值

公路技术等级	高速公路、一级公路	二级公路、三级公路、四级公路
一般地区/%	8 或 10	8

续表

公路技术等级	高速公路、一级公路	二级公路、三级公路、四级公路
积雪冰冻地区/%	6	
城镇区域/%	4	

注：一般地区公路，圆曲线最大超高应采用8%；以通行中、小型客车为主的高速公路和一级公路，最大超高可采用10%。

二级公路、三级公路、四级公路接近城镇且混合交通量较大的路段，当车速受到限制时，其最大超高限制值为：设计速度为80 km/h时最大超高值为6%；设计速度为60 km/h时最大超高值为4%；设计速度为40 km/h、30 km/h、20 km/h时最大超高值为2%。

2. 圆曲线上的超高横坡度的最小值

各级公路圆曲线部分的最小超高值应与该公路直线部分的正常路拱横坡度值一致。

2.4.3 超高过渡段

1. 超高过渡段设置原因

汽车从双向路拱横断面过渡到设有单向横坡全超高的圆曲线横断面上，会产生突变，不能顺利行车。从立面来看，这个突变也影响美观。所以，在直线和圆曲线之间必须设置超高过渡段，完成从直线双向横坡逐渐过渡到圆曲线上的单向超高横坡，使汽车顺势地从直线驶入圆曲线。超高渐变率按照旋转轴位置规定见表2-7和如图2-9所示。

表2-7 超高渐变率

设计速度 /(km·h^{-1})	超高旋转轴位置	
	中　线	边　线
120	1/250	1/200
100	1/225	1/175
80	1/200	1/150
60	1/175	1/125
40	1/150	1/100
30	1/125	1/75
20	1/100	1/50

2. 超高过渡方式

(1)无中间带公路的超高过渡。

1)当超高横坡度等于路拱坡度时，将外侧车道绕中线旋转，直至超高横坡度。

2)当超高横坡度大于路拱坡度时，可分别采用以下三种方式：

①绕内侧车道边缘旋转。新建工程宜采用此方法，具体是先将外侧车道绕路面未加宽前的中心线旋转，待达到与内侧车道构成单向横坡后，整个断面绕路面未加宽前的内侧边缘线旋转，直至全超高横坡度，如图2-10(a)所示。

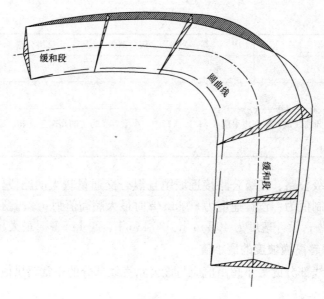

图 2-9 超高及超高缓和段

②绕路中线旋转。先将外侧车道绕路面未加宽前的路中心线旋转,待达到与内侧构成单向横坡后,整个断面绕路面未加宽前的路中心线旋转,直至全超高横坡度,如图 2-10(b)所示。改建工程中可以采用此方法。

③绕外侧车道边缘旋转。先将外侧车道绕路面外侧边缘旋转,与此同时,内侧车道随中线的降低而相应降低,待达到单向横坡后,整个断面仍绕外侧车道边缘旋转,直至超高横坡度,如图 2-10(c)所示。用于路基外缘高程受限制或路容美观有特殊要求时,为改善路容的地点可采用此方法。

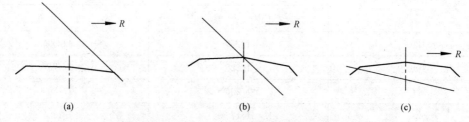

图 2-10 无中央分隔带公路的超高过渡
(a)绕内边缘旋转;(b)绕中线旋转;(c)绕外边缘线旋转

(2)有中间带公路的超高过渡。

1)绕中间带的中心线旋转。先将外侧行车道绕中央分隔带的中心线旋转,待达到与内侧行车道构成单向横坡后,整个断面绕中央分隔带的中心线旋转,直至全超高横坡值,如图 2-11(a)所示。中间带宽度小于或等于 4.5 m 的公路可采用绕中央分隔带的中心线旋转。

2)绕中央分隔带边缘旋转。各种中间带宽度的公路都可以采用此方法,具体是将两侧行车道分别绕中央分隔带两侧边缘线旋转,使之各自成为独立的单向超高断面。此时,中央分隔带维持原水平状态,如图 2-11(b)所示。

3)绕各自行车道中线旋转。对于车道数大于 4 条的公路可采用绕各自行车道中心线旋转;将两侧行车道分别绕各自的行车道中心线旋转,使之各自成为独立的单向超高断面,此时,中央分隔带两边缘分别升高与降低而成为倾斜断面,如图 2-11(c)所示。

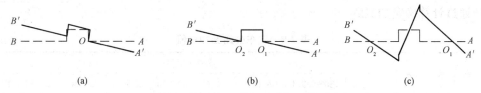

图 2-11 有中央分隔带公路的超高过渡

(a)绕中间带的中心线旋转;(b)绕中央分隔带边缘旋转;(c)绕各自行车道中线旋转

3. 超高过渡段长度

《规范》规定:超高过渡宜在回旋线全长范围内进行。当回旋线较长时,其超高过渡段应设置在回旋线的某一区段范围内,超高过渡段的纵向渐变率不得小于1/330,全超高断面宜设在缓圆点(HY)或者圆缓点(YH)处。超高过渡宜采用线性过渡方式。双向六车道及其以上的公路宜增设路拱线。

另外,高速公路、一级公路整体式路基的纵坡较大处,其上、下行车道可采用不同的超高值。

2.5 平曲线加宽

2.5.1 设置加宽的原因

(1)汽车在圆曲线上行驶时,各个车轮的轨迹半径是不相等的,后轴内侧车轮的行驶轨迹半径最小,前轴外侧车轮的行驶轨迹半径最大。因而,在圆曲线半径较小时,车道内侧需要更宽一些的路面以满足后轴外侧车轮的行驶轨迹要求,故当曲线半径小时需要加宽曲线上的行车道宽度。

(2)汽车在圆曲线上行驶时,驾驶员不可能将前轴中心的轨迹操纵的完全符合理论轨迹,而是有一定的摆幅(其摆幅值的大小与实际行车速度有关),汽车在圆曲线上行驶时的摆幅要比直线上大。所以,当圆曲线半径小时,要加宽曲线上的行车道宽度,以利于安全。

2.5.2 加宽的确定

1. 加宽的规定和要求

《规范》规定,二级公路、三级公路、四级公路的圆曲线半径小于或等于 250 m 时,应设置加宽。双车道公路路面加宽值应符合表 2-8 的规定;圆曲线加宽值应根据公路功能、技术等级和实际交通组成确定,并应符合下列规定:

(1)作为干线的二级公路,应采用第 3 类加宽值。

(2)作为集散的二级公路和三级公路,在考虑铰接列车通行时,应采用第 3 类加宽值;不考虑通行铰接列车时,可采用第 2 类加宽值。

(3)作为支线的三级公路、四级公路可采用第 1 类加宽值。

(4)有特殊车辆通行的专用公路应根据特殊车辆验算确定其加宽值。

设计中如果平曲线加宽值本身较小,可采取内、外侧平均加宽的办法;如果加宽值较大,应通过计算确定加宽值。

表 2-8 双车公路面加宽值　　　　　　　　　　　　　　　　　　　　m

加宽类别	设计车辆	圆曲线半径/m								
		200~250	150~200	100~150	70~100	50~70	30~50	25~30	20~25	15~20
第1类	小客车	0.4	0.5	0.6	0.7	0.9	1.3	1.5	1.8	2.2
第2类	载重汽车	0.6	0.7	0.9	1.2	1.5	2.0	—	—	—
第3类	铰接列车	0.8	1.0	1.5	2.0	2.7	—	—	—	—

注:单车道公路路面加宽值应为表列规定值的一半。

2. 加宽值计算

圆曲线上的全加宽值计算(图 2-12)如下:

$$B_j = \frac{d^2}{R} + \frac{0.1v}{\sqrt{R}} \tag{2-16}$$

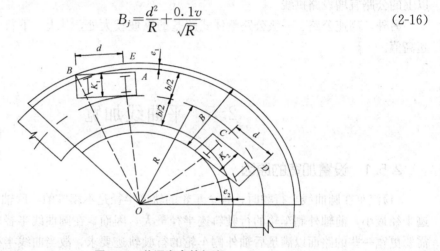

图 2-12　普通汽车的加宽

2.5.3　加宽过渡段

1. 加宽过渡段长度要求

(1)设置回旋线或超高过渡段时,加宽过渡段长度应采用与回旋线或超高过渡段长度相同的数值,如图 2-13 所示。

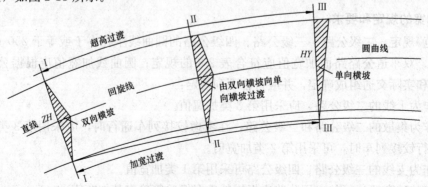

图 2-13　平曲线加宽过渡段

(2)不设回旋线或超高过渡段时,加宽过渡段长度应按渐变率为 1∶15 且长度不小于 10 m 的要求设置。

2. 加宽过渡段方式

二级公路、三级公路、四级公路的加宽过渡段应在加宽过渡段全长范围内,按长度成比例增加的方式设置。其计算式为

$$B_{JX} = \frac{X}{L_S} B_J \tag{2-17}$$

式中　B_{JX}——加宽缓和段上任意点加宽值(m);
　　　X——任意点距加宽缓和段起点的距离(m);
　　　B_J——圆曲线上的全加宽值(m);
　　　L_S——加宽缓和段全长,对于不设置有缓和曲线的平曲线(m)。

2.6　中桩坐标的计算

2.6.1　测量坐标系统

1. 大地坐标系统

在大地坐标系中,地面点在地球表面上的投影位置用大地经度和大地纬度来表示,地面点的大地坐标是根据大地测量数据由大地坐标原点推算而得,我国大地坐标原点位于陕西泾阳县永乐镇境内,在西安市以北约 40 km 处。

2. 高斯平面直角坐标系统

我国从 1952 年开始采用高斯投影系统,以高斯投影的方法建立了高斯直角坐标系统。地面点的高斯平面坐标与大地坐标可以相互转换。高速公路的勘测设计和施工放样都采用高斯平面直角坐标系统进行的。

3. 平面直角坐标系统

在测量范围较小、三级和三级以下公路、独立桥梁隧道及其他构造物,可以将该测区的球面当作平面看待进行直接投影,采用平面直角坐标系统。

2.6.2　中桩坐标计算

1. 计算导线点的坐标

当采用两阶段设计的公路或采用一阶段设计地形困难地段,一般都要先布设导线进行控制测量,导线应与国家三角点进行联测,可使所测的导线点与国家三角点形成一个整体,取得导线坐标起算数据。在有条件的地方可优先采用全球定位系统进行导线测量,或采用全站仪进行导线测量,直接读取导线点坐标。其他方法需测出导线各边长和夹角后,用坐标增量法逐点推算各导线点的坐标,如图 2-14 所示。

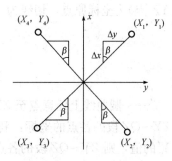

图 2-14　路线方位角计算

(1)方位角的确定：

$$\tan\beta = \left|\frac{\Delta Y}{\Delta X}\right|$$

方位角：

$A_i = \beta$ （第一象限）

$A_i = 180° - \beta$ （第二象限）

$A_i = 180° + \beta$ （第三象限）

$A_i = 360° - \beta$ （第四象限）

(2)坐标计算：

$$X_{i+1} = X_i + D\cos A_i$$

$$Y_{i+1} = Y_i + D\sin A_i \quad (D：两导线点间的水平距离)$$

2. 计算中桩坐标

(1)未设缓和曲线的单圆曲线坐标计算。

1)圆曲线起点、终点坐标计算。如图 2-15 所示，JD_i 的坐标为(X_{JDi}, Y_{JDi})，交点前后直线边的方位角分别为 A_{i-1}、A_i，圆曲线的半径为 R，平曲线切线长为 T_i，曲线起点、终点的坐标可用下式计算：

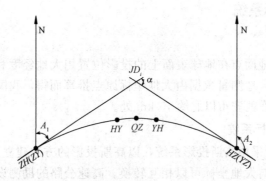

图 2-15 曲线坐标计算图示

圆曲线起点的坐标： $X_{ZYi} = X_{JDi} - T_i \cos A_{i-1}$

$Y_{ZYi} = Y_{JDi} - T_i \sin A_{i-1}$

圆曲线终点的坐标： $X_{YZi} = X_{JDi} + T_i \cos A_i$

$Y_{YZi} = Y_{JDi} + T_i \sin A_i$

2)圆曲线任意点坐标计算。ZY~QZ 段(YZ~QZ 段)的坐标计算以曲线起点 ZY(曲线终点 YZ 点)为坐标原点，切线为 X' 轴，法线为 Y' 轴，建立直角坐标系：

$$X' = R\sin\left(\frac{l'}{R} \cdot \frac{180}{\pi}\right)$$

$$Y' = R - R\cos\left(\frac{l'}{R} \cdot \frac{180}{\pi}\right)$$

式中 l'——圆曲线上任意点至 ZY(YZ)点的弧长。

ZY~QZ 段的各点的坐标：利用上述公式计算出以 ZY 为坐标原点圆曲线段内各加桩 X'、Y' 的值，则 ZY~QZ 段的各点的坐标和方位角为

$$X = X_{ZYi} - X'\cos A_{i-1} - \zeta Y'\sin A_{i-1}$$

$$Y = Y_{ZYi} + X'\sin A_{i-1} + \zeta Y'\cos A_{i-1}$$

$YZ \sim QZ$ 段的各点的坐标：利用上述公式计算出以 YZ 为坐标原点圆曲线段内各加桩 X'、Y' 的值，则 $QZ \sim YZ$ 段的各点的坐标为

$$X = X_{YZi} - X'\cos A_i - \zeta Y'\sin A_i$$
$$Y = Y_{YZi} - X'\sin A_i + \zeta Y'\cos A_i$$

式中　ζ——路线转向，右转角时 $\zeta=1$，左转角时 $\zeta=-1$，以下各式同。

(2) 设缓和曲线的单圆曲线坐标计算。

1) 曲线起、终点坐标计算。如图 2-17 所示，JD_i 的坐标为 $(X_{JDi}、Y_{JDi})$，交点前后直线边的方位角分别为 A_{i-1}、A_i，圆曲线的半径为 R，缓和曲线长度为 L_S，平曲线切线长为 T_{Hi}，曲线起、终点的坐标可用下式计算：

$$X_{ZHi} = X_{JDi} - T_{Hi}\cos A_{i-1}$$
$$Y_{ZHi} = Y_{JDi} - T_{Hi}\sin A_{i-1} \tag{2-18}$$

$$X_{HZi} = X_{JDi} + T_{Hi}\cos A_i$$
$$Y_{HZi} = Y_{JDi} + T_{Hi}\sin A_i \tag{2-19}$$

2) 曲线任意点坐标计算。$ZH \sim QZ$ 段的坐标计算以曲线起点 ZH 为坐标原点，切线为 X' 轴，法线为 Y' 轴建立直角坐标系：

缓和曲线段 X'、Y'：

$$X' = l - \frac{l^5}{40R^2L_S^2}$$
$$Y' = \frac{l^3}{6RL_S} - \frac{l^7}{336R^3L_S^3} \tag{2-20}$$

圆曲线段 X'、Y'：

$$X' = R\sin\left(\beta + \frac{l'}{R} \cdot \frac{180}{\pi}\right) + q$$
$$Y' = R - R\cos\left(\beta + \frac{l'}{R} \cdot \frac{180}{\pi}\right) + p \tag{2-21}$$

利用上述公式计算出缓和段内各加桩和圆曲线段内各加桩 X'、Y' 的值，则 $ZH \sim QZ$ 段的各点的坐标为

$$X = X_{ZHi} + X'\cos A_{i-1} - \zeta Y'\sin A_{i-1}$$
$$Y = Y_{ZHi} + X'\sin A_{i-1} + \zeta Y'\cos A_{i-1} \tag{2-22}$$

式中　ζ——路线转向，右转角时 $\zeta=1$，左转角时 $\zeta=-1$，以下各式同。

$QZ \sim HZ$ 段的坐标计算：以曲线终点 HZ 为坐标原点，切线为 X' 轴，法线为 Y' 轴建立直角坐标系，利用式(2-20)和式(2-21)可以计算出缓和曲线和圆曲线段内各点的 X'、Y' 的坐标，则 $QZ \sim HZ$ 段的各点的坐标为

$$X = X_{HZi} - X'\cos A_i - \zeta Y'\sin A_i$$
$$Y = Y_{HZi} - X'\sin A_i + \zeta Y'\cos A_i \tag{2-23}$$

式中符号意义同前。

(3) 直线段中桩坐标的计算。位于 ZH 点之前或 HZ 点之后的直线段可利用 JD 点的坐标或 ZH 点、HZ 点的坐标与该点的距离计算出该点的坐标。

【例 2-2】　试计算例 2-1 所计算平曲线的各主点桩号及主点桩号区间加桩的坐标。

解：ZH 点的坐标：$A_{23}=A_{32}+180°=359°01'38''$

$$X_{ZH3}=X_{JD3}-T_H\cos A_{23}=2\ 590\ 310.479\ m$$
$$Y_{ZH3}=Y_{JD3}-T_H\sin A_{23}=20\ 478\ 675.729\ m$$

ZH~HY 第一缓和曲线上的中桩坐标的计算：

如桩号 K6+100 $l=6\ 100-6\ 031.619=68.381$(m)

$$X'=l-\frac{l^5}{40R^2L_S^2}=68.380 \qquad Y'=l-\frac{l^3}{6RL_S}=0.266$$
$$X=X_{ZH3}+X'\cos A_{23}-Y'\sin A_{23}=2\ 590\ 378.854$$
$$Y=Y_{ZH3}+X'\sin A_{23}+Y'\cos A_{23}=20\ 478\ 674.834$$

HY 点的坐标计算：$l=7\ 393.646-6\ 031.619=100$

$$X'=l-\frac{l^5}{40R^2L_S^2}=99.994 \qquad Y'=l-\frac{l^3}{6RL_S}=0.833$$
$$X=X_{ZH3}+X'\cos A_{23}-Y'\sin A_{23}=259\ 041.473$$
$$Y=Y_{ZH3}+X'\sin A_{23}+Y'\cos A_{23}=20\ 478\ 674.864$$

HY~QZ 圆曲线部分的中桩坐标计算：

如桩号 K6+500 $\quad l'=6\ 500-6\ 131.619=368.381$

$$X'=R\sin\left(\beta+\frac{l'}{R}\cdot\frac{180}{\pi}\right)+q=465.335$$
$$Y'=R-R\cos\left(\beta+\frac{l'}{R}\cdot\frac{180}{\pi}\right)+p=43.809$$
$$X=X_{ZH3}+X'\cos A_{23}-Y'\sin A_{23}=2\ 590\ 776.491$$
$$Y=Y_{ZH3}+X'\sin A_{23}+Y'\cos A_{23}=20\ 478\ 711.632$$

QZ 点的坐标计算：$l'=6\ 762.632-6\ 131.619=631.014$

$$X'=R\sin\left(\beta+\frac{l'}{R}\cdot\frac{180}{\pi}\right)+q=717.929$$
$$Y'=R-R\cos\left(\beta+\frac{l'}{R}\cdot\frac{180}{\pi}\right)+p=115.037$$
$$X=X_{ZH3}+X'\cos A_{23}-Y'\sin A_{23}=291\ 030.257$$
$$Y=Y_{ZH3}+X'\sin A_{23}+Y'\cos A_{23}=20\ 478\ 778.562$$

ZH 点的坐标计算：

$$A_{34}=38°02'47.5''$$
$$X_{HZ3}=X_{JD3}+T_H\cos A_{34}=2\ 591\ 666.530$$
$$Y_{HZ3}=Y_{JD3}+T_H\sin A_{34}=20\ 479\ 130.430$$

ZH~HY 第二缓和曲线上的中桩坐标计算如 K7+450 点的坐标：$l=4\ 193.646-7\ 450=43.646$

$$X'=l-\frac{l^5}{40R^2L_S^2}=43.646 \qquad Y'=\frac{l^3}{6RL_S}=0.069$$
$$X=X_{HZ3}-X'\cos A_{34}-Y'\sin A_{34}=2\ 591\ 632.116$$
$$Y=Y_{HZ3}-X'\sin A_{34}+Y'\cos A_{34}=20\ 479\ 103.585$$

HY 点的坐标计算：$l=100$

$$X'=l-\frac{l^5}{40R^2L_S^2}=99.994 \qquad Y'=\frac{l^3}{6RL_S}=0.833$$

$$X = X_{HZ3} - X'\cos A_{34} - Y'\sin A_{34} = 2\ 591\ 587.270$$
$$Y = Y_{HZ3} - X'\sin A_{34} + Y'\cos A_{34} = 20\ 479\ 069.460$$

QZ~YH 点的坐标计算：

如 K7+400 $l' = 7\ 493.646 - 7\ 400 = 93.646$

$$X' = R\sin\left(\beta + \frac{l'}{R} \cdot \frac{180}{\pi}\right) + q = 193.612$$

$$Y' = R - R\cos\left(\beta + \frac{l'}{R} \cdot \frac{180}{\pi}\right) + p = 5.371$$

$$X = X_{HZ3} - X'\cos A_{34} - Y'\sin A_{34} = 2\ 591\ 510.764$$
$$Y = Y_{HZ3} - X'\sin A_{34} + Y'\cos A_{34} = 20\ 479\ 015.320$$

直线上中桩坐标的计算：

如 K7+600　　$D = 7\ 600 - 7\ 493.646 = 106.354$

$$X = X_{HZ3} + D\cos A_{34} = 2\ 591\ 750.285$$
$$Y = Y_{HZ3} - D\sin A_{34} = 20\ 479\ 195.976$$

2.7　行车视距

2.7.1　视距的种类

行车视距是指驾驶员在驾驶过程中的可视距离，以便在发现路面障碍物或迎面来车时，能采取措施，以避免相撞。行车视距是影响交通安全的重要因素，主要包括停车视距、超车视距和会车视距。停车视距驾驶员视线高度，小客车为 1.2 m，货车为 2 m，障碍物高为 0.1 m。

驾驶员发现路面障碍物或迎面来车时，根据其采取措施的不同，行车视距可分为以下几种：

(1)停车视距：汽车行驶时，自驾驶员看到障碍物时起，直至在障碍物前安全停止，所需要的最短距离。

(2)会车视距：在同一车道上两对向汽车相遇，从互相发现起，至同时采取制动措施使两车安全停止，所需要的最短距离。

(3)错车视距：在没有明确划分车道线的双车道公路上，两辆对向行驶的汽车相遇，发现后即采取减速避让措施，安全错车所需要的最短距离。

(4)超车视距：在双车道公路上，后车超越前车时，从开始驶离原车道之处起，直至在与对向来车相遇之前，完成超车安全回到原来的车道，所需要的最短距离。

高速公路、一级公路的视距采用停车视距。二级公路、三级公路、四级公路的视距应采用会车视距。受地形条件或其他特殊情况限制而采取分道行驶措施的路段，可采用停车视距。

二级公路、三级公路、四级公路双车道公路，应间隔设置满足超车视距的路段。具有干线功能的二级公路宜在 3 min 的行驶时间里，提供一次满足超车视距要求的超车路段。一般情况下，超车路段的总长度以不小于路线总长度的 10%～30% 为宜。超车路段的设置应结合地形并力求均匀。

2.7.2 视距的计算

1. 停车视距

停车视距是指驾驶员从发现障碍物时起,直至在障碍物前安全停止,所需要的最短距离。停车视距由两部分组成,一部分为驾驶者在反应时间内行驶的距离;另一部分为开始制动到刹车停止所行驶的距离,即制动距离。另外,还应增加5~10 m的安全距离,如图2-16所示。

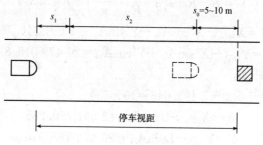

图2-16 停车视距计算示意

停车视距通常按下式计算:

$$S_{停}=\frac{v}{3.6}t+\frac{(v/3.6)^2}{2gf_1} \tag{2-24}$$

式中 f_1——纵向摩阻系数,依车速及路面状况而定;

t——驾驶者反映时间,取2.5 s。

《规范》规定,高速公路、一级公路停车视距见表2-9。二级公路、三级公路、四级公路会车视距与停车视距见表2-10。

表2-9 高速公路、一级公路停车视距

设计速度/(km·h^{-1})	120	100	80	60
停车视距/m	210	160	110	75

表2-10 二级公路、三级公路、四级公路会车视距与停车视距

设计速度/(km·h^{-1})	80	60	40	30	20
会车视距/m	220	150	80	60	40
停车视距/m	110	75	40	30	20

2. 超车视距

超车视距的全程可分为以下四个阶段(图2-17):

(1)加速行驶距离 S_1。当驾驶人员经判断认为有超车的可能,于是加速驶入对向车道,在驶入对向车道之前的加速行驶距离 S_1 可按下式计算:

$$S_1=\frac{V_0 t_1}{3.6}-\frac{a t_2}{2} \tag{2-25}$$

式中 V_0——超车的初速度(km/h);

t_1——超车加速时间(s);

a——超车平均加速度(m/s^2)。

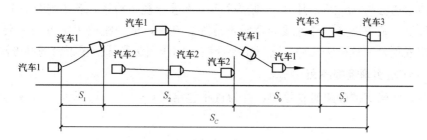

图 2-17 超车视距计算示意

(2)超车在对向车道行驶的距离 S_2 可按下式计算：

$$S_2 = \frac{Vt_2}{3.6} \tag{2-26}$$

式中　V——超车在对向车道上行驶的速度(km/h)；

　　　t_2——超车在对向车道上行驶的时间(s)。

(3)超车完毕时，超车与对向汽车之间的安全距离 S_0。这个距离视超车和对向汽车的行驶速度不同，采用不同的数值，一般取 15～100。

(4)超车开始加速到超车完成时对向汽车的行驶距离 S_3，可按下式计算：

$$S_3 = \frac{V'(t_1 + t_2)}{3.6} \tag{2-27}$$

式中　V'——对向汽车行驶速度(km/h)。

理想的超车过程为

$$S_H = S_1 + S_2 + S_3 + S_0 \tag{2-28}$$

由于这样计算所得距离较长，在地形复杂时很难实现。因为尾随在慢车后面的快车驾驶员往往在未看到前面安全区段时，就开始加速进入了对向车道，如果在进入对向车道之后，发现迎面有汽车开来而超车距离不足时，则只能及时返回自己的车道仍尾随在慢车后。因此，超车视距在地形条件困难时可按下式计算：

$$S_H = \frac{2}{3}S_2 + S_3 + S'_3 \tag{2-29}$$

式中　S'_3——对向车行驶的距离，按 t_2 的 $\frac{2}{3}$ 行驶时间确定。

式中其余符号意义同前。

我国《规范》中规定超车视距最小值见表 2-11。

表 2-11 超车视距最小值

设计速度/(km·h^{-1})		80	60	40	30	20
超车视距最小值/m	一般值	550	350	200	150	100
	最小值	350	250	150	100	70

2.7.3 视距保证

汽车在直线上行驶时，一般会车视距、停车视距和超车视距是容易保证的。但当汽车在平面弯道上行驶若遇到内侧有建筑物、树木、路堑边坡等，均可能阻碍视线。这种处于隐蔽地段的弯道称为"暗弯",凡属于"暗弯"都应该进行视距检查,若不能保证该级公路的设计视距长度,则应该将阻碍视线的障碍物清除。其中,横净距的确定方法主要有几何作图法、开挖视距台和解析法几种,这里主要介绍几何作图法和开挖视距台两种方法。

1. 几何作图法确定横净距

用绘图方法确定清除障碍物范围,称为视距包络图,如图2-18所示。视距包络图的作图步骤如下:

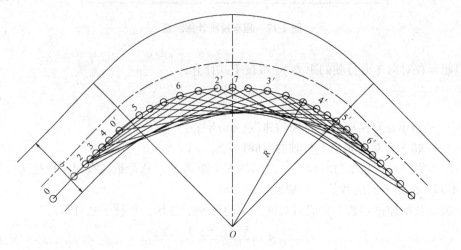

图2-18 超车视距计算示意

(1)按比例画出弯道平面图,在图上标出路面两边边缘(包括路面加宽在内)、路基边缘线(包括路基加宽在内)、路中线及距离加宽前路面内侧边缘1.5 m的行车轨迹线(有缓和曲线时也应按缓和曲线的形式画出汽车轨迹线)。

(2)由平曲线的起点、终点向直线段方向沿轨迹线量取设计视距S的长度,定出O点(或对称O'点)。

(3)从O点向平曲线方向沿轨迹线将O至曲线中点的轨迹距离分成若干等份(一般分10等份),得1、2、3、…各点或对称1'、2'、3'、…。

(4)从0、1、2、3、…分别沿轨迹方向量去设计视距S,定出各相应点0'、1'、2'、3'…,则0—0',1—1',2—2',3—3'…和对称的0—0',1—1',2—2',3—3'…,都在轨迹线上满足设计视距S的要求。

(5)用直线分别连$\overline{00'}$、$\overline{11'}$、$\overline{22'}$…和对称的$\overline{00'}$、$\overline{11'}$、$\overline{22'}$…,各线段互相交叉。

(6)用曲线板内切与各交叉的线段,画出内切曲线,这条内切曲线就是视距包络线。

(7)视距包络线两端与障碍线相交,在视距包络线与障碍线之间的部分,就是应该清除障碍物的范围。

用几何的方法不但能确定最大横净距,还可以确定弯道上任意桩号的横净距,而解析法只能确定弯道中点的最大横净距。

2. 开挖视距台

用计算方法或视距包络图的方法,计算出横净距后,就可按比例在各桩号的横断图上画出视距台,以供施工放样。其作图步骤如下:

(1)按比例画出需要保证设计视距的各桩号横断面图。

(2)由未加宽时路面内侧边缘向路中心量取 1.5 m,并垂直向上量 1.2 m 得 A 点,则 A 点为驾驶员眼睛位置。

(3)由 A 点作水平线,并沿内侧方向量取横净距得 B 点。

(4)由 B 点垂直向下量取 y 的高度得到 C 点(由于泥土或碎石落在视距台上影响视线,为保证通视,当为土质边坡时,$y=0.3$ m;当为石质边坡时,$y=0.1$ m)。

(5)由 C 点按边坡比例画出边坡线,则图中影印线部分即为挖除的部分,如图 2-19 所示。

(6)各桩号分别按需要的横净距开挖视距台,连接起来就能保证设计视距。

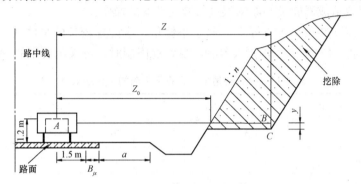

图 2-19 开挖视距台

2.8 平面线型设计要点

2.8.1 平面线型设计一般原则

(1)平面线型应直捷、连续、顺适,并与地形、地物相适应,与周围环境相协调。在地形平坦开阔的平原微丘区,路线直捷、舒顺,在平面线型三要素中直线所占比例较大。而在地势有很大起伏的山岭重丘区,路线则多弯曲,曲线所占比例较大。路线要与地形相适应,这既是美学问题,也是经济问题和保护生态环境问题。直线、圆曲线、回旋线的选用与合理组合取决于地形地物等具体条件,片面强调路线要以直线为主或以曲线为主,或人为规定三者的比例都是错误的。

(2)保持平面线型的均衡与连贯。高、低标准之间要有过渡。结合地形变化,使路线的平面线型指标逐渐过渡,避免出现突变。不同标准路段相互衔接的地点,应选在交通量发生变化处。

(3)应避免连续急弯的线型。这种线型给驾驶者造成不便,给乘客的舒适也带来不良影响。设计时可在曲线之间插入足够长的直线或回旋线。

(4)平曲线应有足够的长度。平曲线太短,汽车在曲线上行驶时间过短会使驾驶人员操纵方向盘困难,来不及调整,所以,《规范》规定了困难时平曲线最小长度,见表 2-12。

公路弯道在一般情况下是由两段缓和曲线(或超高、加宽缓和段)和一段圆曲线组成。缓和曲线(一般采用回旋线)的长度不能小于该级公路对其最小缓和曲线长度的规定,中间圆曲线的长度也宜有不小于 3 s 的行程。

表 2-12　公路平曲线最小长度

设计速度/(km·h^{-1})		120	100	80	60	40	30	20
平曲线最小长度/m	一般值	600	500	400	300	200	150	100
	最小值	200	170	140	100	70	50	40

路线转角的大小反映了路线的舒顺程度，以相对小一些为好。但转角过小，即使设置了较大的半径也容易将曲线长看成比实际的要短，造成急转弯的感觉。这种现象在转角越小时越明显，以致造成驾驶员判断错误进行减速转弯的操作。

一般认为，路线转角小于或等于 7°属于小偏角，应设置较长的平曲线，其长度应大于表 2-13 中规定的"一般值"。当地形及其他特殊情况限制时，可采用表中的"最小值"。

表 2-13　公路转角小于或等于 7°时的平曲线长度

设计速度/(km·h^{-1})	120	100	80	60	40	30	20
一般值	1 400/Δ	1 200/Δ	1 000/Δ	700/Δ	500/Δ	350/Δ	280/Δ
最小值	200	170	140	100	70	50	40

注：表中的 Δ 为路线转角值(°)，当 Δ<2°时，按 Δ=2°计算。

2.8.2　平面线型组合类型

可根据具体情况选用如下几种线型组合形式。

1. 基本型

基本型是按直线－回旋线－圆曲线－回旋线－直线的顺序组合的，如图 2-20 所示。

两个回旋线的参数值可以根据地形条件设计成对称的或非对称的曲线。当回旋线两个参数 $A_1=A_2$ 时称为对称型，这种线型经常采用。根据线型、地形变化的需要在圆曲线两侧采用 $A_1 \neq A_2$ 的回旋线，设计成非对称型。为使线型连续协调，回旋线－圆曲线－回旋线的长度之比宜为 1∶1∶1 左右，并注意设置基本型的几何条件为：α>2β（α 为圆曲线转角，β 为缓和曲线角）。

2. S 型

两个反向圆曲线用回旋线连接起来的组合线型为 S 型，如图 2-21 所示。

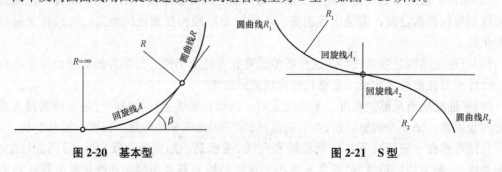

图 2-20　基本型　　　　　　　　　图 2-21　S 型

S 型相邻两个回旋线参数 A_1 与 A_2 宜相等，设计成对称形。当采用不同的参数时，A_1

与 A_2 之比应小于 2.0，有条件时以小于 1.5 为宜。

S 型的两个反向回旋线以径相光滑连接为宜，当地形等条件受限必须插入短直线或当两圆曲线的回旋线相互重合时，短直线或重合段的长度应符合下式规定：

$$L \leqslant \frac{A_1 + A_2}{40}$$

式中　L——反向回旋线之间短直线或重合段的长度(m)；

　　　A_1，A_2——回旋线参数。

两圆曲线半径之比不宜过大，以 $\frac{R_2}{R_1} = 1 \sim \frac{1}{3}$ 为宜。R_1 为大圆曲线半径(m)，R_2 为小圆曲线半径(m)。

3. 复曲线

(1) 直线与两同向圆曲线直接相连形式。其是由两同向圆曲线按直线－圆曲线 R_1－圆曲线 R_2－直线的顺序组合构成。

(2) 两同向圆曲线两端设置回旋线形式。其是由两同向圆曲线按直线－回旋线 A_1－圆曲线 R_1－圆曲线 R_2－回旋线 A_2－直线的顺序组合构成。

(3) 卵型。用一个回旋线连接两个同向圆曲线的组合形式，称为卵型。其按直线－回旋线 A_1－圆曲线 R_1－回旋线－圆曲线 R_2－回旋线 A_2－直线顺序组合构成，如图 2-22 所示。

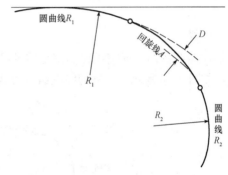

图 2-22　卵型

卵型组合的回旋线参数宜符合下式要求：

$$R_2/2 \leqslant A \leqslant R_2$$

式中　A——回旋线参数；

　　　R_2——小圆曲线半径(m)。

两圆曲线半径之比以 $R_2/R_1 = 0.2 \sim 0.8$ 为宜。

两圆曲线的间距以 $D/R_2 = 0.003 \sim 0.03$ 为宜，以免曲率变化太大。D 为两圆曲线间的最小间距(m)。

4. 凸型

两个同向回旋线间不插入圆曲线而径相衔接的线型称为凸型。$B_1 \cdots \beta_1 \cdots \beta_2 \cdots \alpha = \beta_1 + \beta_2$。$\alpha = 2\beta_0$ (α 为圆曲线转角，β_0 为回旋线角)，如图 2-23 所示。

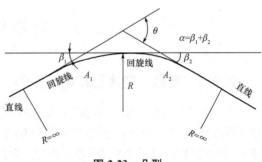

图 2-23　凸型

凸型的回旋线参数及其连接点的曲率半径，应分别符合容许最小回旋线参数和圆曲线一般最小半径的规定。凸型曲线在两回旋曲线衔接处，曲率发生突变，不仅行车操作不便而且由于超高，路面边缘线纵断面也在该处形成转折，所以，凸型曲线作为平面线型是不理想的。只有在地形、地物受限制的路段方可采用凸型组合。

5. 复合型

两个及两个以上同向回旋线,在曲率相等处相互连接的形式称为复合型,如图 2-24 所示。复合型的两个回旋线参数之比以小于 1∶1.5 为宜。复合型的线型组合仅在地形或其他特殊原因限制时(互通式立体交叉除外)才使用。

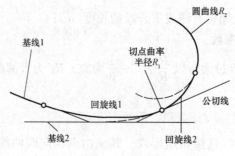

图 2-24 复合型

6. C 型

同向曲线的两个回旋线在曲率为零处径相衔接(即连接处曲率为 0,$R=\infty$)的形式称为 C 型,如图 2-25 所示。C 型的线型组合方式只有在特殊地形条件下方可采用。

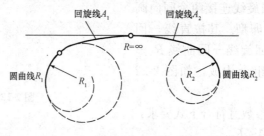

图 2-25 C 型

2.9 公路平面设计成果

2.9.1 直线、曲线及转角一览表

"直线、曲线及转角一览表"全面反映路线的平面位置和路线平面线型的各项指标,它是公路设计的主要成果之一。完成该表后才能计算"逐桩坐标表"和绘制"路线平面设计图",同时,在公路的纵断面、横断面和其他构造物设计时都要用本表数据,见表 2-14。

平面设计要点
及成果梳理

表 2-14 直线、曲线及转角表一览表

项目名称：

交点号	交点桩号	交点间距/m	曲线间直线长/m	交点转角(° ′ ″)	曲线要素表/m 半径 R/m	曲线要素表/m 切线长 T_1/m T_2/m	曲线要素表/m 缓和曲线长 L_1/m L_2/m	曲线要素表/m 曲线总长 L_h/m	曲线要素表/m 外距 E/m	曲线主点桩号 第一缓和曲线起点 ZH	曲线主点桩号 第一缓和曲线终点或圆曲线起点 HY(ZY)	曲线主点桩号 圆曲线中点 QZ	曲线主点桩号 第二缓和曲线起点或圆曲线终点 YH(YZ)	曲线主点桩号 第二缓和曲线终点 HZ	备注
JD_0	K0+000	188.426	158.190												
JD_1	K0+188.426	57.491	0.353	24°51′42″(Y)	137.167	30.235		59.519	3.293		K0+158.190	K0+187.950	K0+217.709		
JD_2	K0+244.965	77.837	25.220	28°52′17.9″(Z)	104.508	26.903		52.662	3.407		K0+218.062	K0+244.393	K0+270.724		
JD_3	K0+321.658	64.787	6.245	37°02′45.1″(Y)	76.748	25.714		49.623	4.193		K0+295.944	K0+320.756	K0+345.567		
JD_4	K0+384.640	105.381	59.544	30°47′38.6″(Z)	119.204	32.828		64.067	4.438		K0+351.813	K0+383.846	K0+415.880		
JD_5	K0+488.433	20.799	3.888	29°44′35.4″(Y)	48.988	13.009		25.431	1.698		K0+475.424	K0+488.139	K0+500.854		
JD_6	K0+508.645	87.025	62.624	51°06′03.6″(Z)	8.165	3.903		7.282	0.885		K0+504.742	K0+508.383	K0+512.024		
JD_7	K0+595.145	78.458	48.166	15°58′02.4″(Y)	146.148	20.497		40.729	1.430		K0+574.648	K0+595.012	K0+615.377		

2.9.2 逐桩坐标表

高速公路、一级公路的线型是指高程，在测设和放线时需采用坐标法才能保证测设精度。所以，平面设计成果必须提供一份"逐桩坐标表"，见表 2-15。

2.9.3 路线平面设计图

路线平面图是公路设计文件的重要组成部分，该图全面、清晰地反映公路平面位置和经过地区的地形、地物等，它是平面设计的重要成果之一，如图 2-26 所示。

1. 平面图的比例尺和测绘范围

路线平面图是指包括公路中线在内的有一定宽度的带状地形。若供工程可行性研究，可采用 1∶10 000 的比例尺测绘（或向国家测绘部门和其他工程单位收集），但初步设计、施工图设计的设计文件组成部分应采用较大的比例尺，一般测绘时常用 1∶2 000，在地形复杂地段的路线初步设计、施工图设计可采用 1∶500 或 1∶1 000。路线带状地形图的测绘宽度，一般路中线两侧各 100～200 m；对 1∶5 000 的地形图，测绘宽度每侧应不小于 250 m，若有比较线，测绘宽度应包括比较线。

路线平面图应标出地形、地物、路线位置及桩号、断链、平曲线主要桩位与其他主要交通路线的关系，以及县以上境界等，标注水准点、导线点及坐标格网或指北图式、标出特大桥、大桥、中桥、隧道、路线交叉位置等。图中还应列出平曲线要素表。

2. 路线平面图的展绘

（1）导线或路中线的展绘。在初测阶段时，应先沿着路线走廊布设附和导线，将导线点按其坐标 X、Y 准确地展绘到绘有坐标方格网的图纸上，以导线为基线，作为测绘地形图的依据。

在定测阶段时，先将交点按其坐标 X、Y 准确的展绘到绘有坐标方格网的图纸上，再按"逐桩坐标表"所提供得数据，展绘曲线，并注明百米桩、公里桩；以路线为基线，测绘地形。

（2）控制点的展绘。各种比例尺的地形图，均应展绘出测绘宽度内的各等级三角点、导线点、图根点、水准点等，并按规定的符号表示。

（3）各种构造物的测绘。各种比例尺的地形图，各类构造物、建筑物及其主要附属设施应按《公路勘测规范》(JTG C10—2007) 的规定测绘和标注。各种线状地物，如管线、高压电线、低压电线等应实测其支架或电杆的位置。对穿越路线的高压线应实测其悬垂线距离地面的高度并注明伏安。地下管线等应详细测定其位置。公路及其附属物应按实际形状测绘。

（4）水系及其附属物的测绘。各种比例尺的地形图，均应展绘出测绘宽度内的海洋的海岸线位置；水渠顶边及底边高程；堤坝顶部及坡脚的高程；水井井台高程；水塘塘顶边及塘底的高程。河流、水沟等应注明水流流向。

（5）地形、地貌的测绘。各种比例尺的地形图，地形、地貌、植被、不良地质地带等均应详细测绘，并用等高线和国家测绘局制定的"地形图图式"符号及数字注明。

表 2-15 逐桩坐标表

桩号	坐标/m		方向角 (° ′ ″)	桩号	坐标/m		方向角(° ′ ″)
	X	Y			X	Y	
K0+000.000	50.000	190.000	58 12 46	K0+700.000	276.805	834.400	88 39 11
K0+100.000	102.677	275.001	58 12 46	K0+800.000	279.155	934.373	88 39 11
(ZH)K0+216.260	163.919	373.823	58 12 46	K0+900.000	281.506	1 034.345	88 39 11
K0+200.000	155.353	360.002	58 12 46	K1+000.000	284.230	1 134.306	87 21 16
(HY)K0+346.260	227.500	487.102	65 39 40	(HY)K1+070.522	290.835	1 204.482	81 00 49
(QZ)K0+414.081	251.181	550.598	69 32 49	K1+100.000	296.389	1 233.426	77 15 37
(YH)K0+481.902	266.058	616.714	81 12 17	(QZ)K1+130.467	304.108	1 262.894	77 11 53
K0+300.000	206.738	445.775	61 18 12	(YH)K1+190.413	325.022	1 319.025	65 44 55
(HZ)K0+611.902	274.734	746.327	88 39 11	K1+200.000	329.051	1 327.725	64 34 36
K0+400.000	246.977	537.160	71 49 10	K1+300.000	378.285	1 414.702	58 10 00
K0+500.000	268.516	634.644	83 08 03	(HZ)K1+310.413	383.783	1 423.545	58 06 33
(ZH)K0+950.522	282.694	1 084.853	88 33 11	K1+339.215	399.000	1 448.000	58 06 33
K0+600.000	274.450	734.428	88 35 26				

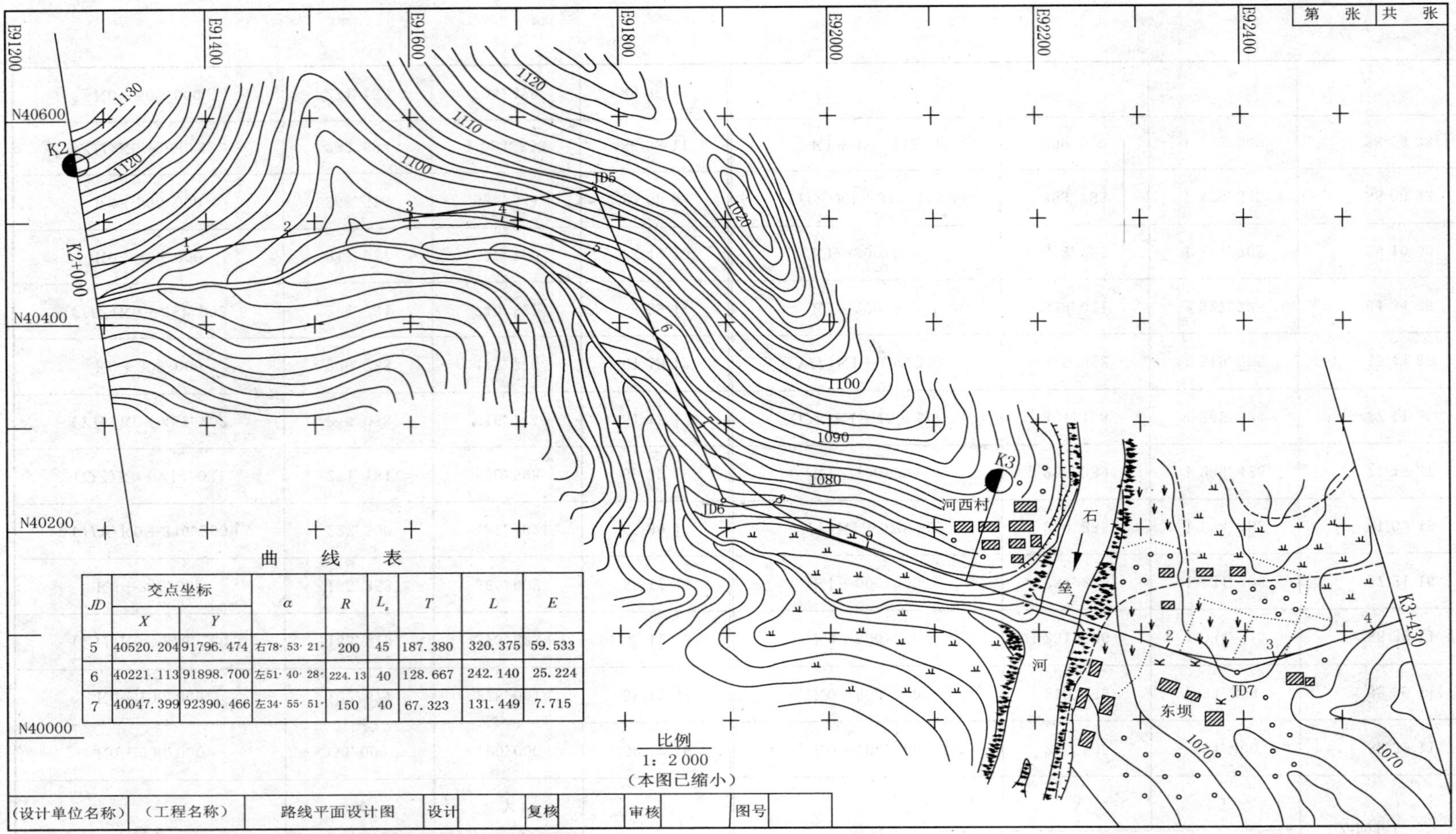

曲 线 表							
JD	交点坐标 X	交点坐标 Y	α	R	L_s	T	L	E
5	40520.204	91796.474	右78°53′21″	200	45	187.380	320.375	59.533
6	40221.113	91898.700	左51°40′28″	224.13	40	128.667	242.140	25.224
7	40047.399	92390.466	左34°55′51″	150	40	67.323	131.449	7.715

比例 1:2 000
（本图已缩小）

图 2-26 公路路线平面图

思考与练习

1. 平面线型的三要素是指什么？简述平面线型设计要点。

2. 某平原微丘区一条二级公路交点桩号 K5+389.72，右转角 $\alpha=56°14'32''$，回旋线长度 L_S 为 65 m，试确定该平曲线要素及平曲线主点桩桩号。

3. 某山岭区二级公路，已知 JD_1 的坐标为 (52 637.914, 72 455.031)，JD_2 的桩号为 K10+645.52，坐标为 (44 513.628, 65 862.114)，JD_3 的坐标为 (30 564.424, 92 350.329)，并设 JD_2 的转角 $\alpha=34°32'15''$，半径 $R=300$ m 回旋线长 $L_S=60$ m。

求：(1) JD_2 平曲线的要素；

(2) JD_2 主点的桩号、坐标。

项目 3　公路纵断面设计

本章要求

1. 了解纵断面设计的基本概念。
2. 熟悉公路纵断面设计基本要求与相关标准。
3. 掌握公路纵断面设计步骤和方法。

本章重点

重点：公路纵断面设计基本要求与相关标准，竖曲线设计。

难点：公路平线型、纵线型的组合设计。

通过公路中线的竖向剖面称为路线纵断面图。由于地形、地物、地质、水文等自然因素的影响，以及满足经济性的要求，公路路线在纵断面上不可能从起点至终点是一条水平线，而是一条有起伏的空间线。纵断面设计的主要任务就是根据汽车的动力性能、公路等级和性质、当地的自然地理条件以及工程经济等，来研究这条空间线型的纵坡大小及其长度。它是公路设计的重要内容之一，而且将直接影响到行车的安全和速度、工程造价、运营费用和乘客的舒适程度。

在纵断面图上，通过路中线的原地面上各桩点的高程，称为地面高程；相邻地面高程的起伏折线的连线，称为地面线；设计公路的路基边缘相邻高程的连线，称为设计线；设计线上表示路基各点的高程，称为设计高程；在同一横断面上设计高程与地面高程之差，称为填（挖）方高度。当设计线在地面线以上时，路基构成填方路堤；当设计线在地面线以下时，路基构成挖方路堑。填（挖）方高度的大小直接反映了路堤的高度和路堑的深度。

《规范》规定，路线纵断面图上的设计高程，即路基设计高程应符合下列规定：

（1）新建公路的路基设计高程。高速公路和一级公路宜采用中央分隔带的外侧边缘高程；二级公路、三级公路、四级公路宜采用路基边缘高程，在设置超高、加宽路段，一般为未超高、加宽前该处边缘高程。

（2）改建公路的路基设计高程。宜按新建公路的规定执行，也可视具体情况而采用中央分隔带中线或行车道中线高程。

纵断面设计的主要任务就是根据汽车的动力特性、公路等级、地形、地物、水文地质，综合考虑路基稳定、排水以及工程经济性等，研究纵坡的大小、长短、竖曲线半径以及与平面线型的组合关系，以便达到行车安全迅速、运输经济合理及乘客感觉舒适的目的。

3.1 纵坡及坡长设计

汽车在公路上行驶，必须要有足够的牵引力来克服各种行驶阻力。汽车行驶的牵引力来自发动机，发动机里的热能转化为机械能。发动机将燃料燃烧所放出的热能转化为机械能；汽车行驶的阻力有的来自汽车周围的空气介质，有的来自汽车行驶的路面，有的来自汽车上下坡行驶，也有的来自汽车加减速行驶阻力，要保证汽车正常行驶，牵引力必须大于或等于各项阻力之和。另外，汽车在坡道上行驶时，要求满足纵坡度力求平缓、短捷而且纵坡度的变化不宜太多，尤其应避免急剧起伏变化，力求纵坡均匀。

3.1.1 最大纵坡、最小纵坡、平均纵坡及缓和坡段

1. 最大纵坡

各级公路的最大纵坡主要考虑载重汽车的爬坡性能和公路通行能力。一般公路偏重于考虑爬坡性能；高速公路、一级公路偏重于车辆的快速安全行驶。具体来讲，确定最大纵坡应考虑包括以下几点因素：

(1)汽车的动力性能：考虑公路上行驶的车辆，按汽车行驶的必要条件和充分条件来确定。

(2)公路等级：不同的公路等级要求的行车速度不同，公路等级越高、行车速度越大，要求的纵坡越平缓。

(3)自然因素：公路所经过的地形、海拔高度、气温、雨量、湿度和其他自然因素，均会影响汽车的行驶条件和上坡能力。

《规范》规定，各级公路的最大纵坡应不大于表3-1的规定。并应符合下列规定：

表3-1 公路最大纵坡

设计速度/(km·h^{-1})	120	100	80	60	40	30	20
最大纵坡/%	3	4	5	6	7	8	9

(1)设计车速为120 km/h、100 km/h、80 km/h的高速公路，受地形条件或其他特殊情况限制时，经技术经济论证，最大纵坡可增加1%。

(2)改、扩建公路设计车速为40 km/h、30 km/h、20 km/h的利用原有公路的路段，经技术经济论证，最大纵坡可增加1%。

(3)四级公路位于海拔2 000 m以上或积雪冰冻地区的路段，最大纵坡不应大于8%。

(4)设计速度小于或等于80 km/h位于海拔3 000 m以上的高原地区的公路，最大纵坡应按表3-2的规定折减；最大纵坡折减后小于4%时，应采用4%。

表3-2 高原纵坡折减值

海拔高度/m	3 000~4 000	4 000~5 000	5 000以上
纵坡折减值/%	1	2	3

桥梁、隧道纵坡规定如下：

(1)小桥纵坡应随路线纵坡设计；大、中桥上的纵坡不宜大于4%，桥头引道纵坡不宜大于5%，引道紧接桥头部分的线型应与桥上线型相配合。易结冰、积雪的桥梁，桥上纵坡宜适当减小；位于城镇混合交通繁忙处的桥梁，桥上及桥头引道纵坡均不得大于3%。

(2)隧道内的纵坡应大于0.3%并小于3%；但短于100 m的隧道可不受上述条件限制。高速公路、一级公路的中、短隧道，当受条件限制时，经技术经济论证后，最大纵坡可适当加大，但不宜大于4%。隧道内的纵坡宜设置成单向坡；地下水发育的隧道及特长、长隧道宜采用人字坡。

2. 最小纵坡

为使公路上行车快速、安全和畅通，希望公路纵坡设计的小一些，但是，在长路堑低填方以及其他横向排水不畅通的地段，为防止积水渗入路基而影响其稳定，规定各级公路的长路堑路段，以及其他横向排水不畅路段，均应采用不小于0.3%的纵坡。当必须设计水平坡(0%)或小于0.3%的纵坡时，边沟排水设计应与纵坡设计一起综合考虑，其边沟应作纵向排水设计。

3. 平均纵坡

平均纵坡是指一定长度的路段纵向所克服的高差与该路段长度之比。平均纵坡是衡量路线线型设计质量的重要指标之一。

根据对山区公路行车的实际调查发现，虽然公路纵坡设计完全符合最大纵坡、坡长限制及缓和坡长的规定，但也不能保证行车顺利安全。如果在长距离内，平均纵坡较大，汽车上坡用二挡时间较长，发动机长时间发热，易导致汽车水箱沸腾、气阻；同样，汽车下坡时，频繁刹车，易引起制动器发热，甚至烧毁制动片，加之驾驶员心理过分紧张，极易发生事故。因此，从汽车行驶方便和安全出发，合理运用最大纵坡、坡长限制及缓和坡段的规定，还应控制平均纵坡。

平均纵坡与坡道长度有关，还与相对高差有关。《标准》规定，二级及二级以下公路的越岭路线连续上坡(或下坡)路段，相对高差为200~500 m时，平均纵坡不应大于5.5%；相对高差大于500 m时，平均纵坡应不大于5%。任意连续3 km路段的平均纵坡宜不大于5.5%。

4. 缓和坡段

在纵断面设计中，当陡坡长度达到限制坡长时，应安排一段缓坡，用以恢复在陡坡上降低的速度。同时，从下坡安全考虑，设计一段缓坡也是非常必要的。缓和坡段的具体位置应结合纵向地形考虑路线的平面线型要素。不同等级的公路其缓和坡度不同，《规范》规定，当设计速度小于或等于80 km/h时，缓和坡段的纵坡应不大于3%；当设计速度大于80 km/h时，缓和坡段的纵坡应不大于2.5%，缓和坡段的长度应不得小于最小坡长要求。

3.1.2 坡长限制

1. 最大坡长

公路纵坡的大小及坡长对汽车正常行驶影响很大。坡长限制，是根据汽车动力性能来决定的。长距离的陡坡对汽车行驶不利。连续上坡，发动机过热影响机械效率，从而使行驶条件恶化，下坡则因刹车频繁而危及行车安全，因此，纵坡越陡，坡长越长，对行车的影响越大。《规范》对各级公路不同纵坡的最大坡长加以限制见表3-3。

表 3-3　不同纵坡的最大坡长　　　　　　　　　　　　　　　　　m

设计速度/(km·h^{-1})		120	100	80	60	40	30	20
纵坡坡度/%	3	900	1 000	1 100	1 200	—	—	—
	4	700	800	900	1 000	1 100	1 100	1 200
	5	—	600	700	800	900	900	1 000
	6	—	—	500	600	700	700	800
	7	—	—	—	—	500	500	600
	8	—	—	—	—	300	300	400
	9	—	—	—	—	—	200	300
	10	—	—	—	—	—	—	200

2. 最小坡长

考虑汽车行驶平顺性的要求，如果坡长过短，使变坡点增多，路段出现"波浪"，会使汽车行驶在连续起伏地段产生增重与减重的频繁变化，导致感觉不舒适，并且车速越高感觉越明显，另外，也不利于纵断面的视距保证、竖曲线的设置和路容美观。为使纵断面线型不至于出现因起伏频繁而呈波浪形的状况，并便于平面线型的布设合理，应对纵坡的最小长度做出限制。最小坡长通常以设计速度行驶 9～15 s 的行程作为规定值。《规范》规定，各级公路最小坡长见表 3-4。

表 3-4　公路最小坡长

设计速度/(km·h^{-1})	120	100	80	60	40	30	20
最小坡长/m	300	250	200	150	120	100	60

3. 组合坡长

当连续陡坡是由几个不同受限坡度值的坡段组合而成时，应按不同坡度的坡长限制折算确定；其连续陡坡最短坡长应大于规范规定最小坡长。在公路纵坡设计时，当连续陡坡由几个不同坡度值的坡段组合而成时，相邻坡段长度应按限制的规定进行坡长折算。

例如，某山岭区三级公路，第一坡段纵坡度为 8%，长度为 120 m；第二坡段纵坡度为 6%，其长度应为多少米？根据表 3-3 各级公路纵坡长度限制，考虑三级公路设计速度为 40 km/h，如果坡度为 8%，则纵坡长度限制为 300 m，第一坡段设计完后还剩：1−120/300＝0.6，第二坡段采用 6% 的坡度，纵坡长度限制为 700 m，则第二段坡长最长采用 0.6×700＝420 m，在使用坡长限制的纵坡度时，坡长只能小于或等于 100% 的坡长限制，一般情况下，应留有一定的余地。

另外，公路在平曲线路段，若纵向有纵坡并且横向又有超高时，则最大坡度既不在纵坡上，也不在超高横坡上，而是在纵坡和超高横坡的合成方向上，这时的最大的坡度称为合成坡度，又叫作流水线坡度，如图 3-1 所示。

纵坡、超高横坡和合成坡度满足勾股定

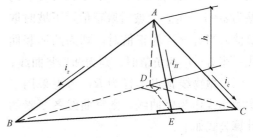

图 3-1　合成坡度

理的关系,即

$$i_合=\sqrt{i^2+i_b^2}$$

式中 $i_合$——合成坡度(%);
i——公路平曲线处的纵坡(%);
i_b——公路平曲线处的超高横坡度(%)。

《规范》规定了各级公路的最大合成坡度值不得大于表3-5的规定。

表3-5 公路最大合成坡度

公路技术等级	高速公路、一级公路				二级公路、三级公路、四级公路				
设计速度/(km·h^{-1})	120	100	80	60	80	60	40	30	20
合成坡度值/%	10.0	10.0	10.5	10.5	9.0	9.5	10.0	10.0	10.0

当陡坡与小半径平曲线相重叠时,宜采用较小的合成坡度。下列情况其合成坡度必须小于8%:

(1)冬季路面有结冰、积雪地区。
(2)自然横坡较陡峻的傍山路段。
(3)非汽车交通量较大的路段。

各级公路最小合成坡度不宜小于0.5%。在超高过渡的变化处,合成坡度不应设计为0%。当合成坡度小于0.5%时,应采取综合排水措施,保证路面排水畅通。

3.2 竖曲线

考虑汽车在转坡点上行驶不顺适,因此,在转坡点处都必须用曲线将前后两条相邻纵坡线顺适连接起来以适应行车的需要,为满足在直线的坡度转折处平顺过渡需要设置的曲线称为竖曲线,一般采用二次抛物线作为竖曲线。按坡度转折形式的不同,竖曲线可分为凸形竖曲线和凹形竖曲线两种形式,其大小用半径和长度表示。纵断面设计线是由直坡段和竖曲线组成的。当纵断面上两条坡度不同的相邻纵坡线相交时,就出现了转坡点(变坡点)。

3.2.1 竖曲线要素计算

如图3-2所示,O为变坡点,前坡段纵坡i_1,后坡段纵坡i_2,则相邻两坡度的差为$\omega=i_1-i_2$,上坡时取正值,下坡时取负值。当i_1-i_2为正值时,则为凸形竖曲线;当i_1-i_2为负值时,则为凹形竖曲线。

设抛物线顶点半径为R,考虑采用二次抛物线作为竖曲线,则竖曲线各要素的计算公式如下:

竖曲线长:$L=R\omega$

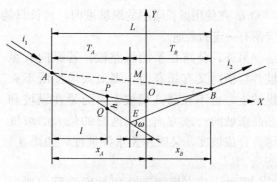

图3-2 竖曲线计算图示

竖曲线切线长：$T=T_A=T_B \approx L/2 = \dfrac{R\omega}{2}$

竖曲线的外距：$E=\dfrac{T^2}{2R}$

竖曲线上任意点至相应切线的距离：$h=\dfrac{l^2}{2R}$

式中　l——竖曲任意点至竖曲线起点(终点)的距离(m)；

　　　R——竖曲线的半径(m)。

3.2.2 竖曲线半径的确定

无论是凸形竖曲线还是凹形竖曲线确定极限最小半径时，主要考虑因素有车辆在行驶中的缓和冲击作用、经行时间以及视距的要求。

(1)缓和冲击。汽车行驶在上凸形竖曲线时，会产生径向离心力，使汽车重量减小，所以确定竖曲线半径时，对离心力要加以控制。在凹形竖曲线上行驶重量增大；半径越小，离心力越大；当重量变化程度达到一定时，就会影响到旅客的舒适性，同时，也会影响到汽车的悬挂系统。

(2)经行时间不宜过短。当竖曲线两端直线坡段的坡度差很小时，若汽车在竖曲线段倏忽而过，则会使冲击增大，令乘客感到不适；从视觉上考虑也会感到线型突然转折。因此，汽车在竖曲线上行驶的时间不能太短，通常控制汽车在凸形、凹形竖曲线上行驶时间不能太短，控制汽车在竖曲线上行驶时间不得小于3 s。

(3)满足视距的要求。汽车行驶在凸形竖曲线上，如果竖曲线半径太小，会阻挡司机的视线。为了行车安全，对凸形竖曲线的最小半径和最小长度应加以限制。对地形起伏较大地区的路段，在夜间行车时，若半径过小，前灯照射距离过短，影响行车安全和速度；在高速公路及城市道路上有许多跨线桥、门式交通标志及广告宣传牌等，有时也会影响驾驶员的视线。

我国按照汽车在竖曲线上以设计速度行驶3 s行程时间控制竖曲线最小长度。在竖曲线设计时，不但保证竖曲线长度要求，还必须满足竖曲线半径规定。《规范》规定，各级公路的竖曲线长度和最小半径规定见表3-6所示。

表3-6　竖曲线最小半径和竖曲线长度

设计速度/(km·h^{-1})		120	100	80	60	40	30	20
凸形竖曲线最小半径/m	一般值	17 000	10 000	4 500	2 000	700	400	200
	极限值	11 000	6 500	3 000	1 400	450	250	100
凹形竖曲线最小半径/m	一般值	6 000	4 500	3 000	1 500	700	400	200
	极限值	4 000	3 000	2 000	1 000	450	250	100
竖曲线长度/m	一般值	250	210	170	120	90	60	50
	极限值	100	85	70	50	35	25	20
注：表中所列"一般值"为在正常情况下的采用值；"极限值"为条件受限制时，经技术经济论证后的采用值。								

3.2.3 竖曲线的设计和计算

1. 竖曲线半径的选取

在实际设计时,为了安全和舒适,应采用竖曲线最小半径一般值的1.5~2.0倍或更大值。有条件时宜采用大于或等于表3-7的竖曲线半径值。

表3-7 视觉所需要的最小竖曲线半径值

设计速度/(km·h^{-1})	竖曲线半径/m	
	凸形	凹形
120	20 000	12 000
100	16 000	10 000
80	12 000	8 000
60	9 000	6 000

同向竖曲线,特别是同向凹形竖曲线间,如果直线坡段接近或达到最小坡长时,宜合并设置为单曲线或复曲线。

2. 竖曲线的计算

(1)计算竖曲线的基本要素:竖曲线长:L,切线长:T,外距:E。

(2)计算竖曲线的起、终点的桩号:

竖曲线的起点的桩号=变坡点的桩号-T

竖曲线的终点的桩号=变坡点的桩号+T

(3)计算竖曲线上任意点切线高程及改正值:

切线高程=变坡点的高程±$(T-l)i$

改正值:
$$y = \frac{l^2}{2R}$$

式中 l——竖曲任意点至竖曲线起点(终点)的距离(m)。

(4)计算竖曲线上任意点设计高程:

某桩号在凸形竖曲线的设计高程=该桩号在切线上的设计高程-y

某桩号在凹形竖曲线的设计高程=该桩号在切线上的设计高程+y

【**例3-1**】 某山岭区二级公路,变坡点桩号为K2+020.00,高程为546.32 m,前坡为上坡,$i_1=+4\%$,后坡为下坡,$i_2=-4\%$,竖曲线半径$R=2\,000$ m。试计算竖曲线诸要素以及桩号为K2+000.00和K2+80.00处的设计高程。

1)竖曲线要素计算如下:

$$\omega = i_1 - i_2 = 4\% - (-4\%) = 0.08$$

所以,该竖曲线为凸形竖曲线。

曲线长:$L = R\omega = 2\,000 \times 0.08 = 160(\text{m})$

切线长:$T = L/2 = 160/2 = 80(\text{m})$

外距:$E = \dfrac{T^2}{2R} = \dfrac{80^2}{2 \times 2\,000} = 1.6(\text{m})$

2)竖曲线起、终点桩号计算如下：

竖曲线起点桩号=(K2+020.00)-80=K1+940.00

竖曲线终点桩号=(K2+020.00)+80=K2+100.00

3)K2+000.00、K2+80.00 的切线高程和改正值计算如下：

K2+000.00 的切线高程=546.32-(K2+020.00-K2+000.00)×4‰=545.52(m)

$$K2+000.00 \text{ 的改正值} = \frac{(K2+000.00-K1+940.00)^2}{2\times 2\,000} = 0.90(\text{m})$$

K2+80.00 的切线高程=546.32-(K2+80.00-K2+020.00)×4‰=543.92(m)

$$K2+80.00 \text{ 的改正值} = \frac{(K2+100.00-K2+80.00)^2}{2\times 2\,000} = 0.10(\text{m})$$

4)K2+000.00 和 K2+80.00 的设计高程计算如下：

K2+000.00 的设计高程=545.52-0.90=544.62(m)

K2+80.00 的设计高程=543.92-0.10=543.82(m)

3.3 爬坡车道

爬坡车道是指设置在上坡路段原有车道的外侧，供慢速上坡车辆行驶的专用车道。爬坡车道是丘陵地区超车车道的一种特殊形式，以保证快速车辆能超过货车和其他慢速车辆向前行驶，不仅可减少慢车压车时间，提高整个路段的平均车速和服务水平，也避免了强行超车，有利于交通安全。

高速公路的爬坡车道应紧靠车道的外侧设置，并不占用原有的硬路肩宽度，爬坡车道的外侧可只设土路肩。

3.3.1 设置爬坡车道的条件

《标准》规定，高速公路、一级公路以及二级公路的连续上坡路段，当通行能力、运行安全受到影响时，应设爬坡车道。六车道以上的高速公路，可不设爬坡车道。

《规范》规定，四车道高速公路、四车道一级公路以及二级公路连续上坡路段，符合下列情况之一者，宜在上坡方向行车道右侧设置爬坡车道：

(1)沿连续上坡方向载重汽车的运行速度降低到表 3-8 的容许最低速度以下时。

表 3-8 上坡方向允许最低速度

设计速度/(km·h^{-1})	120	100	80	60	40
容许最低速度/(km·h^{-1})	60	55	50	40	25

(2)单一纵坡坡长超过表 3-3 的规定或上坡路段的设计通行能力小于设计小时交通量时。

(3)经设置爬坡车道与改善主线纵坡不设爬坡车道技术经济比较论证，设置爬坡车道的效益费用比、行车安全性较优时。

3.3.2 爬坡车道的设计

1. 横断面组成

爬坡车道设于上坡方向正线行车道右侧,如图 3-3 所示。爬坡车道的宽度不应小于 3.5 m,包括设于其左侧路缘带的宽度 0.5 m。

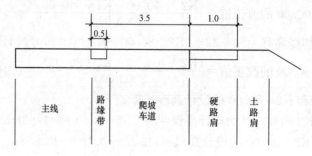

图 3-3 爬坡车道横断面组成

爬坡车道的路肩和正线一样仍然由硬路肩和土路肩组成,但由于爬坡车道上行驶速度较低,其硬路肩宽度可以不按正线的安全标准要求设计,一般为 1.0 m,而土路肩宽度以按正线要求设计为宜。

窄路肩不能提供停车使用,在长而连续的爬坡车道路段上,其右侧应按规定设置紧急停车带。

2. 横坡度

因为爬坡车道的行车速度比正线小,但为了行车安全起见仍需要设置超高,超高坡度的旋转轴为爬坡车道内侧边缘线。高速公路正线超高坡度与爬坡车道的超高坡度之间的对应关系见表 3-9。

表 3-9 爬坡车道的超高值

主线的超高坡度/%	10	9	8	7	6	5	4	3	2
爬坡车道的超高坡度/%		5			4			3	2

若爬坡车道位于直线路段时,其横坡度的大小同正线路拱坡度,采用直线式横坡,坡向向外。另外,爬坡车道的曲线加宽应采用一个车道曲线加宽的规定。

3. 爬坡车道的起、终点与长度

爬坡车道的平面布置如图 3-4 所示。其总长度由分流渐变段长度、爬坡车道的长度和汇流渐变段长度组成。并应符合下列规定:

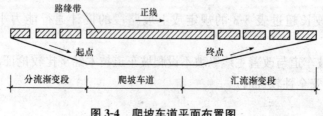

图 3-4 爬坡车道平面布置图

(1)爬坡车道起点、终点处应按设置分流、汇流渐变段，其长度应符合表3-10的规定。

表3-10　爬坡车道分流、汇流渐变段长度

公路技术等级	分流渐变段长度/m	汇流渐变段长度/m
高速公路、一级公路	100	150~200
二级公路	50	90

(2)爬坡车道的终点，应设于载重汽车爬经陡坡路段后恢复至"容许最低速度"处，或陡坡路段后延伸的附加长度的端部。该陡坡路段后延伸的附加长度应符合表3-11的规定。

表3-11　陡坡路段后延伸的附加长度

附加段纵坡/%	下坡	平坡	上坡			
			0.5	1.0	1.5	2.0
附加长度/m	100	150	200	250	300	350

(3)爬坡车道的起点，应设于陡坡路段上载重汽车运行速度降低至表3-8中"容许最低速度"处。

(4)当相邻两爬坡车道相距较近时，宜将两爬坡车道直接相连。

3.4　公路平、纵线型组合设计

3.4.1　线型组合的基本要求

(1)在线型组合设计中，各技术指标除应分别符合平面、纵断面规定值外，还应考虑横断面对线型组合与行驶安全的影响，应避免平面、纵断面和横断面的最不利值相互组合的设计。

(2)在确定平面、纵断面的各相对独立技术指标时，各自除应相对均衡、连续外，还应考虑与之相邻路段的各技术指标值的均衡、连续。

(3)线型组合设计除应保持各要素间内部的相对均衡与变化节奏的协调外，还应注意与公路外部沿线自然景观的适应和地质条件等的配合。

(4)路线线型应能自然地诱导驾驶员的视线，并保持视觉的连续性。

3.4.2　公路平、纵线型组合设计要点

1. 组合设计要求

(1)平线型、纵线型宜相互对应，且平曲线宜比竖曲线长。当平曲线、竖曲线半径均较小时，其相互对应程度应较严格；随着平曲线、竖曲线半径的同时增大，其对应程度可适当放宽；当平曲线、竖曲线半径均大时，可不严格相互对应。

(2)长直线不宜与坡陡或半径小且长度短的竖曲线组合。

(3)长的平曲线内不宜包含多个短的竖曲线，短的平曲线不宜与短的竖曲线组合。

(4)半径小的圆曲线起、讫点，不宜接近或设在凸形竖曲线的顶部或凹形竖曲线的底部。

(5)长的竖曲线内不宜设置半径小的平曲线。

(6)凸形竖曲线的顶部或凹形竖曲线的底部,不宜与反向平曲线的拐点重合。

(7)当复曲线、S形曲线中的左转圆曲线不设超高时,应采用运行速度对其安全性予以验算。

(8)应避免在长下坡路段、长直线路段或大半径圆曲线路段的末端接小半径圆曲线的组合。

2. 组合形式

(1)平面为直线与纵断面的组合。平面的长直线与纵断面直坡段相配合效果较好,对双车道公路能提供超车方便,在平坦地区易与地形相适应,行车单调,驾驶员易疲劳。从美学的观点上,平面的直线与一个大半径的凸形竖曲线配合最好,与一个凹形竖曲线相配和次之;应尽量避免短直线内两次以上的变坡,这样会形成反复凹凸的"驼峰"和"波浪",使线型视觉效果既不美观也不连续,更不利于行车。

平面直线与纵断面组合时应注意以下几项:

1)平面长直线配纵面长坡时,线型单调、枯燥,容易使司机疲劳和超速行驶。

2)平面直线上短距离内纵面多次变坡,有隐蔽路段,同时影响夜间行车前灯照射。

3)在平面直线段内不能插入短的竖曲线。

4)在平面长直线上不能设置陡坡及竖曲线长度短、半径小的凹形竖曲线。

5)在平面直线上的纵断面线型应避免出现驼峰、凹暗、跳跃等使驾驶员视觉中断的线型。

(2)平曲线和竖曲线组合。

1)尽量做到"平包竖"。即平曲线和竖曲线两者在一般情况下应相互重合,如图3-5所示,宜将竖曲线的起点、终点,放在平曲线的缓和段内;这种立体线型不仅能起到诱导视线的作用,而且可以取得平顺和流畅的效果。

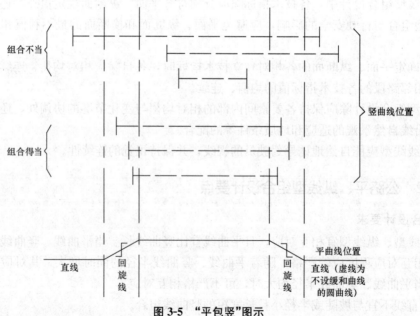

图3-5 "平包竖"图示

2)平曲线与竖曲线大小应保持均衡。平曲线、竖曲线的几何要素应大体平衡、匀称、协调,不要把过缓与过急、过长与过短的平曲线和竖曲线组合在一起。表3-12为平、纵曲线半径大致均衡的参考值。

当平曲线半径和竖曲线半径都很小时，平曲线和竖曲线两者不宜重叠。

表 3-12　平、纵曲线半径的均衡

平曲线半径/m	竖曲线半径/m	平曲线半径/m	竖曲线半径/m
500	10 000	1 100	30 000
700	12 000	1 200	40 000
800	16 000	1 500	60 000
900	20 000	2 000	100 000
1 000	25 000	—	—

凸形竖曲线的顶部或凹形竖曲线的底部不得插入小半径的平曲线，也不得与反向平曲线拐点相重合，以免误导驾驶员视线，使驾驶员操作失误，引起交通事故。线型组合特征及注意问题见表 3-13。

表 3-13　线型组合特征及注意问题

空间线型组合	特征	注意问题
平面长直线与纵断面长坡段组合	1. 线型单调、枯燥，在行车过程景观无变化，容易使司机产生疲劳； 2. 驾驶易超速行驶，超车频繁； 3. 但在交通比较错综复杂的路段（如交叉口），采用这种线型要素是有利的	1. 为调节单调的视觉，增设视线诱导设施； 2. 设计时用划车道线、设置标志； 3. 注意改变景观，分段绿化、注意与路旁建筑设施配合等方法来弥补
平面直线与凹形竖曲线组合	1. 具有较好的视距条件； 2. 线型不再生硬、呆板； 3. 给予驾驶员以动的视觉印象，提高了行车的舒适性	1. 注意避免采用较短的凹形竖曲线，以避免产生折点； 2. 在两个凹形竖曲线之间注意不要插入短直线
平面直线与凸形竖曲线组合	1. 线型视距条件差； 2. 线型单调，应尽量避免	注意采用较大的竖曲线半径，以保证有较好的视距
平曲线与纵面直坡段组合	1. 只要平曲线半径选择适当，平面的圆曲线与纵面直坡段组合其视觉效果就会是良好的； 2. 若平面的直线与圆曲线组合不当（如断背曲线），或平曲线半径较小时，其与纵面直坡段组合将在视觉上产生折曲现象	1. 要注意平曲线半径与纵坡度协调； 2. 要注意合成坡度的要求； 3. 要避免急弯与陡坡相组合
平曲线与竖曲线组合	1. 平曲线与竖曲线组合的组合线型，如果纵面几何要素的大小适当、均衡协调、位置适宜，则可以获得视觉顺舒、诱导视线良好的空间线型； 2. 平曲线与竖曲线较小，则会出现一些不良的组合效果	1. 一般情况下，当平曲线、纵曲线半径较大时，应使平曲线、纵曲线对应重叠组合，并使平曲线较长些将竖曲线包起来； 2. 注意平曲线、纵曲线几何要素指标均衡、匀称、协调，不要把过缓与过急、过长与过短的平纵曲线组合在一起； 3. 注意凸形竖曲线顶部与凹形竖曲线底部，不得与反向平曲线的拐点重合； 4. 避免在一个平曲线上连续出现多个凹、凸竖曲线； 5. 应避免出现"暗凹""跳跃"等不良现象

3.5 纵断面设计要点

3.5.1 纵断面设计的主要内容

根据公路等级、沿线自然条件和构造物控制高程等,确定路线合适的高程、各坡段的纵坡度和坡长,并设计竖曲线。

3.5.2 纵断面设计的基本要求

纵坡应均匀平顺、起伏和缓、坡长和竖曲线长短适当、平面与纵面组合设计协调,以及填挖经济、平衡。

1. 设计高程的控制

(1)平原微丘区主要由保证路基稳定的最小填土高度控制。为了保证路基的稳定性,最小填土高度为 60~80 cm,一般高速公路、一级公路最少为 80 cm,无论是填方段还是挖方段。

(2)丘陵地区设计高程主要是保证填挖平衡、降低工程造价。

(3)山岭区设计高程主要由纵坡度和坡长控制。

(4)沿河线设计高程主要由洪水位控制,要高出设计洪水位 0.5 m。

(5)高级公路、一级公路、二级公路的最小净空高度为 5 m;三级公路、四级公路为 4.5 m。考虑将来可能变化,净空高应预留 0.2 m。

(6)人行通道和农用车辆通道的净空最小值分别为 2.2 m 和 2.7 m。

(7)公路越过铁路时,路线桥下净空应符合现行铁路部门净空高度要求。

(8)电力线、地下设施、水运航道地段,也应满足最小净高高度要求。

2. 竖曲线半径的选择

竖曲线应选用较大半径为宜。在不过分增加工程数量的情况下,应选用大于或等于一般最小半径的半径值,特殊困难方可用极限最小值。

3. 纵坡值的选用

(1)纵坡的极限值,如各级公路的最大纵坡值及陡坡限制坡长,设计时不可轻易采用,应留有余地。

(2)在受限制较严的地带,可有条件地使用纵坡极限值。

(3)纵坡应力求平缓,但为了路面和边沟排水,最小纵坡不应低于 0.3%~0.5%。

(4)最小坡长不宜过短,以不小于设计速度 9 s 的行程为宜。对连续起伏的路段,坡度应尽量减小,一般可取到竖曲线最小长度的 3~5 倍。

(5)丘陵区的纵坡应避免过分迁就地形而使路线起伏过大。

(6)山岭重丘区的沿河线,应尽量采用平缓的纵坡,坡长不宜过短,纵坡不宜大于 6%。

(7)越岭线的纵坡应力求均匀,尽量不采用极限纵坡度,更不宜连续采用极限坡长的陡坡夹短距离缓坡的坡型。越岭线不得设置反坡,以免浪费高程。

越岭线是指公路走向与河谷及分水岭方向横交时所布设的路线。两个控制点位于山岭的两侧，路线需要由一侧山麓升坡至山脊，在适当的地方穿过垭口，然后从山脊的另一侧降坡而下的路线。垭口是分水岭山脊上的凹形地带，由于高称低，常常是越岭线的重要控制点。

(8)山脊线和山腰线应采用较平缓的纵坡。

(9)非机动车辆较多的路段，平原微丘区纵坡应不大于2%～3%，山岭重丘区应不大于4%～5%。

(10)在较长的连续上坡路段，下方采用较陡的坡为宜，顶部纵坡应适当缓一些。

3.5.3 纵坡设计的步骤与要点

1. 纵坡设计的步骤

(1)准备工作：纵断面设计(俗称拉坡)之前，应在纵断面图纸上绘制和标明如下内容。

纵断面设计

1)根据中桩和水准测量记录按比例标注里程桩号和高程，点绘地面线；

2)绘出平面直线与平曲线资料，以及土壤地质说明资料；

3)并将桥梁、涵洞、地质土质等与纵断面设计有关的资料在纵断面图纸上标明；

4)熟悉和掌握全线有关勘测设计资料，领会设计意图和设计要求。

(2)标注控制点：控制点是指影响纵坡设计高程的控制点。如路线起、终点，越岭垭口，重要桥梁、涵洞的桥面高程，最小填土高度，最大挖深，沿溪线的洪水位，隧道进出口，平面交叉和立体交叉点，与铁路交叉点及受其他因素限制路线必须通过的高程。

在山区道路上，除考虑上述控制点外，还应考虑各横断面上的"经济点"，(图3-6)以求降低造价。横断面经济点有以下三种情况：

1)当地面横坡不大时，可在中桩地面高程上下找到填方和挖方基本平衡的高程，纵坡设计应尽量通过该点，如图3-6(a)所示；

2)当地面横坡较陡时，如图3-6(b)所示，填方往往不易填稳，用多挖少填或全挖路基的方法比砌筑坡脚、修筑挡墙经济，此时多挖少填或全挖路基的高程为经济点；

3)当地面横坡很陡，无法填方时，需砌筑挡土墙，此时采用全挖路基比填方修筑挡墙经济，如图3-6(c)所示。

(3)试坡：在已标出"控制点""经济点"的纵断面图上，根据定线意图，全面考虑地面线起伏情况，纵坡线必须满足控制点及《规范》对坡长、坡度的要求，顾及多数"经济点"。通过的经济点越多，则工程量越小，投

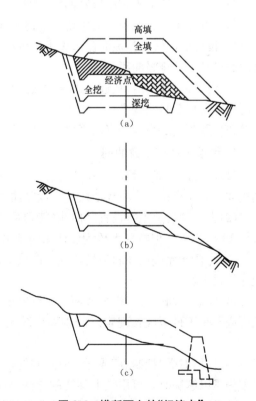

图3-6 横断面上的"经济点"
(a)当地面横坡不大时；(b)当地面横坡较陡时；
(c)当地面横坡很陡，无法填方时

资就越省，通过穿插与取直，试定出若干直坡段线。对各种可能坡度线方案反复比较，最后定出既符合技术标准，又满足控制点要求，且土石方最省的坡度线，将前后坡度线延长交汇出变坡点的初定位置。

(4)调整：按照平纵配合要求对照技术标准，将所定坡度与选线时坡度的安排比较，两者应基本相符，若有较大的差异时，应全面分析，找出原因，决定取舍。检查纵坡度、坡长、纵坡折减、合成坡度及平面与纵面配合是否适宜；以及路线交叉、桥隧和接线等处的纵坡是否合理，若不符合要求则应调整纵坡线。

(5)核对：按照典型横断面进行核对，如高填深挖、地面横坡较陡峻地段路基、挡土墙、重要桥涵以及其他重要控制点等，根据纵断面图上对应桩号填挖的高度，在横断面图上"戴帽"检查是否填挖过大、坡脚落空或过远、挡土墙过大等情况，若有问题应及时调整纵坡线。

(6)定坡：纵坡线经调整核对后，即可确定变坡点位置、变坡点高程和纵坡度。变坡点高程是由纵坡度和坡长依次推算而得。由于现在内业设计都由公路 CAD 系统来完成，因此，纵坡坡度也可以由 CAD 系统确定的变坡点高程进行反算。

公路的纵坡设计是在全面掌握设计资料的基础上经过多次方案比较，精心设计才能完成。纵坡设计还要注意以下几项：

1)与平面线型合理组合，以得到较佳的空间组合线型；
2)回头曲线路段纵坡的特殊要求；
3)在大、中桥上不宜设置竖曲线，即不宜设变坡点；
4)注意交叉口、城镇、大中桥、隧道等地段路线纵坡的特殊要求。

(7)设计竖曲线：拉坡时已考虑了平纵组合问题，根据技术标准、平纵组合均衡等确定竖曲线半径，计算竖曲线要素。

(8)设计高程计算：从起点由纵坡度连续推算变坡点设计高程，根据已定的纵坡和变坡点的设计高程及竖曲线半径，逐桩计算各点的设计高程。中桩设计高程与对应原地面高程之差即为路基施工高度，当两者之差为"＋"则是填方；"－"则是挖方。

2. 纵坡设计应注意的问题

(1)设置回头曲线地段，拉坡时应按回头曲线技术标准先定出该地段的纵坡，然后从两端接坡，应注意在回头曲线地段不宜设竖曲线。

(2)大、中桥上不宜设置竖曲线(特别是凹竖曲线)，桥头两端竖曲线的起、终点应设在桥头 10 m 以外。但特殊大桥为保证纵向排水，可在桥上设置凸竖曲线。

(3)小桥涵允许设在斜坡地段或竖曲线上，为保证行车平顺，应尽量避免在小桥涵处出现驼峰式纵坡。

(4)注意平面交叉口纵坡及两端接线要求。公路于公路交叉时一般宜设在水平坡段，其长度应不小于最短坡长规定。两端接线纵坡应不大于 3％，山区工程艰巨地段纵坡应不大于 5％。

(5)拉坡时受"控制点"或"经济点"制约，导致纵坡起伏过大，或土石方工程量太大，经调整仍难以解决时，可用纸上移线的方法修改原定纵坡线。具体方法是按理想要求定出新的纵坡设计线，然后找出对应新设计线的填挖高度，用"模板"在横断面上新填挖高度左右移动，定出适宜的中线位置。该点距离原路中线的横距就是按新纵坡设计要求希望平面线型调整移动的距离，据此可做出纸上平面移线，若为实地定线时还应到现场改线。这种移线修正纵面线型的方法,在山区和丘陵区公路的纵坡设计中是常用到的。

(6)对连接段纵坡,如大、中桥引导及隧道两端接线等,纵坡应平缓,避免产生突变。

3.6 纵断面设计成果

纵断面设计成果,主要包括"一图一表",即路线纵断面设计图和路基设计表。

3.6.1 纵断面设计图

纵断面设计图是公路设计的主要成果之一,它反映路线所经的中心地面起伏情况与设计高程的关系。同时,和在下部表格中的平面线型结合起来,能反映出公路路线在空间的位置。

纵断面图主要包括上方的直角坐标及下方的表格两大部分。在直角坐标中,纵坐标表示高程,一般采用1∶200的比例尺;横坐标表示里程桩号,通常采用1∶2 000的比例尺。

在图的上半部,从左至右有两条贯穿全图的线。一条是细折线,表示中线方向的地面线,它是以里程桩号为横坐标、高程为纵坐标,根据中平测量的中桩地面高程绘制的。图中另一条是粗线,是包含竖曲线在内的设计线,是设计师根据实际计算结果绘制。另外,图上还注有水准点的位置和高程,桥涵的类型、孔径、跨数、长度、里程桩号和设计水位,竖曲线示意图及其曲线元素,同公路、铁路交叉点的位置、里程及有关说明。

1. 纵断面设计资料

(1)直线与平曲线。根据中线测量资料绘制的中线示意图。图中路线的直线部分用直线表示;曲线部分用折线表示,上凸表示路线右转,并注明交点编号和圆曲线半径;带有缓和曲线的平曲线还应注明缓和段的长度,在图中用梯形折线表示。

(2)里程桩号。根据中线测量资料绘制的里程数。

(3)地面高程。根据中桩测量结果填写相应里程桩的地面高程数值。

(4)设计高程。设计出的各点里程桩处的对应高程。

(5)填挖高度。设计高程和地面高程的差值,"+"号为填,"-"号为挖。

(6)坡度。从左至右向上倾斜的直线表示上坡(正坡),向下倾斜的表示下坡(负坡),水平的表示平坡。斜坡或水平线上面的数字是以百分数表示的坡度大小,下面的数字表示坡长。

(7)土壤地质说明。

(8)沿线桥涵及人工构造物的位置、结构类型及孔径、涵洞可指示出位置,水准点位置、编号和高程。

(9)与铁路、公路交叉的桩号及路名。

(10)沿线跨越河流名称、桩号、现有水位及最高洪水位。

2. 绘制纵断面设计图的步骤

(1)按一定的比例(一般取横坐标1∶2 000,纵坐标1∶200),在透明毫米方格计算纸上标出与本图适应的横向和纵向坐标,横向坐标标出百米桩号,纵向坐标标出整十米高程。

(2)绘出地面线。首先选定纵坐标的起始高程,使绘出的地面线位于图上适当的位置。

一般是以 10 m 整数倍数的高程定在 5 cm 方格的粗线上，便于绘图和阅图。然后根据中桩的里程和高程，在图上按纵、横比例尺依次点出各中桩的地面位置，再用直线将相邻点连接起来，就可得到地面线。在高差变化较大的地区，如果纵向受到图幅限制时，可在适当地段变更图上高程起算位置，此时地面线将形成台阶形式。

(3)在坐标图上绘出各水准点的位置、编号，并注明高程。

(4)将桥涵和构筑物的位置绘制在坐标图上，并注明孔数、孔径、结构类型、里程桩号等。

(5)在纵断面设计图下部表内分别注明土壤地质资料、绘出平面直线和平曲线的位置、转向(圆曲线以开口矩形表示，有缓和曲线的平曲线用开口梯形表示，开口向上为向左转，开口向下为向右转)，并注明平曲线有关资料(一般只需注明交点编号、圆曲线半径以及缓和曲线长度)。

(6)纵坡和竖曲线确定后，将设计线(包括直线坡和竖曲线)绘出，并注明纵坡度、坡长(以分式表示，分子为纵坡度，分母为坡长)，在各竖曲线范围内分别注明各竖曲线的基本要素(包括变坡点桩号、竖曲线半径、切线长、外距)。

(7)填注其他各有关资料或特定需要的资料。

(8)描图或在透明毫米方格计算纸上直接上墨，待墨汁干后再将无用的铅笔字线擦净。

绘制的纵断面设计图，应按规定采用标准纸和统一格式，以便装订成册，如图 3-7 所示。

3.6.2 路基设计表

路基设计表(表 3-14)是公路设计文件的组成内容之一，它是平、纵、横等主要测设资料的综合。表中填列所有整桩、加桩及填挖高度、路基宽度(包括加宽)、超高值等有关资料，为路基横断面设计的基本数据，也是施工的依据之一。

第(1)栏"桩号"和第(9)栏"地面高程"都是从有关测量记录上抄录。

第(2)、(3)栏"平曲线"中，可只列转角号和半径，供计算加宽超高之用。

第(4)、(5)栏"变坡点"桩号及高程纵坡、坡长是从纵断面图上抄录的。

第(6)、(7)栏竖曲线类型，在凹形竖曲线或凸形竖曲线书写里程桩号及竖曲线半径值。

第(8)栏"设计高程"在竖曲线内应为该桩号的切线高程与改正值的代数和。

第(10)、(11)栏的"填""挖"是第(8)栏与第(9)栏之差，"+"号为填，"-"号为挖。

第(12)、(13)、(14)栏"路基宽度"为左半幅路宽度、中央分隔带和右半幅路宽度。包括左、右半幅路宽度，包括路肩、行车道宽度及路缘石的总宽度。

第(15)、(16)、(17)、(18)、(19)、(20)、(21)栏为路基外边缘点 A，硬路肩外边缘点 B，行车道外边缘点 C，中央分隔带边缘或路中线点 D 之高程与设计高程之差。

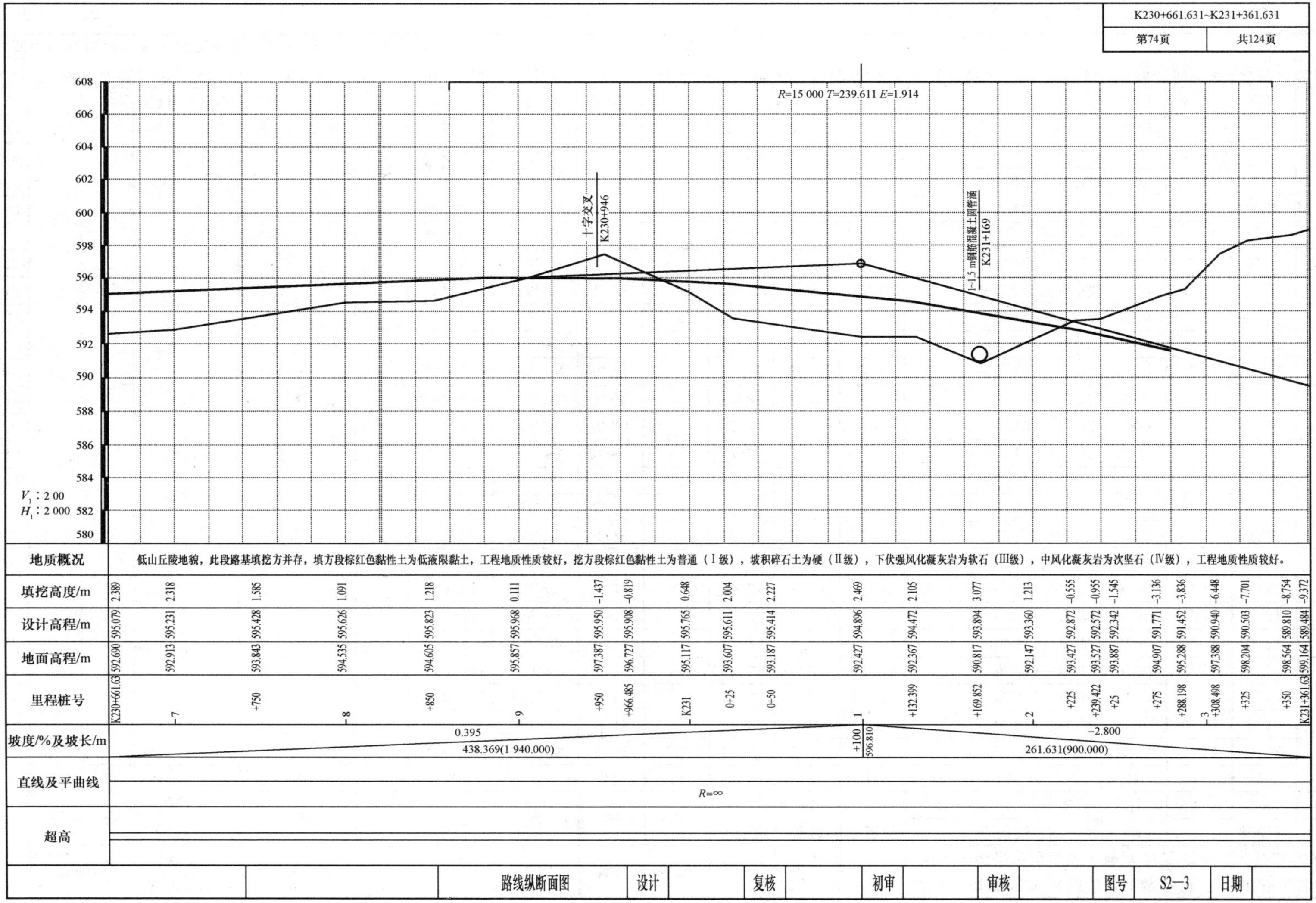

图 3-7　路线纵断面设计图

表 3-14 路基设计表

桩号	平曲线		变坡点桩号/m 及高程/m 纵坡/% 坡长/m	竖曲线		设计标高/m	地面标高/m	填挖高度/m		路基宽度/m			路基外边缘点 A,硬路肩外边缘点 B,行车道外边缘点 C,中央分隔带边缘或路中线点 D 之高程与设计高之差/m							
	左	右		凹	凸			填	挖	左路幅	中央分隔带	右路幅	左路幅			中		右路幅		
													A	B	C	D	C	B	A	
1	2	3	4 5	6	7	8	9	10	11	12	13	14	15	16	17	18	19	20	21	
K144+450						466.29	465.28	1.01		12.25	2.00	12.25		−0.21	−0.16	0.00	0.03	0.04		
K144+470						466.39	463.93	2.46		12.25	2.00	12.25		−0.21	−0.16	0.00	0.08	0.10		
K144+488			0.30% 758.00 m			466.48	461.15	5.33		12.25	2.00	12.25		−0.21	−0.16	0.00	0.13	0.17		
K144+510						466.59	459.83	6.76		12.25	2.00	12.25		−0.24	−0.19	0.00	0.19	0.24		
K144+528						466.68	459.83	6.85		12.25	2.00	12.25		−0.31	−0.23	0.00	0.23	0.31		
K144+546						466.77	459.69	7.08		12.25	2.00	12.25		−0.37	−0.28	0.00	0.28	0.37		
K144+574						466.91	459.69	7.22		12.25	2.00	12.25		−0.42	−0.32	0.00	0.32	0.42		
K144+587						466.98	461.15	5.83		12.25	2.00	12.25		−0.42	−0.32	0.00	0.32	0.42		
K144+600						467.04	461.79	5.25		12.25	2.00	12.25		−0.42	−0.32	0.00	0.32	0.42		
K144+612						467.10	464.30	2.80		12.25	2.00	12.25		−0.42	−0.32	0.00	0.32	0.42		
K144+634						467.21	467.33		0.12	12.25	2.00	12.25		−0.42	−0.32	0.00	0.32	0.42		
K144+643				K144+690.00		467.26	466.63	0.63		12.25	2.00	12.25		−0.42	−0.32	0.00	0.32	0.42		
K144+658						467.33	466.35	0.98		12.25	2.00	12.25		−0.42	−0.32	0.00	0.32	0.42		
K144+678						467.43	466.34	1.09		12.25	2.00	12.25		−0.42	−0.32	0.00	0.32	0.42		
K144+690						467.49	466.78	0.71		12.25	2.00	12.25		−0.42	−0.32	0.00	0.32	0.42		
K144+710						467.59	469.83		2.24	12.25	2.00	12.25		−0.42	−0.32	0.00	0.32	0.42		
K144+725						467.68	471.48		3.80	12.25	2.00	12.25		−0.42	−0.32	0.00	0.32	0.42		
K144+748						467.80	466.44	1.36		12.25	2.00	12.25		−0.42	−0.32	0.00	0.32	0.42		
K144+775						467.96	464.10	3.86		12.25	2.00	12.25		−0.42	−0.32	0.00	0.32	0.42		
K144+783				R=80 000		468.01	462.67	5.34		12.25	2.00	12.25		−0.42	−0.32	0.00	0.32	0.42		
K144+813						468.20	461.18	7.02		12.25	2.00	12.25		−0.42	−0.32	0.00	0.32	0.42		
K144+836						468.36	461.18	7.18		12.25	2.00	12.25		−0.42	−0.32	0.00	0.32	0.42		
K144+865			468.492 4			468.56	462.60	5.96		12.25	2.00	12.25		−0.42	−0.32	0.00	0.32	0.42		
K144+893			K144+990			468.76	464.69	4.07		12.25	2.00	12.25		−0.42	−0.32	0.00	0.32	0.42		
K144+910						468.89	468.16	0.73		12.25	2.00	12.25		−0.42	−0.32	0.00	0.32	0.42		

注: L_{s1}—第一缓和曲线长度; L_{s2}—第二缓和曲线长度; L_{c1}—第一超高缓和长度; L_{c2}—第二超高缓和长度; i_c—超高值,无论超高与否,土路肩始终以 4% 横坡向外倾斜,桥梁结构物在土路肩部位的横坡可结合超高实际情况及处理的难易程度灵活设计。

编制: 重核: 审核:

思考与练习

1. 某公路变坡点的桩号为 K2+260，高程为 387.62 m，前一坡段 $i_1=5\%$，后一坡 $i_2=1\%$；竖曲线的半径 $R=5\,000$ m；试确定：

(1) 判别竖曲线的凹凸性，计算竖曲线的要素；

(2) 计算竖曲线起点、终点的桩号；

(3) 计算 K2+200.00、K2+240.00、K2+380.00、K2+500.00 各点的设计高程。

2. 山岭重丘区某三级公路，某坡段为 6%，坡长采用 300 m；紧接设坡度为 5% 的坡，坡长采用 200 m，问在其后面是否还能接 7% 的陡坡？坡长最长为多少？

3. 填满表 3-15 中所有空格（路肩宽 $a=0.75$ m，路面宽 $b=7$ m，路拱坡度 $i_1=2\%$；路肩坡度 $i_0=3\%$，超高坡度 $i_b=6\%$）。

表 3-15 计算表

桩号	路基宽度		路基边缘及中桩与设计高程之差		
	左	右	左	中	右
ZHK2+094.68	3.75	3.75	0.00	0.08	0.00
+100					
+120					
HYK2+134.68	4.55				
140					
160					
QZK2+174.32			−0.07	0.20	0.43
+180					
+200					
YHK2+213.96					
+220					
+240					
HZK2+253.96	3.75	3.75	0.00	0.08	0.00

项目4 公路横断面设计

本章要求

1. 了解横断面的组成及类型，公路建筑限界，路基边坡的确定。
2. 掌握横断面设计方法，路基土石方数量计算及调配。

本章重点

横断面的组成及类型；横断面设计方法；路基土石方数量计算及调配。

4.1 路基横断面组成

4.1.1 路基标准横断面

公路中线上各点垂直于路线前进方向的竖向剖面图称为公路横断面图。其是由横断面设计线与横断面地面线所围成的图形。

高速公路、一级公路的路基横断面可分为整体式和分离式两类。整体式路基的标准横断面包括行车道、中间带（中央分隔带及左侧路缘带）、路肩（硬路肩及土路肩）以及紧急停车带、爬坡车道、加（减）速车道等组成部分；分离式横断面包括行车道、路肩（硬路肩及土路肩）以及紧急停车带、爬坡车道、加（减）速车道等组成部分。分离式横断面是在受地形限制的局部地段，将上行车道、下行车道放在不同平面上，中间带随地形变宽的断面形式。高速公路和一级公路的路基标准横断面，如图4-1所示。

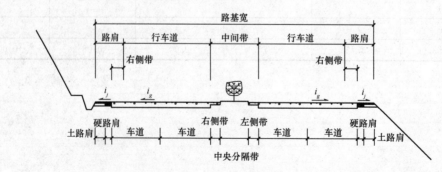

图4-1 整体式高速公路和一级公路的路基标准横断面图

二级公路的路基标准横断面应由行车道、路肩（右侧硬路肩、土路肩）等部分组成。二级公路位于中、小城市城乡结合部、混合交通量大的连接路段，实行快、慢车道分开行驶时，可根据当地经验设置右侧硬路肩。三级、四级公路的路基横断面包括行车道、路肩以及错车道等组成部分。二级、三级、四级公路的路基标准横断面，如图4-2所示。

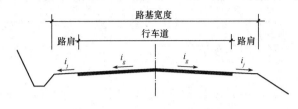

图4-2 二、三、四级公路标准横断面

1. 公路路基标准横断面的一般组成

(1)行车道：公路上供各种车辆行驶部分的总称，包括快车行车道和慢车行车道。

(2)路肩：位于行车道外缘至路基边缘，具有一定宽度的带状结构部分，路肩可分为土路肩和硬路肩两类。

(3)中间带：高速公路、一级公路用于分隔对向车辆的路幅组成部分，通常设于车道中间。

2. 公路路基标准横断面的特殊组成

公路特殊组成是指仅在公路特殊路段才设置。

(1)爬坡车道：设置在高速、一级、二级公路的上坡路段，供慢速上坡车辆行驶用车道。

(2)加减速车道：供车辆驶入(离)高速车流之前(后)加速(减速)用车道。

(3)错车道：在单车道道路上，可通视的一定距离内，供车辆交错避让用的一段加宽车道。

(4)紧急停车带：在高速、一级公路上，供车辆临时发生故障或其他原因紧急停车使用的临时停车地带。

(5)避险车道：设置于连续长、陡下坡路段右侧弯道以避免车辆在行驶中速度失控而造成事故的路段，是在特殊路段设置的安全车道。

4.1.2 各级公路车道宽度

《标准》对各级公路的路基总宽度不作规定，只规定公路路基横断面中各部分宽度，包括发挥各部分基本功能和与行车安全性密切关联的"最小值"指标，应因地制宜选择横断面布置形式和宽度。

1. 车道宽度

在公路上提供一定宽度的纵列以保证车辆安全行驶的路面，称为一个车道。一条公路的车道数量主要根据该路的预测交通量和一个车道的设计通行能力来确定，行车道的基本数目应在一个较大路线长度内保持不变。《标准》根据公路等级和设计速度将车道数分为单车道、双车道、四车道、六车道和八车道。

一条车道的宽度必须能满足设计车辆在有一定横向偏移的情况下运行，并能为相邻车道上的车流提供余宽，所以，汽车所需车道的宽度受车速、交通量、驾驶员的驾驶能力、会车等影响。《规范》规定的车道宽度，见表4-1。

表 4-1　车道宽度

设计速度/(km·h⁻¹)	120	100	80	60	40	30	20
车道宽度/m	3.75	3.75	3.75	3.50	3.50	3.25	3.00

(1)八车道及以上公路在内侧车道(内侧第1、2车道)仅限小客车通行时，其车道宽度可采用3.50 m。

(2)以通行中、小型客运车辆为主且设计速度为80 km/h及以上的公路，经论证车道宽度可采用3.50 m。

(3)四级公路采用单车道时，车道宽度应采用3.50 m。

(4)设置慢车道的二级公路，慢车道宽度应采用3.50 m。

(5)需要设置非机动车道和人行道的公路，非机动车道和人行道的宽度，宜视实际情况而定。

2. 车道数

高速公路和一级公路各路段车道数应根据设计交通量、设计通行能力确定，当车道数为双车道以上时应按双数增加。各级公路车道数应符合表4-2的规定。

表 4-2　各级公路的基本车道数

公路技术等级	高速公路、一级公路	二级公路	三级公路	四级公路
车道数/条	≥4	2	2	2(1)
注：四级公路应采用双车道，交通量小或工程特别艰巨的路段可采用单车道。				

3. 中间带宽度

中间带由两条左侧路缘带和中央分隔带组成，是分隔公路上对向行车道的地带。高速公路、一级公路整体式路基必须设置中间带。中间带的功能是分离不同方向的交通流，减少车辆的对向干扰，以防止无序的交叉运行和转弯运行，同时，为设置公路标牌、提供绿化带、遮挡对向车灯的眩光和埋设管线等设施提供场地。

路缘带既可以是硬路肩的一部分，又可以是中间带的一部分，这主要取决于它的位置。在中间带范围内的路缘带属中间带的组成部分；在路肩范围内的路缘带属路肩的组成部分，它的主要功能是诱导驾驶员视线和提供部分侧向余宽。当汽车越出行车道时，能提高行车安全。左侧路缘带宽度不应小于表4-3的规定。

表 4-3　左侧路缘带宽度

设计速度/(km·h⁻¹)		120	100	80	60
左侧路缘带宽度/m	一般值	0.75	0.75	0.50	0.50
	最小值	0.50	0.50	0.50	0.50

高速公路和作为干线的一级公路，中央分隔带宽度应根据公路项目中央分隔带功能确定。作为集散的一级公路，中央分隔带宽度应根据中间隔离设施的宽度确定。

4. 路肩的组成及宽度

(1)组成及作用。路肩通常由右侧路缘带(高速、一级公路)、硬路肩和土路肩三部分组成，如图4-3所示。

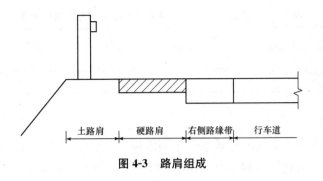

图 4-3 路肩组成

路肩的作用如下:

1)增加路幅的富余宽度,供临时停车、错车或堆放养路材料之用。同时,对提高行车道通行能力也有辅助作用。

2)为填方地段通车后的路基提供宽度损失。据调查,填方路堤通车后由于自然力的破坏,一般路基边缘形成约为 0.2 m 的圆角,使路基实际宽度减少,路肩宽度可使这部分宽度损失得以补偿。同时也保护路面,作为路面横向支承之用。

3)有利于诱导驾驶员的视线,开阔视野,增加行车的舒适感和安全感。

4)为公路的其他设施(如护墙、护栏、绿化、电杆、地下管线等)提供设置的场地。

5)为公路养护操作及避车提供空间。

(2)路肩的宽度。《规范》规定,各级公路右侧路肩宽度应符合表 4-4 的规定,高速公路和一级公路采用分离式断面时,应设置左侧硬路肩,其宽度不应小于表 4-5 的规定。

表 4-4 右侧路肩宽度

公路技术等级(功能)		高速公路			一级公路(干线功能)	
设计速度/(km·h⁻¹)		120	100	80	100	80
右侧硬路肩宽度/m	一般值	3.00(2.50)	3.00(2.50)	3.00(2.50)	3.00(2.50)	3.00(2.50)
	最小值	1.50	1.50	1.50	1.50	1.50
土路肩宽度/m	一般值	0.75	0.75	0.75	0.75	0.75
	最小值	0.75	0.75	0.75	0.75	0.75
公路技术等级(功能)		一级公路(集散功能)和二级公路			三级公路、四级公路	
设计速度/(km·h⁻¹)		80	60	40	30	20
右侧硬路肩宽度/m	一般值	1.50	0.75	—	—	—
	最小值	0.75	0.25			
土路肩宽度/m	一般值	0.75	0.75	0.75	0.75	0.25(双车道)
	最小值	0.50	0.50			0.50(单车道)

注:1. 正常情况下,应采用"一般值";在设爬坡车道、变速车道及超车道路段,受地形、地物等条件限制路段及多车道公路特大桥,可论证采用"最小值"。
2. 高速公路和作为干线一级公路以通行小客车为主时,右侧硬路肩宽度可采用括号内数值。
3. 高速公路局部设计速度采用 60 km/h 的路段,右侧硬路肩宽度不应小于 1.5 m。

表 4-5　高速公路、一级公路分离式路基的左侧路肩宽度

设计速度/(km·h^{-1})	120	100	80	60
左侧硬路肩宽度/m	1.25	1.00	0.75	0.75
左侧土路肩宽度/m	0.75	0.75	0.75	0.50

5. 紧急停车带

紧急停车带是车辆发生故障时紧急停车的区域。当硬路肩的宽度足以停车时就无须设置紧急停车的区域。高速公路和作为干线的一级公路右侧硬路肩宽度小于 2.50 m 时，应设紧急停车带。紧急停车带的间距不宜大于 500 m，宽度应不小于 3.50 m，有效长度不应小于 40 m，并应在其前后设置不短于 70 m 的过渡段。

6. 路拱及路肩横坡度

为了利于路面横向排水，将路面做成由中央向两侧倾斜的拱形，称为路拱。路拱的基本形式很多，各有特点，常用的有抛物线型、直线型和折线型三种。在设计道路横断面时，路拱及路肩横坡度应根据行车道宽度、路面结构类型、排水和当地的自然条件等要求而定，路拱横坡度取值规定，见表 4-6。

表 4-6　路拱横坡度

路面类型	路拱坡度/%	路面类型	路拱坡度/%
沥青混凝土、水泥混凝土	1～2	碎、砾石等粒料路面	2.5～3.5
其他沥青路面	1.5～2.5	低级路面	3～4
半整齐块石	2～3		

注：路肩横坡度一般比路拱横坡度大 1%～2%。

(1) 高速公路、一级公路整体式路基的路拱宜采用双向路拱坡度，由路中央向两侧倾斜。位于中等强度降雨地区时，路拱坡度宜为 2%；位于降雨强度较大地区时，路拱坡度可适当增大。

(2) 高速公路、一级公路分离式路基的路拱，宜采用单向横坡，并向路基外侧倾斜，也可采用双向路拱坡度。积雪、冰冻地区，宜采用双向路拱坡度。

(3) 双向六车道及以上车道数的公路，当超高过渡段的路拱坡度过于平缓时，可采用双向路拱坡度。路拱坡度过于平缓路段应进行路面排水分析。

(4) 二级公路、三级公路、四级公路的路拱应采用双向路拱坡度，由路中央向两侧倾斜。路拱坡度应根据路面类型和当地自然条件确定，但不应小于 1.5%。

4.1.3　路基典型横断面

在公路几何线型设计中，将经常采用的具有代表性的公路路基横断面称为典型横断面。在典型横断面中，将高于原地面的填方路基称为路堤[图 4-4(a)]，低于原地面的挖方路基称为路堑[图 4-4(b)]，在一个断面内，部分要填，另一部分要挖的路基称为半填半挖路基[图 4-4(c)]。由于自然地形、地质条件的多样性，由此可派生出一系列类似的断面形式，它们在公路设计中经常被采用。另外，为了保证路基稳定和行车安全，根据实际需要设置取土坑、弃土堆、护坡道、碎落台、堆料坪等，这些都是路基主体工程不可缺少的部分。

1. 常用的典型横断面选用

(1)路堤。路堤是指填筑在地面线以上的路基形式,也称填方路基。路堤包括一般路堤、矮路堤、挖沟填筑路堤、高路堤、陡坡路堤、浸水路堤(沿河路堤)、护脚路堤、吹(填)砂(粉煤灰)路堤等。

1)填土高度小于 18 m(土质)或 20 m(石质)的路堤为一般路堤,如图 4-4(a)所示。

2)填土高度小于 1.0 m 的路堤称为矮路堤。在填土高度小于 0.5 m 时,为保证路基最小填土高度及能够顺利地排除路面、路肩和边坡表面水的需要,应设置边沟。

3)平原区公路为满足填土需要,将路基两侧或一侧的边沟断面扩大成取土坑的路基称为挖沟填筑路堤,但此时为保证边坡的稳定,应在坡脚与取土坑之间设置宽度不小于 1 m 的护坡道。

4)填土高度大于 18 m(土质)或 20 m(石质)的路堤称为高路堤,为保证边坡稳定,应采用折线型边坡。

5)在山区陡坡路段上填筑的路基称为陡坡路堤,如图 4-4(i)所示。当填方坡脚太远,为避免多占用耕地或拆迁其他建筑时,可采用如图 4-4(i)所示的护脚路基。

6)沿河路堤是指桥头引道和河滩路堤,如图 4-4(d)所示。路堤浸水部分边坡,除应采用较缓和坡度外,还应视水流情况采用相应的加固防护措施。

7)吹(填)砂(粉煤灰)路堤:为了保护边坡的稳定和植物的生长,边坡表层 1~2 m 应用黏质土填筑,路床顶面可采用 0.3~0.5 m 粗粒土封闭。

(2)路堑。路堑是指全部在原地面开挖而成的路基,也称挖方路基,如图 4-4(b)所示。路堑路段均应设置边沟;为拦截和排除上侧地面水以保证边坡稳定,应在坡顶 5 m 外设置截水沟。

挖路堑所废弃的土石方,应弃置于下侧坡顶外至少 3 m,并做成规则形状的弃土堆;当挖方高度较大或土质变化处,边坡应随之做成折线型或台阶式边坡以保证稳定。

路堑还包括台口式路堑和半山洞。其中,台口式路堑是指山体的自然坡面为路堑的下边坡[图 4-4(j)],适用于地质状况良好的地段;半山洞适用于整体坚硬的岩石层上,为节省工程量采用的一种形式,应用时需注意公路的安全和建筑限界的要求。

(3)半填半挖路基。当原地面横坡大,且路基较宽,需一侧开挖另一侧填筑时,为挖填结合路基,也称半填半挖路基。在丘陵或山区公路上,挖填结合是路基横断面的主要形式。如图 4-4(c)所示,当地面横坡大于 1∶5 时(包括一般路堤在内),为保证填土的稳定,应将原地面挖成台阶,台阶的高度应视填料性质和施工方法而定,挖方部分与一般路堑相同。

在陡坡路段,其路基的填土高度虽不大,但地面横坡较陡,坡脚太远且不易填筑时,可采用如图 4-4(h)所示的护肩路基;填土高度较大难以填筑,或地面横坡太陡以致坡脚落空不能填筑时,可采用如图 4-4(g)所示的砌石路基或图 4-4(f)所示的挡土墙路基,前者是干砌或浆砌片石,能支持填土的稳定,片石与路基为一个整体,而挡土墙是不依靠路基也能独立稳定的支挡结构物;当挖方边坡土质松软易碎落时。可采用如图 4-4(e)所示的矮墙路基;当挖方地质不良可能产生滑坍时,可采用如图 4-4(f)所示的挡土墙路基。

各种典型路基横断面要结合实际地形选用,且应以路基稳定、行车安全、工程量小和经济适用为前提。

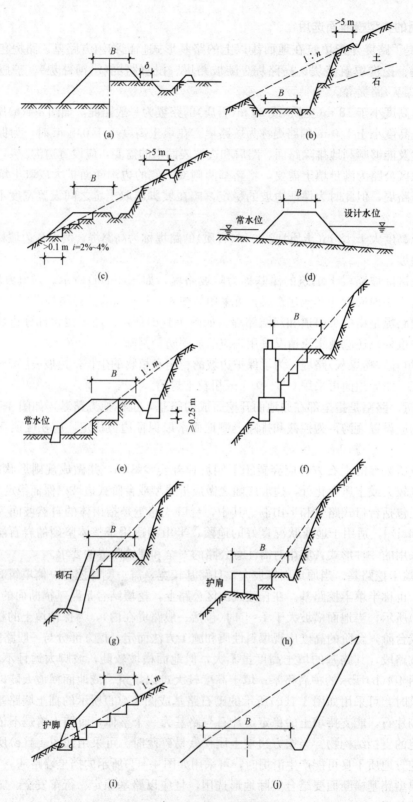

图 4-4 路基典型横断面

(a)一般路堤；(b)挖方路基；(c)半填半挖路基；(d)沿河路堤；(e)矮墙路基；
(f)挡土墙路基；(g)砌石路基；(h)护肩路基；(i)护脚路基；(j)台口式路堑

2. 取土坑与弃土堆

取土坑可分为路侧取土和路外集中取土两种。当地面坡度不大于 1∶10 的平坦地区，可在路基两侧设置取土坑。取土坑一般设置在地势较高的一侧，其深度和宽度应视取土数量、施工方法及用地许可条件而定。平原区一般深度为 1.0 m。为防止坑内积水，路基坡脚与坑之间，当堤顶与坑底高差超过 2 m 时，需设宽度 1.0 m 的护坡道，坑底设纵、横排水坡及相应设施，如图 4-5 所示。

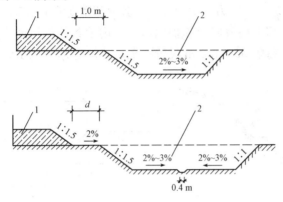

图 4-5 取土坑布置

1—路堤；2—取土坑

河流淹没地段的桥头引道两侧一般不设取土坑。河滩上的取土坑，应与调治构造物的位置相适应。一般距离河流水位界 10 m 以外，并不得长期积水危害路基或构造物的稳定。

开挖路基的废方，应妥善处理，充分利用；如用于公路、农田水利、基建等，做到变废为宝，弃而不乱，对无法加以利用的弃土，应防止乱弃而造成水土流失，危害路基及农田水利，淤塞河道。

废方一般选择在沿线附近低洼荒地或路堑下坡一侧堆放。沿河路基的废石方，条件允许时，可以部分占用河道，但不能造成河道上游壅水，危及路基及附近农田。如需在路堑上侧弃土，要求堆弃平整，顶面具有适当横坡，并设置平台三角土埂及排水沟渠，如图 4-6 所示，积砂或积雪地段的弃土堆，为有利防砂防雪，一般设在迎风一侧。路堑深度大于 1.5 m 时，弃土堆距离坡顶至少 20 m。浅而开阔的路堑两旁不得设弃土堆。

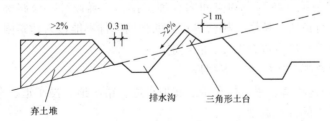

图 4-6 弃土堆布置

3. 护坡道与碎落台

护坡道的作用是缓减路堤边坡的平均坡度，是保证路堤稳定的技术措施之一。一般情况下，当路堤填土高度（指路基边缘与取土坑内侧底面的高差）小于或等于 3 m 时，可不设护坡道，取土坑内侧坡顶可与路堤坡脚径向衔接，并采用路堤边坡坡度；当高差大于 2 m

时,应设置宽度为1 m的护坡道;当高差大于6 m时,应设置宽度为2 m的护坡道。为利于排水,护坡道表面应做成向外侧倾斜2%的横坡。

在地质和排水条件良好的路段,或通过经济作物、高产田的路段,若采取一定措施可以保证路堤稳定时,护坡道可另行设计。

碎落台通常设置在路堑边坡坡脚与边沟外侧边缘之间,有时也设在边坡中部,如图4-7所示。其作用是防止零星土石碎落物落入边沟,碎落台宽度一般为1.0~1.5 m。对风化严重的岩石边坡或不良土质边坡,一般为1.0~1.5 m,其顶部宽度大于0.5 m,墙高为1~2 m。

另外,为避免在路肩上堆放路面养护用料,在用地条件许可时,可在路肩外缘或边沟外缘设置堆料坪,一般每隔50~100 m设置一个,其长度为5~8 m,宽度在2 m左右,如图4-8所示。

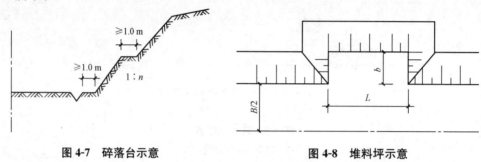

图4-7 碎落台示意　　　　图4-8 堆料坪示意

4.2 公路建筑限界和用地范围

4.2.1 公路建筑限界

公路建筑限界又称净空,是为保证车辆、行人的通行安全,对公路和桥面上以及隧道中规定的一定的高度和宽度范围内不允许有任何障碍物侵入的空间界限。它是由净高和净宽两部分组成。建筑限界的上缘边界线为水平线(超高路段与超高横坡平行),两侧边界线与水平线垂直(超高路段与路面垂直)。在横断面设计时,应充分研究各路幅组成要素与公路公共设施之间的关系,在有限的空间内合理安排、正确设计,公路标志、标牌、护栏、照明灯柱、电杆、行道树、桥墩、桥台等设施的任何部件不能侵入建筑限界之内。

各级公路的建筑限界应符合图4-9的规定。

各级公路的建筑限界还应符合下列规定:

(1)设置加(减)速车道、紧急停车带、爬坡车道、错车道、慢车道、车道隔离设施等路段,行车道应包括该部分的宽度。

(2)八车道及以上的高速公路(整体式),设置左侧硬路肩时,建筑限界应包括相应部分的宽度。

(3)一条公路应采用同一净高。高速公路、一级公路、二级公路的净高应为5.00 m;三级公路、四级公路的净高应为4.50 m。

(4)人行道、自行车道、检修道与行车道分开设置时,其净高应为2.50 m。

(5)路基、桥梁、隧道相互衔接处,其建筑限界应按过渡段处理。

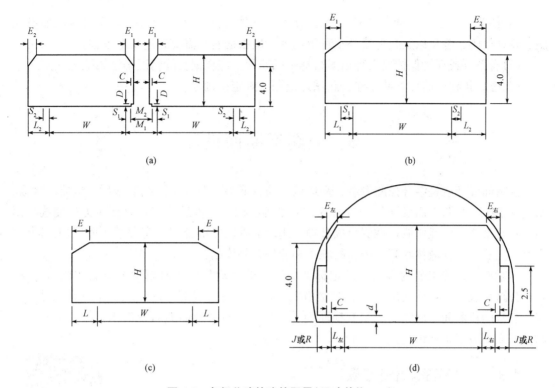

图 4-9 各级公路的建筑限界(尺寸单位：m)
(a)高速公路、一级公路(整体式); (b)高速公路、一级公路(分离式);
(c)二、三、四级公路; (d)公路隧道

W—行车道宽度; L_1—左侧硬路肩宽度; L_2—右侧硬路肩宽度; S_1—左侧路缘带宽度; S_2—右侧路缘带宽度; L—侧向宽度,二级公路的侧向宽度为硬路肩宽度,三、四级公路的侧向宽度为路肩宽度减去 0.25 m; 设置护栏时,应根据护栏需要的宽度加宽路基; $L_左$—隧道内左侧侧向宽度; $L_右$—隧道内右侧侧向宽度; C—当设计速度大于 100 km/h 时为 0.5 m, 小于或等于 100 km/h 时为 0.25 m; D—路缘石高度, 小于或等于 0.25 m; 一般情况下, 高速公路可不设路缘石; M_1—中间带宽度; M_2—中央分隔带宽度; J—检修道宽度; R—人行道宽度; d—检修道或人行道高度; E—建筑限界顶角宽度, 当 $L \leqslant 1$ m 时, $E=L$; 当 $L>1$ m 时, $E=1$ m; E_1—建筑限界顶角宽度, 当 $L_1<1$ m 时, $E_1=L_1$, 或 $S_1+C<1$ m, $E_1=S_1+C$; 当 $L_1 \geqslant 1$ m 或 $S_1+C \geqslant 1$ m 时, $E_1=1$ m; E_2—建筑限界顶角宽度, $E_2=1$ m; $E_左$—建筑限界左顶角宽度, 当 $L_左 \leqslant 1$ m 时, $E_左=L_左$; 当 $L_左>1$ m 时, $E_左=1$ m; $E_右$—建筑限界右顶角宽度, 当 $L_右 \leqslant 1$ m 时, $E_右=L_右$; 当 $L_右>1$ m 时, $E_右=1$ m; H—净空高度

4.2.2 公路用地范围

公路用地应遵循保护、开发土地资源，合理利用土地，切实保护耕地，促进社会经济可持续发展的原则，合理拟定公路建设规模、技术指标、设计施工方案，确定公路用地范围。

(1)公路用地范围为公路路堤两侧排水沟外边缘(无排水沟时为路堤或护坡道坡脚)以外，或路堑坡顶截水沟外边缘(无截水沟为坡顶)以外不小于 1 m 范围内的土地；在有条件的地段，高速公路和一级公路不小于 3 m、二级公路不小于 2 m 范围内的土地为公路用地范围。

(2)在风沙、雪害、滑坡、泥石流等不良地质地带设置防护、整治设施时，以及在膨胀土、盐渍土等特殊土地带采取处治措施时，应根据实际需要确定用地范围。

(3)桥梁、隧道、互通式立体交叉、分离式立体交叉、平面交叉、安全设施、服务设施、管理设施、绿化以及其他线外工程等用地，应根据实际需要确定用地范围。

(4)有条件或环境保护要求种植多行林带的路段，应根据实际情况确定用地范围。

(5)改、扩建公路可参照新建公路用地范围的规定执行。

4.3 公路横断面设计

横断面设计就是结合公路等级、交通量、通行能力以及公路沿线的地形、地质、气候、水文等情况，公路平面设计和纵断面各个因素等经综合考虑后确定，设计时力争使构成断面的各要素之间相互协调，做到组成合理、用地节省、经济合理和有利于环境保护。同时，为路基土石方工程数量计算、公路的施工和养护提供依据。

横断面设计的主要内容是：确定标准横断面的车道数与路基宽度、断面构成与形式；结合公路沿线地形特点提出相应的典型横断面形式，各组成部分的形状、位置和尺寸；根据各桩号的横断面地面线情况绘制横断面设计线，计算各断面的填挖面积，然后进行全线的路基土石方数量和调配。

4.3.1 横断面设计的步骤

(1)按1∶200的比例绘制横断面地面线；定测阶段，横断面地面线是现场测绘的，若纸上定线，可在大比例的地形图上内插获得。在计算机辅助设计中，可以通过数字化仪或键盘向计算机输入横断面各变化点相对中桩的坐标，由计算机自动绘制。

用 Excel 快速制作
CAD 断面图示例

(2)从"路基设计表"中抄入路基中心填挖高度，对于有超高和加宽的曲线路段，还应抄入"左高""右高""左宽""右宽"等数据。

(3)根据现场调查所得来的"土壤、地质、水文资料"，参照"标准横断面图"设计出各桩号横断面，确定路幅宽度，填或挖的边坡坡线，在需要各种支挡工程和防护工程的地方画出该工程结构的断面示意图。在计算机辅助设计中，由计算机自动设计，并利用人机对话调整特殊断面。

(4)根据综合排水设计，画出路基边沟、截水沟、排灌渠等的位置和断面形式。必要时需注明各部分尺寸(不必绘出路拱，但必须绘出超高、加宽)。另外，对于取土坑、弃土坑、绿化等也尽可能画出。经检查无误后，修饰描绘。

(5)分别计算各桩号断面的填方面积(AT)、挖方面积(AW)，并标注于图上。若一条道路的横断面图数量极大，为提高手工绘制的工作效率，可事先制作若干透明模板。但根本的解决办法是"路线CAD"，它不但能准确绘制横断面图，而且能自动解算横断面面积。

4.3.2 路基土石方数量计算及调配

1. 横断面面积计算

通常可以积距法或者坐标法进行计算。

(1)积距法。如图4-10所示，将断面按单位横宽划分为若干个梯形和三角形，每个小条块的面积近似按每个小条块中心高度与单位宽度的乘积：$A_i = b \times h_i$，则横断面面积：$A = bh_1 + bh_2 + bh_3 + \cdots + bh_n = b\sum h_i$

当 $b = 1$ m 时，则 A 在数值上就等于各个小条块平均高度之和 $\sum h_i$。

(2)坐标法。坐标法的计算精度较高，适宜用计算机计算。已知断面图(图 4-11)上各转折点坐标 (x_i, y_i)，则断面面积为

$$A = \frac{1}{2}\Big[\sum (x_i y_{i+1} - x_{i+1} y_i)\Big]$$

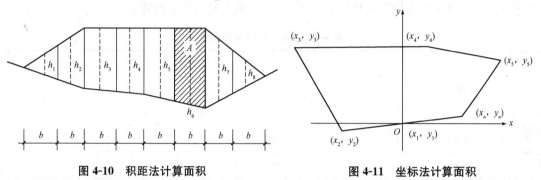

图 4-10　积距法计算面积　　　　　图 4-11　坐标法计算面积

2. 土石方数量计算

在工程上通常采用近似计算。常见的采用平均断面法进行计算，如图 4-12 所示。假定相邻断面间为一棱柱体，体积计算公式为

$$V = (A_1 + A_2)\frac{L}{2}$$

式中　V——体积，即土石方数量(m^3)；

　　　A_1，A_2——分别为相邻两断面的面积(m^2)；

　　　L——相邻两断面的距离(m)。

用平均断面法计算土石方体积更简便、实用，是公路上常采用的方法。只有当 A_1、A_2 相差不大时才较准确，当 A_1、A_2 相差大时其精度较差。

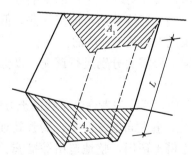

图 4-12　平均断面法计算图示

当 A_1、A_2 相差较大时，则按棱台体公式计算更为接近，其计算公式为

$$V = \frac{1}{3}(A_1 + A_2)L\Big(1 + \frac{\sqrt{m}}{1+m}\Big)$$

式中　m——即为 A_1/A_2，其中 $A_1 < A_2$。

第二种方法精度较高，应尽量采用，特别适用于计算机计算。

若路基是以填方为主或以挖方为主，则填方要扣除、挖方要增加路面所占的那一部分面积。特别是路面厚度较大时更不能忽略。

计算路基土石方数量时，应扣除大、中桥及隧道所占路线长度的体积；桥头引道的土石方，可视需要全部或部分列入桥梁工程项目中，但应注意不要遗漏或重复；小桥涵所占的体积一般可不扣除。

路基工程中的挖方按天然密实方体积计算，填方按压实后的体积计算，各级公路的各类土石方与天然密实方换算系数见表4-7，土石方调配时应注意换算。

表 4-7 路基土石方换算系数

公路等级	土石类别				
	土方				石方
	松土	普通土	硬土	运输	
二级及二级以上公路	1.23	1.16	1.09	1.19	0.92
三、四级公路	1.1	1.05	1.00	1.08	0.84

3. 土石方调配

(1) 调配原则。

1) 在半填半挖的断面中，应首先考虑在本路段内移挖作填进行横向平衡，多余的土石方再作纵向调配，以减少总运量。

2) 土石方调配应考虑桥涵位置对施工运输的影响，一般大沟不作跨越运输，同时应注意施工的可能与方便，尽可能避免和减少上坡运土。

3) 为使调配合理，必须根据地形情况和施工条件，选用适当的运输方式，确定合理的经济运距，用以分析工程用土是调运还是外借。

4) 土方调配"移挖作填"固然要考虑经济运距问题，但这不是唯一的指标，还要综合考虑弃方和借方的占地，赔偿青苗损失及对农业生产的影响等。有时将路堑的挖方纵向调配作路堤的填方，虽然运距超出一些，运输费用可能高一些，但如果能减少占地，对农业生产的影响减小，这样，对整体来说未必是不经济的。

5) 不同的土方和石方应根据工程需要分别进行调配，以保证路基稳定和人工构造物的材料供应。

6) 位于山坡上的回头曲线路段，要优先考虑上下线的土方竖向调运。

7) 土方调配对于借土和弃土应事先同地方商量，妥善处理。借土应结合地形、农田规划等选择借土地点，并综合考虑借土还田，整地造田等措施。弃土应不占或少占耕地，在可能条件下宜将弃土平整为可耕地，防止乱弃乱堆，或堵塞河流，损害农田。

(2) 调配步骤。

1) 土石方调配是在土石方数量计算与复核完毕的基础上进行的，调配前应将可能影响运输调配的桥涵位置、陡坡大沟等在表旁注明，供调配时参考。

2) 计算并填写表中"本桩利用""填缺""挖余"各栏。当以石作填土时，石方数应填入"本桩利用"的"土"一栏，并以符号区别。然后按填挖方分别进行闭合核算，其核算式如下：

$$填方＝本桩利用＋填缺$$
$$挖方＝本桩利用＋挖余$$

3）在作纵向调配前，根据"填缺""挖余"的分布情况，选择适当施工方法及可采用的运输方式定出合理的经济运距，供土方调配时参考。

4）根据"填缺""挖余"分布情况，结合路线纵坡和自然条件，本着技术经济，少占用农田的原则，具体拟定调配方案。将相邻路段的挖余就近纵向调配到填缺内加以利用，并将具体调运方向和数量用箭头表明在纵向调配栏中。

5）经过纵向调配，如果仍有填缺或挖余，则应会同当地政府协商确定借土或弃土地点，然后将借土或弃土的数量和运距分别填注到借方或废方栏内。

6）调配完成后，应分页进行闭合核算，核算式如下：
$$填缺＝远运利用＋借方$$
$$挖余＝远运利用＋废方$$

7）本公里调配完毕，应进行本公里合计，总闭合核算除上述外，还有：
$$（跨公里调入方）＋挖方＋借方＝（跨公里调出方）＋填方＋废方$$

8）土石方调配一般在本公里内进行，必要时也可跨公里调配，但需将调配的方向及数量分别注明，以免混淆。

9）每公里土石方数量计算与调配完成后，须汇总列入"路基每公里土石方表"，并进行全线总计与核算。

(3) 土石方调配中的几个参量。

1）平均运距。土方调配的运距，是从挖方体积的重心到填方体积的重心之间的距离。在路线工程中为简化计算起见，这个距离可简单地按挖方断面间距中心至填方断面间距中心的距离计算，称为平均距离。

2）免费运距。土、石方作业包括挖、装、运、卸等工序，在某一特定距离内，只按土、石方数量计价而不计运费，这一特定的距离称为免费运距。施工方法的不同，其免费运距也不同，如人工运输的免费运距为 20 m，铲运机运输的免费运距为 100 m。

在纵向调配时，当其平均运距超过定额规定的免费运距，应按其超运运距计算土石方运量。

3）经济运距。填方用土来源，一是路上纵向调运；二是就近路外借土。一般情况用路堑挖方调去填筑距离较近的路堤还是比较经济的。但如调运的距离过长，以至运价超过了在填方附近借土所需的费用时，移挖作填就不如在路堤附近就地借土经济。因此，采用"借"还是"调"，有个限度距离问题，这个限度距离即所谓"经济运距"。其值按下式计算：

$$L_{经}＝B/T＋L_{免}$$

式中　B——借土单价(元/m³)；

　　　T——远运运费单价(元/m³·km)；

　　　$L_{免}$——免费运距(km)。

经济运距是确定借土或调运的界限，当调运距离小于经济运距时，采取纵向调运是经济的；反之，则可考虑就近借土。

4）运量。土石方运量为平均超运运距单位与土石方调配数量的乘积。

在生产中，例如，工程定额是将人工运输免费运距 20 m，平均每增运距 10 m 划为一个运输单位，称之为"级"。当实际的平均运距为 40 m，则超远运距 20 m 时，则为两个运输单位,称为二级,在路基土石方数量计算表中记作②。

$$总运量=调配(土石方)数量\times n$$

$$n=(L-L_免)/A$$

式中 n——平均超运运距单位(四舍五入取整数);

L——土石方调配平均运距(m);

$L_免$——免费运距(m);

A——超远运距单位(m)(如人工运输 $A=10$ m,铲运机运输 $A=50$ m)。

5) 计价土石方数量。在土石方计算与调配中,所有挖方均应予计价,但填方则应按土的来源决定是否计价,如是路外就近借土就应计价,如是移"挖"作"填"的纵向调配利用方,则不应再计价,否则形成双重计价。即计价土石方数量为

$$V_计=V_挖+V_借$$

式中 $V_计$——计价土石方数量(m³);

$V_挖$——挖方数量(m³);

$V_借$——借方数量(m³)。

4.4 横断面设计成果

路基横断面设计的主要成果是"两图一表",即路基标准横断面图、路基横断面设计图与路基土石方计算表。

1. 路基标准横断面图

高速公路、一级公路路基标准横断面图如图 4-1 所示,二级、三级、四级公路标准横断面如图 4-2 所示。它标出了横断面的基本组成以及所有设计线(包括边坡、边沟、挡墙、护肩等)的形状、比例及尺寸,用以指导施工。这样,路基横断面设计图就不必对每一个断面都进行详细的标注(其中很多断面的比例、尺寸都是相同的),可以通用,避免了工作的重复与烦琐,也使横断面设计图比较简洁。

2. 路基横断面设计图

路基横断面设计图是路基每一个中桩的法向剖面图,一般为每隔 20 m 画一个,在变截面处需要加密,它反映每个桩位处横断面的尺寸及结构,是路基施工及横断面面积计算的依据,图中应给出地面线与设计线,并标注桩号、施工高度与断面面积。相同的边坡坡度可只在一个断面上标注,挡墙等圬工构造物和地表排水设施(如边沟)可只绘出形状不标注尺寸。横断面设计图应按从下到上,从左到右的方式进行布置,一般采用 1:200 的比例。

3. 路基土石方计算表

路基土石方计算表见表 4-8。路基土石方是公路工程的一项主要工程量,所以,在公路设计和路线方案比较中,路基土石方数量的多少是评价公路测设质量的主要技术经济指标之一,也是编制公路施工组织计划和工程概预算的主要依据。

4. 其他成果

对于特殊情况下的路基(如高填深挖路基、侵河路基、不良地质地段路基等)应单独设计,并绘制特殊路基设计图。图中应出示路缘石大样,中央分隔带开口设计图等。

表 4-8 路基土石方数量计算表

××公路改造工程A合同段　　第67页共87页

桩号	横断面面积/m²		距离/m	总数量	挖方分类及数量/m³												填方数量/m³	本桩利用		填缺	利用方量及调配/m³			纵向利用调配示意图	供方数量/m³		弃方数量/m³		总数量(立方米/公里)		备注
					土						石										挖余				土	石	土	石	土	石	
	挖	填			Ⅰ		Ⅱ		Ⅲ		Ⅳ		Ⅴ		Ⅵ			土	石		土	石									
					%	数量	%	数量	%	数量	%	数量	%	数量	%	数量															
1	2	3	4	5	6	7	8	9	10	11	12	13	14	15	16	17	18	19	20	21	22	23	24	25	26	27	28	29	30	31
K33+000.000	2.46	0.11																												
+020.000	6.80		20.00	93	20	19	10	9	10	9	30	28	20	19	10	9	1	1		0	36	56	土28，石56			36	56	36	56	
+040.000	8.41	0.01	20.00	152	20	30	10	16	10	15	30	46	20	30	10	15	4	4	0	0	61	91	土61，石91							
+060.000	5.35	0.34	20.00	138	20	28	10	13	10	14	30	41	20	28	10	14	4	4	0	0	51	83	土51，石83							
+080.000	2.41	2.63	20.00	78	20	15	10	8	10	8	30	23	20	16	10	8	30	30	14	81	1	47	土1石47							
+100.000		7.89	20.00	24	20	5	10	3	10	2	30	7	20	5	10	2	105	105	10	70	34	47	土34石47							
+120.000	1.41	0.46	20.00	14	20	3	10	2	10	1	30	4	20	3	10	1	84	84	6	0	29	41	土29，石41			6	18	6	18	
+140.000	1.65	0.20	20.00	31	20	6	10	4	10	3	30	9	20	6	10	3	7	7	7	18	6	23	土6，石23			23	40	23	40	
+160.000	5.03	0.18	20.00	67	20	13	10	7	10	7	30	20	20	13	10	7	4	4	4	0	23	40	土23，石40			13	30	13	30	
+180.000	0.06	0.59	20.00	51	20	11	10	5	10	5	30	15	20	10	10	5	8	8	8	0	13	30	土13，石30							
+200.000		3.24	20.00	1	20	1	10	0	10	0	30	0	20	0	10	0	38	38	1	37	0	24	土39石24							
+220.000		3.57	20.00	0	20	0	10	0	10	0	30	0	20	0	10	0	68	68	0	68	0	0	土18，石69			15		15		
+240.000		5.12	20.00	0	20	0	10	0	10	0	30	0	20	0	10	0	87	87	0	87	0	0	土61，石37							
+260.000		4.64	20.00	0	20	0	10	0	10	0	30	0	20	0	10	0	98	98	0	98	0	0	土28，石68							
+280.000	0.02	4.88	20.00	13	20	3	10	1	10	1	30	4	20	3	10	1	96	96	5	55	8	47	土8，石47							
+300.000	1.26	1.77	20.00	55	20	10	10	6	10	5	30	17	20	11	10	6	68	68	21	0	0	22	土22							
+320.000	4.26	1.51	20.00	43	20	9	10	4	10	4	30	13	20	9	10	4	33	33	17	13	0	0	土9石74							
+340.000		4.04	20.00	0	20	0	10	0	10	0	30	0	20	0	10	0	56	56	0	83	0	0	土50石22							
+360.000		4.25	20.00	0	20	0	10	0	10	0	30	0	20	0	10	0	83	83	0	72	0	0	土6石38							
+380.000		2.93	20.00	0	20	0	10	0	10	0	30	0	20	0	10	0	72	72	0	44	0	0	土4，石21			10		10		
+400.000		1.43	20.00	0	20	0	10	0	10	0	30	0	20	0	10	0	44	44	0	25	0	0	土17，石8							
+420.000		1.07	20.00	0	20	0	10	0	10	0	30	0	20	0	10	0	25	25	0	25	0	0	土28							
+440.000		1.45	20.00	0	20	0	10	0	10	0	30	0	20	0	10	0	28	28	0	28	0	0	土9石24							
+460.000		1.35	20.00	5	20	1	10	0	10	1	30	2	20	1	10	0	33	33	4	17	0	0	土1石16							
+480.000	0.46	1.96	20.00	31	20	7	10	3	10	3	30	9	20	6	10	3	22	22	12	0	1	18	土19，石48			1	18	1	18	
+500.000	2.68	0.27	20.00	81	20	16	10	8	10	8	30	24	20	16	10	8	12	12	14	0	19	48	土21，石43			19	48	19	48	
+520.000	5.42	0.90	20.00	71	20	14	10	7	10	7	30	22	20	14	10	7	14	14	7	0	21	43	土4，石12			43		43		
+540.000	1.65	0.54	20.00	21	20	5	10	2	10	2	30	6	20	4	10	2	7	7	5	0	4	12	土1			12		12		
+560.000	0.49	0.26	20.00	7	20	1	10	1	10	1	30	2	20	1	10	1	5	5	3	0	1	1	土1，石10			1	10	1	10	
+580.000	0.16	0.34	20.00	16	20	3	10	2	10	2	30	5	20	3	10	1	6	6	3	0	1	10	土7，石16			7	16	7	16	
+600.000	1.48	0.14	20.00	26	20	5	10	3	10	2	30	8	20	5	10	3	3	3	3	0	7	16	土11，石10							
+620.000	1.07	0.19	20.00	11	20	2	10	1	10	1	30	3	20	2	10	1	32	32	4	21	0	0								
+640.000																														
+680.000		2.98																												
本页小计				1029		207		105		200		308		205		104	1203	168	82	953	244	535				131	345	131	345	

计算：　　　　复核：　　　　监理工程师：　　　　业主代表：

项目 5 公路选线

本章要求

1. 了解公路选线的原则、方法和步骤。
2. 了解路线方案的拟定、比选因素和选择方法。
3. 熟悉平原区选线要点；山岭区沿河(溪)线、越岭线和山脊线的选线要点；丘陵区选线方式。
4. 了解各种特殊地区和不良地质地区的选线要点。

本章重点

公路选线的方法与要点。

天门山盘山公路

5.1 概 述

选线是在规划公路的起点和终点之间选定一条技术上可行、经济上合理、又能符合使用要求的公路中心线的工作。为了保证选线和勘测设计质量，降低工程造价，必须考虑全面，由粗到细，由轮廓到具体，逐步深入，分阶段、分步骤地加以分析和比较，进行多种方案比选，才能定出最合理的路线来。选线人员要熟悉路线、路基、路面、桥涵、地质、水文、建材等一系列知识。在深入了解国家土地政策、水利政策、电力电信政策、文物保护政策的同时，还要求选线人员要深入现场，多跑、多看、多问、多比较，调查研究，不遗漏任何一个有比较价值的路线方案。

5.1.1 公路选线的一般原则

(1)选用最优的路线方案。运用各种先进手段，经过深入、细致的多种方案比较和论证，选定最佳路线方案。
(2)路线设计应在保证行车的安全、舒适和迅速的前提下，做到工程量小、造价低、营运费用省、效益好，并有利于施工和养护。
(3)注意与农田基本建设相配合。做到少占田、不占高产田和经济林。
(4)处理好路线与名胜、风景、古迹的关系。
(5)对不良地质地段，正确处理路线与绕避或穿越的关系。
(6)选线应重视环境保护，注意由于修建公路及汽车运行所产生的影响和污染等问题。

(7)选线时要考虑平面、纵断面和横断面的相互组合和合理配合,避免出现"危险线型"。

5.1.2 公路选线的步骤和方法

一条路线的起点、讫点确定以后,它们之间可以有多种路径选择。选线的任务就是在这众多的方案中选出一条符合设计要求、经济合理的最优方案。最有效的做法是通过分阶段、分层次、由粗到细反复比选来求得最佳解。

1. 路线总体布局和路线带选择

(1)路线方案选择。路线方案选择主要是解决起点和讫点之间路线基本走向的问题。此项工作通常是先在小比例尺(1:2.5万~1:10万)地形图上在较大面积范围内宏观找出各种可能的方案,收集各种可能方案的有关资料,进行初步评选,确定数条有进一步比较价值的方案。然后进行现场勘察,通过多方案比选得出一个最佳方案来。

(2)路线带选择。在路线基本方向选定的基础上,按地形、地质、水文等自然条件对不同区段选定出一些局部区域路线控制点,连接这些控制点,即构成路线带。

2. 选线

(1)纸上选线。纸上选线是在已经测得的地形图上,进行方案的选择、比选,在纸上确定路线,将此路线再放到实地的选线方法。高速公路、一级公路应采用纸上定线并现场核定的方法。

纸上选线的一般步骤为:第一,小比例尺地形图(1:2.5万~1:10万)上选定路线布局方案,拟定路线带;第二,实测路线带地形图(可用人工或航测法);第三,纸上选定路线;第四,实地放线。

纸上选线的特点是野外工作量较小,定线不受自然因素干扰;能在室内宏观全面,结合地形、地物、地质条件,综合平衡平面、纵断面、横断面三个方面因素,使所选定的路线更为合理。但纸上定线必须要有大比例尺的地形图,地形图的测设需花费较大的工作量,并要求具备一定的设备。纸上选线的地形图若用航空摄影成图可大大缩短成图时间。随着航测技术的发展,纸上选线方法开始广泛运用,特别对于高等级公路和地形、地物及路线方案十分复杂的公路更为适用。

(2)实地选线。实地选线是指对地形相对简单,方案基本明确的路段,可以现场直接勘测选定,即根据拟定的技术标准,结合现场地形和自然条件等要素,综合考虑平面、纵断面、横断面三个方面因素,反复穿线插点,具体定出路线位置的工作。

(3)自动化选线。随着航测技术和计算机技术的发展,将航测和电算相结合的自动化选线方法已研制、开发成功。自动化选线的基本做法是:先用航测方法测得航测图片,再根据地形信息建立数字地形模型(即数字化的地形资料),将选线设计的要求转化为数学模型,将设计数据输入计算机,则计算机按照一定的程序进行自动选线、分析比较、优化,最后通过自动绘图仪和打印机将全部设计图表输出。自动化选线可以用计算机和自动绘图仪代替人工去做大量繁重的计算、绘图、分析比较工作,这样能使选线方案更为合理,且省工省时,是今后公路选线的发展方向。

5.2 路线方案选择

5.2.1 影响路线方案选择的主要因素

路线方案是路线设计中最根本的问题。方案是否合理，不但直接关系到公路本身的工程投资和运输效率，更重要的是影响到路线在公路网中是否起到应有的作用，即是否满足国家的政治、经济、国防要求和长远利益。

一条路线的起点、讫点及中间必须经过的重要城镇或地点，通常是由公路网规划所规定或领导机关根据社会主义建设需要指定的。这些指定的点称为"据点"，将据点连接成线，就是路线的总方向或称大走向。两个据点之间有许多不同的走法，有的可能沿某河流、越某山岭，也可能沿某几条河流、翻某几座山岭；可能走某河的这一岸，靠近某城镇；也可能走对岸，避开某城镇等。每一种可能的走法就是一个大的路线方案，作为选线工作的第一步就是要在各种可能的方案中，在深入调查的基础上，综合考虑路线方案选择的主要因素，通过方案的比选，提出合理的路线方案。

选择路线方案应综合考虑以下主要因素：

(1)路线在政治、经济、国防上的意义；国家或地方建设对路线使用任务、性质的要求；路线是经济发展、综合利用等重要方针的体现。

(2)路线在铁路、公路、航道、空运等交通网系中的作用，与沿线工矿、城镇等规划的关系，以及与沿线农田水利等建设的配合和用地情况。

(3)沿线地形、地质、水文、气象、地震等自然条件的影响；要求的路线技术等级与实际可能达到的技术标准及其对路线使用任务、性质的影响；路线长度、筑路材料来源、施工等条件以及工程量、三材(钢筋、木材、水泥)用量、造价、工期、劳动力等情况与其运营、施工、养护等方面影响。

(4)其他如与沿线旅游景点、历史文物、风景名胜的联系等。

影响路线方案选择的因素是多方面的，各种因素又多是互相联系和互相影响的。路线应在满足使用任务和性质要求的前提下，综合考虑自然条件、技术标准和技术指标、工程投资、施工期限和施工设备等因素，通过多方案的比较，精心选择，提出合理的推荐方案。

5.2.2 路线方案比选示例

图 5-1 所示为某干线公路，根据公路网规划要求，拟按二级、三级公路标准进行设计，共拟定了四个方案，各方案的主要技术经济指标汇总见表 5-1。

由路线方案比选示意图和各方案的主要技术经济指标汇总表可以看出以下几项：

(1)四个方案中第二方案路线最短，为 1 347 km。

(2)第四方案路线过于偏离主方向，较第一方案长 116 km，较第二方案长 129 km；可以多联系两个县、市，如不考虑现阶段对发展湖区经济发展的特殊需要，对发展地区经济所起的作用不如第一、第二方案大；实地调查发现第四方案与现有高压电缆线连续干扰，施工时不易解决。

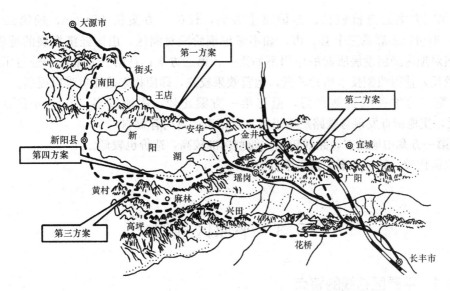

图 5-1 路线方案比选示意

表 5-1 各方案的主要技术经济指标汇总

比较内容	单位	第一方案	第二方案	第三方案	第四方案
通过县(市)	个	29	29	32	31
路线长度	km	1 360	1 347	1 510	1 476
其中：新建	km	133	200	187	193
改建	km	1 227	1 147	1 323	1 283
地形：平原、微丘	km	567	677	512	615
山岭、重丘	km	793	670	998	861
用地		1 525	1 913	2 092	1 928
土方	$\times 10^4 \ m^3$	382	492	528	547
石方	$\times 10^4 \ m^3$	123	75	82	121
次高级路面	m^2	5 303	5 582	4 440	5 645
大、中桥	m/座	1 542/16	1 802/20	1 057/13	1 207/15
小桥	m/座	1 084/57	846/54	980/52	1 566/82
涵洞	道	977	959	1 091	1 278
挡墙	m^3	73 530	53 330	99 770	111 960
隧道	m/处	300/1		290/1	
钢材	t	1 539	1 963	1 341	1 469
木材	m^3	18 237	19 052	18 226	19 710
水泥	t	30 609	39 159	31 288	33 638
劳动力	万工日	1 617	1 773	1 750	1 920
总造价	万元	5 401	5 674	5 189	5 966
比较结果		推荐			

(3)第三方案总造价较低，但偏离主方向，较第一方案长 150 km，较第二方案长 163 km，但可以多联系三个县、市，如不考虑现阶段对湖区、山区经济发展的特殊需要，第三方案对地区经济发展所起的作用不如第一、第二方案；且第三方案由于通过山岭重丘区路段较长，使得线型技术指标较低，运营效果较差，即使将来改建也难以提高。

(4)第二方案路线虽然最短，但与第一方案比较，用地较多，造价高于第一方案 273 万元，实地调查发现与铁路严重干扰，对施工运营均有影响。

(5)第一方案用地最省，路线较短，线型标准较高，造价也较低。

经权衡比较：第一方案为最后推荐方案。

5.3 平原区选线

5.3.1 平原区路线的特点

平原区是地面高度变化微小的地区，有时有轻微的波状起伏和倾斜。平原地区除泥沼、盐渍土、河谷漫滩、草原、戈壁、沙漠等外，一般多为耕地，且分布有各种建筑设施，居民点较密；在天然河网湖区，还具有湖泊、水塘、河汊多等特点。虽然平原区地势比较平坦，路线纵坡及曲线半径等几何要素比较容易达到较高的技术标准，但往往由于受当地自然条件和地物的障碍以及支农需要，选线时应综合考虑多方面的因素。

平原区地形对路线的限制不大，路线的基本线型应是短捷顺直。两控制点之间，如无地物、地质等障碍和应迁就的风景、文物及居民点等，则与两点直接连线相吻合的路线是最理想的。但在平原区通常农田密布，河流及灌溉渠道网纵横交错，城镇、工业区较多，居民点也较稠密。因此，路线的布置应按照公路的使用任务和性质区别对待。对于高等级公路，一般都以重要城市、港站、码头或大型工矿基地为大控制点，为这些大的控制点之间繁重的直达客货运输服务，因此，路线总方向不宜过多偏离这些大控制点，并应尽量缩短里程。经过沿线城镇的路线一般采用"近城而不进城"的原则，根据城镇发展规划，确定其连接方式，最大可能发挥公路经济与社会效益；对于其他等级公路，一般应连接较重要的城镇，使公路更好地服务沿线经济活动。

因此，平原区选线，先是把路线总方向内所规定经过的地点如城镇、工厂、农场及文物风景地点作为大控制点；然后在大控制点之间进行实地勘察，了解公路建设条件。另外，平原区路线要充分考虑近期和远期相结合，在线型上要尽量采用较高标准，以便将来提高公路等级时能充分利用原路基、桥涵等工程。

5.3.2 平原区路线布设的要点

平原区路线因地形限制不大，布线应在基本符合路线走向的前提下，着重考虑政治、经济因素，正确处理对地物、地质的避让与趋就，找出一条理想的路线。高等级公路平面线型应尽可能采用较高的技术指标，不片面追求直线，也不应无故弯曲。在避让局部障碍物时，要注意线型的舒顺与过渡，穿越时应有合理可靠的技术措施。

1. 正确处理道路与农业的关系

(1)要想在平原区新建公路就需要占用一些农田，这是不可避免的，但可以尽量做到少占和不占高产田，布线要从路线对国民经济的作用、促进城镇经济发展的效果、地形条件、工程数量、交通运输费用等方面全面分析比较。如图 5-2 所示，公路通过某河附近时，如按虚线方案走田中间穿过，路线短，线型好，但多占好田，填筑路基取土困难；如将路线移向坡脚（实线），里程虽略有增长，但避开了大片高产田，而且沿坡脚布线，路基可为半填半挖，既节省了土方，又避免了填方借土的远运。

图 5-2　农田区路线方案比选

(2) 路线应与农田水利建设相配合，有利于农田灌溉，尽可能少和灌溉渠道相交，将路线布置在渠道上方非灌溉的一侧或渠道尾部。当路渠方向基本一致时，可沿渠（河）堤布线，堤路结合，桥闸结合，以减少占田和便利灌溉。路线必须跨水塘时，可考虑设在水塘的一侧，并拓宽水塘取土填筑路堤，使水塘面积不致缩小。

(3) 当路线靠近河边低洼的村庄或田地通过时，应争取靠河岸布线，利用公路的防护措施，兼作保村、保田之用。

(4) 高速公路的路基填方一般都较大，应设法尽可能降低设计高度以减少土方工程。

2. 合理考虑路线与城镇的联系

当平原区有较多的城镇村庄、工业及其他设施时，布线应分别情况，正确处理穿越和绕避问题。

(1) 国防公路和高速公路、一级公路，应尽量避免穿越城镇、工矿区及较密集的居民点，但又要考虑到便利支农运输，便利群众，便利与工矿的联系，路线不宜离开太远，必要时还可修建支线联系，做到"靠村不进村，利民不扰民"，既方便运输又保证安全。

(2) 一般沟通县、乡、村直接为农业运输服务的公路，经地方同意也可穿越城镇，但应充分考虑城镇发展规划，利于城镇经济发展。路基要有足够的宽度和行车视距，以保证行人、行车的安全。

(3) 路线应尽量避开重要的电力、电信设施。当必须靠近或穿越时，应保持足够的距离和净空，尽量不拆或少拆各种电力、电信设施。

3. 处理好路线与桥位的关系

(1) 大、中桥（跨径大于 20 m）。对于大、中桥，一般其桥位在满足路线总方向的前提下，都作为路线的控制点（即可以适当选择合适的桥位）。桥位应选在河床稳定、河道顺直、河面较窄、地质良好以及两岸地形有利于桥头引线布设的河段。一般情况下，桥位中线应尽可能与洪水主流流向正交，桥和引道最好都在直线上。如果两端引道必须设置曲线时，应在桥两端以外保持一定的直线段，半径应尽量采用较大值。若不能做到正交时，也可设置斜桥和曲线桥。防止两种偏向：一是不应片面强调桥位，以致造成路线过分迂回，或过分强调正交桥位，出现桥头急弯，影响行车安全；二是不应只顾线型顺直，

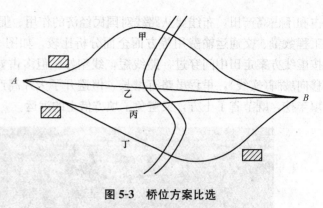

图 5-3　桥位方案比选

造成桥位不合适或斜交角度过大，增加工程投资或增加施工难度，如图 5-3 所示。甲、丁桥位正，但偏总方向远，桥头引线不好；乙桥线型好，但桥位在河弯且斜交大；丙桥在"S"形河腰部跨河，线型好，不偏离总方向，桥位略斜交，为可取方案。

(2)小桥涵(跨径小于等于 20 m)。小桥涵的位置应服从路线走向，不要过多考虑小桥涵跨河位置，一般可能出现斜交。但遇到斜交过大或河沟过于弯曲时，可采取改移河道或改移路线进行适当调整。改移路线是使斜交角度不要过大。改移河道的做法在河沟过于弯曲的情况下也可采用，但改移长度和数量不应过大。

(3)渡口位置。在路线走向基本确定以后选择渡口位置，应选在易于摆渡、易于修建码头的地方，要避开浅滩和暗礁等。

4. 注意土壤水文条件

平原地区的土壤水文条件较差，特别是河网湖区，地势低平，地下水水位高，使路基稳定性差，应尽可能沿接近分水岭的地势较高处布线。当路线遇到面积较大的湖塘、泥沼和洼地时，一般应绕避；如需要穿越时，应选择最窄最浅和基底坡面较平缓的地方通过，并采取有效措施，保证路基的确定。

5. 正确处理新、旧路的关系

平原地区通常有较宽的人行大路或等级不高的公路，当设计交通量很大，需要修建高速公路或一级公路，或提高标准时，应分情况处理好新路和旧路的关系。

(1)现有公路等级低于一般二级公路标准，当设计交通量较大，原有公路线型标准及桥涵构造物已不适应现状交通时，可利用、改造原路提高标准，对原路街道化严重、不利行车安全的路段、应改建新线。

(2)现有一般二级公路，由于交通量较大，宜新建高速公路时，原有公路留作辅道。

5.4　山岭区选线

5.4.1　概述

1. 山区自然条件与路线关系

(1)地形复杂：地形复杂表现为地面横坡在 25°以上，起伏多变，山高谷深，水流较急。

但山脉水系清晰,为山区选线指明了方向,不是顺山沿水,就是横越山岭。山区地形是影响路线布局的主要因素。

(2)地质复杂:山岭地区地质现象比较复杂,常见的不良地质现象主要有滑坡、碎落、泥石流等不良地质构造。它们对公路的影响很大,在选线中,应特别注意对这些不良地质现象的分布区域、活动规律进行详细的调查研究,采取必要的措施,如绕避、靠近或穿越。地质影响线位布设。泥石流的破坏仅次于水毁,其特点是:爆发突然,危害大,直接冲毁或淤埋公路,堵塞河道,造成河水上涨,淹没公路、村庄和农田。

(3)水文径流复杂:水文径流复杂表现在沟底比降大,导致水流很差。平时水量不大,但在雨季水量很大,山洪猛起猛落,破坏性大。对公路的危害主要是水毁。因此,在选线时要充分考虑洪水的威胁。

(4)气候多变复杂:表现在气候的多变性。夏季雨多,冬季雪多,冰冻严重,高山地区雾多,高原地区气压低,气温变化大。这些气候条件对汽车行驶不利。

(5)材料来源方便:砂、石、水源丰富,方便,可以做到就地取材,减少造价。

2. 山岭区路线布局原则

以纵坡为主导,以安排纵坡为主,其次考虑横断面及平面线型。

3. 山区公路路线布局形式

根据山区地形特点,路线与地形的相互关系,按路线所走的部位不同,将山区路线分为沿河(溪)线、越岭线、山脊线和山腰线四种形式。其中,沿河(溪)线是沿着河岸(溪岸)布设的路线;越岭线是翻越山岭的路线;山脊线是沿着分水岭布设的路线;山腰线是离开河流一定高度在山坡上布设的路线。

这四种线型,由于所处的位置不同,因而选线中要解决的主要问题也不同。其中,山腰线可归属于沿河线的高线,或为越岭线的一部分,或为山脊线的一部分,因此,对山腰线不做单独介绍。下面分别介绍沿河(溪)线、越岭线和山脊线的布设特点和应注意的主要问题。

5.4.2 沿河(溪)线

沿河(溪)线是沿着河(溪)岸布置的路线,如图5-4所示。

图5-4 沿河(溪)线

山区河流，谷底一般不宽，两岸台地较窄，谷坡时缓时陡，间或为浅滩和悬崖峭壁。河流多具有弯曲的特点，凹岸较陡而凸岸较缓，如沿一侧而行，常常是陡岸缓岸相间出现。两岸均为陡崖处即为峡谷，开阔处常有较宽台地，多是山区仅有的良好耕地。

河谷地质情况复杂，常有滑坍、岩堆、泥石流等病害存在。寒冷地区的峡谷因日照少，常有积雪、雪崩和涎流冰等现象。

山区河流，平时流量不大，但一遇暴雨，山洪暴发，洪流常夹带泥沙、砾石、树木等急速下泄，冲刷河岸，毁坏田园，危害甚大。上述自然条件会给选线工作造成一些困难，但和山区其他线型相比较，沿河（溪）线的平、纵线型较好，而且便于为分布在溪河两岸的居民点及工农业生产服务，有丰富的砾石、石料及充足的水源，可供施工、养护使用。沿河设线，只要善于利用有利地形，克服不良地质、水文等不利因素，在路线标准、工程造价等方面都有可能胜于其他线型。因此，山区选线，往往将沿河（溪）线作为优先考虑的方案。

优点：路线走向明确，只能顺山沿水布线；线型好。纵坡一般<5%，线型平缓、顺直，可达到较高的标准；材料来源方便。河谷内一般都有丰富的砂、砾、石料以及水，可就地取用，为施工和以后养护工作创造了条件；联系居民点多，服务性好。山区居民一般沿河谷两岸居住，所以沿河谷修路，能很好地为群众服务。

缺点：洪水威胁大。暴雨时水位猛涨猛落，冲刷力大。若线位高度设计得不合理时，公路常常受到水毁，使交通中断；艰巨工程多。河谷一般含石头较多，悬崖陡壁多，而且间断出现，导致石方工程集中，开挖困难；桥涵防护工程多。由于沿岸两侧地质、地形复杂，常常需要跨河换岸以避让艰巨工程。另外支沟多，使得桥涵多。路基支挡防护工程多；占地多。主要指占用农田较多。

山区良田大多是沿河两岸阶地分布，而线型也要利用阶地布线，所以占用良田较多。

1. 路线布局

沿河线布局的主要矛盾是解决路线与水的问题，以防止水毁。为此，路线布局时需要解决河岸选择、路线高度和桥位选择的问题。

(1)河岸选择：确定路线走河的哪一侧的问题。

一般来说，河谷两岸地形、地质、水文等条件各不相同，都各有利弊，而且往往两岸交替出现。由于布设路线要充分利用有利的一岸，有时需要跨河换岸。对于小河沟，跨径不大，换岸比较方便；造价增加不会太大。但对于大的河流，跨径较大，建桥费用增加较大，是否建桥换岸，应经过技术经济的比较，慎重考虑。

选岸应考虑以下因素确定：

1)地形、地质条件。一般应选择地形平坦，有长段阶地可以利用，支沟少而小，水文地质条件良好的一岸布线。有利的条件往往在两岸交替出现，有时是否一定要跨河换岸，要深入调查，全面分析，不能只片面强调局部。

如图5-5所示，沿响水河一段路线，左岸地形陡峻，有连续陡崖。原乙方案跨河利用了右岸一段较好的线型，但在夏村前方遇到更陡峻的悬崖，不宜布线，只好再跨回左岸，在三公里内反复跨河，需建中桥两座。如路线不跨河，虽需集中开挖一段石方，但比建桥经济的多，因此，不需要跨河换岸。但有时悬崖、岩堆不好处理时，也考虑反复跨河换岸。

2)积雪、冰冻地区。一般山坡有阳坡、阴坡之分，也有迎风面和背风面之分。它们对路线的影响也不同。一般应选择阳坡、迎风的一岸布线，减少冬季路面积雪。

3)考虑村镇、居民点的分布。一般除国防公路以及高速公路、一级公路外，尽可能选

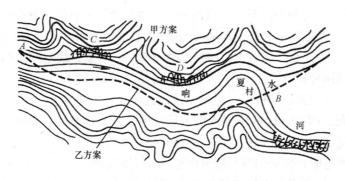

图 5-5 跨河换岸的比较

择在村镇多、人口密的一岸布线,以便于为群众服务。总之,一般应选择地形平坦、支沟少,水文地质良好、阳坡、迎风、人口密的一岸布线。

(2)路线高度:确定线型应放在什么高度的问题。沿河线线位高度的选择是至关重要的问题。假若高度选择的不合适,道路经常会受到洪水的威胁和冲毁,影响路基地稳定性和安全性。一般应考虑洪水高度、地形、地质条件等,并进行综合分析确定。

根据路线相对于沟底的不同位置沿河线可分为低线和高线两种,如图5-6所示。

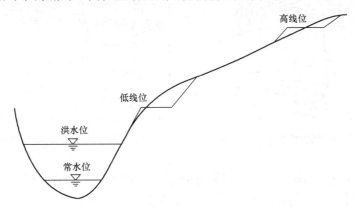

图 5-6 高、低线位的比较

1)低线:高出设计洪水水位不多,路基顺水一侧边坡常受到洪水威胁的路线。其优点:线型好。无论是平面或纵断面都容易达到较高的标准;土石方工程量省、边坡低、易稳定。由于河谷地形平坦,有阶地可以利用,使得路基土石方工程数量较小,路基高度降低,路基稳定性好;路线活动范围相对较大。便于选择有利地形和避让不良地形;跨支沟和主流方便;缺点:受洪水威胁大;防护工程多;占用田地多,废方不好处理。

2)高线:高出设计洪水水位较多,基本不受洪水威胁的路线。其优点:不受洪水威胁;废方较易处理;遇有不宜设低线的河谷,可将路线提到谷地以上的山坡上。其缺点:路线在山坡通过,路线曲折,纵坡起伏,线型差,工程大;跨河较难。跨主河时,由于路线过高,常需展线急下才能跨过;跨支流时,需建大跨径高桥,或路线绕进很多,使线型标准降低,里程增长,工程增大;遇到不良地质地带,避让或处理都比较困难;施工和养护用水、运料都不如低线方便。若路基一旦损坏,抢修较难。

综合高线和低线的特点,一般情况下,低线优于高线。原则上"宁低勿高",在满足规定的设计洪水水位前提下,路线越低,工程越经济,线型越好。但应注意修建必要的防护工程(如挡土墙、护坡、护脚等)。防护工程做得比较好、比较完善时,可以不怕洪水的侵袭。

(3)桥位选择:确定在什么地点跨河换岸的问题。一般按路线与河流的关系,可划分为跨主河道和跨支流两种桥位。

1)跨主河道。跨主河道的桥位一般属于决定路线走向的控制点,其桥位地点的选择属于路线布局的问题。因此,这种桥位要慎重选择确定。在山区,一般要求选在河段顺直、河面较窄、河岸稳定、施工方便以及桥头引线舒顺的地方。

当需要跨主河道时,常见的有利跨河的地点有以下几种:

①在"S"形河道腰部跨河。这种情况桥头引道线型平顺、舒畅。若为大桥,应力求正交;若为中、小桥梁,可采用适当斜交,有利于路桥配合。

②在河湾附近跨河。这种情况桥头引道也比较平顺。要注意的是河湾水流对桥的影响,应采取防护措施。

③在顺直河道跨河。当路线与河道接近平行时,若需要跨河,为行车安全,必须处理好桥头引线。当必须在这种河段跨越时,中、小桥可考虑设置斜桥以改善桥头线型;如为大桥,当不宜设斜桥时,需对桥头路线作适当处理,如图5-7和图5-8所示。

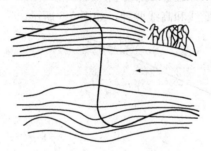

图 5-7 应避免的桥头线型

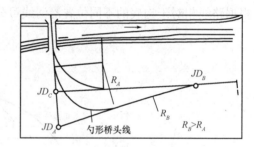

图 5-8 桥头线型的处理

2)跨支流。跨支流的桥位选择一般属于局部方案问题,不作为控制点。

跨越方式有两种:一是在沟口直跨;二是绕进支沟上游的绕跨。具体采用何种方法,应根据道路等级、地形、地质等决定。一般高等级公路宜采用直跨,低等级公路可采用绕跨。

2. 几种特殊地形路线布局

(1)开阔河谷布线。开阔河谷的地形平缓,大多为农田或为山区居民点。一般路线有三种走法,即沿河、直穿和靠山脚。常用布线形式如图5-9所示。

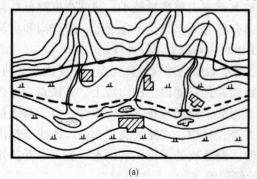
(a)

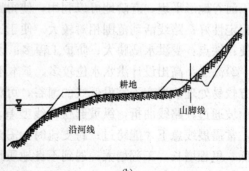
(b)

图 5-9 开阔河谷路线方案
(a)平面图;(b)横断面图

1)沿河布线：坡度均匀，线型好，洪水威胁大，防护工程多，可路堤结合，可采用。

2)直穿布线：标准高，但占用田地多，一般不采用。

3)山脚布线：平纵线型较差，但不占用农田。

(2)河弯和山嘴布线。

1)河弯布线。对于河弯，有三种布线方式：一是沿自然河弯绕线；二是两次跨河取直线；三是改移河道取直线。具体采用哪种走法要通过技术经济比较决定。一般高等级公路应采用直穿的方案，而低等级公路多采用绕线的方案，但有时山区低等级公路考虑填河造田的需要，也会采用改移河道取直线的做法。

2)山嘴布线。

①沿山嘴自然地形绕行：这种路线由于线路展长，在坡度受限地段有利于争取高度(隧道情况除外)，但易受不良地质的危害和河流冲刷的威胁，路线安全条件较差。

②以路堑或隧道取直通过：这种布线方式路线短而顺直，安全条件较好，但当隧道较长时，工程费用较大，应全面分析，综合进行比选。

具体采用哪种方式，要经过技术、经济的比较确定，如图5-10所示。

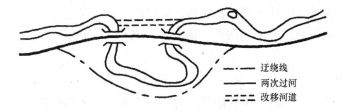

图 5-10 山嘴、河弯布线图

(3)陡崖峭壁布线。在山区河谷两岸，常常分布有悬崖峭壁，有时两岸都是悬崖峭壁，此时称为峡谷，峡谷可分为"U"形谷和"V"形谷。这种地形河床狭窄，水流很急。路线通过峡谷和悬崖峭壁时，一般可采用绕避和直穿两种方案。

1)绕避。

①绕崖顶方案：要求崖顶要有可供布线的合适地形，崖顶过高时不宜采用。

②局部越岭方案：崖顶以上应有符合走向的垭口。

分析：这两种方案的共同点是纵断面上而复下，需要相当长的过渡段，上下线位高差大；适应条件是崖顶过高，峡谷不长时不宜采用。

2)直穿。直穿悬崖峭壁或峡谷，路线平面和纵断面比较死，活动余地不大。直穿峡谷可根据河床宽窄情况，采用不同的通过方案。

①占河路基。适用于河床较宽，压缩河道后洪水位抬高不多，靠河侧应修建漫水挡墙。

②筑路与治河结合。当河床较窄时，压缩河道后使洪水位抬高较大可采用。要开挖对岸突出的山嘴，清除河床的漂石，增大过水面积。

③台口式路基。在河床一侧硬开路基，要注意废方的处理，不能堆入河道。

④半山洞和隧道。

⑤悬出路台和半山桥，适用于V形谷。参见路基工程。

⑥顺水桥，适用于两岸石壁非常接近的情况。

(4)河床纵坡陡峻的河段布线。在山区河谷中，有时会遇到急流和跌水，河床沟底纵坡在短距离内突然下降几米至几十米。而路线即使用最大纵坡也不能下至河谷，此时，为了尽快降低路线，避免把路线吊在半山腰，可利用平缓的山坡或利用支沟展线，即延长路线，克服高差。

5.4.3 越岭线

越岭线就是沿分水岭一侧山坡爬上山脊，在适当地点穿过垭口，再沿另一侧山坡下降的路线。越岭线的特点是路线克服高差大，路线的长度和平面位置主要取决于路线的纵坡度，因此，越岭线选线是以纵坡为主导的。假设垭口与河谷之间的高差为 H，路线的平均纵坡为 i，则路线的长度 L 为

$$路线长 L = 高差 H / 坡度 i$$

由上式可知，当 i 一定时，H 越小，L 越短。因此，选线时应选择低的垭口通过，或将垭口向下挖一定深度或深路堑通过，或以隧道形式通过。另外，当高差 H 一定时，L 越短，i 越大。越岭线 AB 之间的自然坡度通常比标准规定的坡度大，此时，必须通过展线来延长路线长度 L，目的是减小纵坡，使 i 满足规定。

展线：以一定的坡度利用地形延长路线，克服高差。

越岭线布局时应解决三方面的问题，即垭口的选择、过岭高程的选择和垭口两侧路线的展线。

1. 垭口的选择

垭口是指分水岭上一些马鞍形的凹口。对越岭线来说，垭口是路线方案的重要控制点。垭口的位置、高低，决定了将来路线的长度和标准。一般应在基本符合路线走向的较大范围内选择，综合考虑垭口的位置、高程、展线条件以及地质情况。

(1)垭口位置的选择。垭口的位置、高程和垭口两侧的展线条件这三个方面是密切相关的，垭口位置选择时必须对三者综合考虑。在基本符合路线走向的前提下，首先应考虑上下高差较小，展线降坡后路线能直接抵达控制点，不出现无效的延长路线(即走了一段平路或出现反坡)。其次才考虑稍微偏离路线方向的其他垭口，基本要求还是接控制点要顺，不增长路线。接控制点要顺是指路线方向要与控制点以后的方向一致。

(2)垭口高程的选择。一般应选择高程较低的垭口为宜。高海拔地区常有积雪、结冰、大雾等气候，对行车很不利，有时为避免这种不利气候的影响也应选择海拔高程较低的垭口。有时为了走低垭口，即使方向有些偏离，距离有些绕远，也应注意比较。

(3)垭口展线条件的选择。选择垭口的同时必须考虑垭口两侧的展线条件，要求垭口两侧的山坡比较平缓、地质良好，适宜于展线。

(4)垭口地质条件选择。垭口地区通常地质构造薄弱，常有不良地质存在，应深入调查摸清其性质和对公路的影响。

2. 过岭高程的选择

垭口的高程是没有开挖之前垭口原地面的高程；过岭高程是指路线采用不同方式通过垭口的高程。过岭高程不同时，路线的长度、工程量大小、投资费用等也就不同。过岭标高越低，路线就越短，但路堑或隧道的长度就越深、越长，工程量也就越大。

过岭高程的选择，与路线等级、垭口的地质条件、过岭方式有关。根据垭口的地形、地质条件，过岭高程一般有浅挖低填、深挖垭口、隧道穿越三种。

(1)浅挖低填。浅挖低填适用于垭口宽而厚(肥大)、地质条件差的垭口。这种垭口往往有沼泽,一般不宜深挖,过岭高程基本上就是垭口高程。

(2)深挖垭口。深挖垭口适用于垭口较瘦,地质条件好的垭口。可以采用深挖路堑的形式通过,但应注意挖方边坡的稳定性,一般挖深在 20～30 m 以内。深挖垭口,虽土石方工程较集中,但由于降低了过岭高程,相应缩短了展线长度,总工程量并不一定增加。即使总工程量有所增加,也可从改善行车条件,节约运营费中得到补偿,如图 5-11 所示。

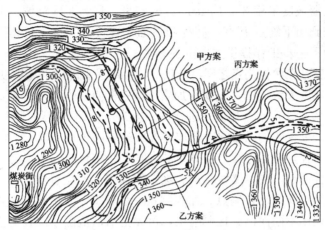

图 5-11 垭口采用不同过岭高程的展线布局方案

图 5-11 中甲方案挖深为 9 m,需要设两个回头曲线;乙方案挖深为 13 m,需一个回头曲线;丙方案挖深 20 m,即可顺山势布线,不需回头曲线。丙方案线型好,路线最短,有利于行车和节约运营费用。

(3)隧道穿越。适用于垭口挖深超过 20～30 m 又不宜深挖路堑的情况。当垭口挖深在 20～30 m 以上时,应与隧道方案进行比较。隧道穿越的优点是:具有路线短、线型好、路线隐蔽和路基稳定、保护环境等优点,在高寒山区降低了高程,不受冰冻、积雪、大雾等的影响,大大改善了行车条件。其缺点是:隧道造价较高,受地质条件影响大,施工技术复杂。隧道的高程直接影响着路线的长短、建设投资费用、环境保护以及以后营运费用等。一般情况,隧道高程越低,路线越短,技术指标也容易提高,对运营也越有利。但高程低,隧道就长,造价就高,工期也长。应将采用隧道通过的建设费用、营运费用、环境保护情况与不采用隧道方案进行比较,哪一个方案可取就采用哪一种方案。

隧道高程的选定不能单纯着眼于经济一方面,还应考虑以下因素:

1)地质和水文地质条件是选择高程有决定意义的因素,要尽可能把隧道放在较好的地层中。

2)隧道高程应设在常年冰冻线和常年积雪线以下,以保证施工和行车安全。

3)隧道长度要考虑施工期限和施工技术条件等。

4)在不过多增加工程造价的情况下,要适当考虑其远景的发展,尽可能把隧道高程降低一些。

5)隧道高程和长度要考虑对环境和生态的影响。

3. 垭口两侧路线的展线

(1)展线布局。越岭线的高程是通过垭口两侧的山坡展线来克服利用的。路线布局以纵坡为主导，利用有利地形，避让不良地形和地质，通过合理调整纵坡度，并设置必要的回头来实现。展线布局的工作步骤如下：

1）拟定大致走法。A 点、B 点为方案选择阶段野外调查所确定的主要控制点，A 点、B 点之间的自然坡度往往大于最大坡度，需要进行展线布局，通过延长路线，克服高差。A 点、B 点之间的大致走法通常不是唯一的，这时，要求选线人员经过广泛的深入调查，用手水准确定的大概坡度作为引导，充分利用有利地形，避让不良地质，拟定路线的大致走法。生产中大概坡度采用 3°，即 $\tan 3°=5.25\%$，称为 3 度草坡，由 A 点开始利用有利地形，一直放坡到山下终点 B 点，高程和平面位置接近。这一步相当于打草稿，大致拟定路线走法，为下一步工作提供方向上的参考。

2）试坡定线。就是在两控制点之间（A 点、B 点）用手水准以平均坡度从上而下放通坡。目的是落实上面拟定的大致走法，发现和加密中间控制点，发现局部新的比较方案，拟定路线布局。试坡是从垭口 A 点开始向下进行的，因为由上而下视野开阔，便于了解和掌握地形的变化。另外，要说明的是必须以平均坡度放通坡（5% 或 5.5%），否则就无法控制路线的长度，也就很难保证任意连续三公里的平均坡度不大于 5.5%。

3）分析、落实控制点，决定路线布局方案。按控制点的位置和高程是否可变动，可将控制点分为固定控制点和活动控制点。死控制点一般较少，大多数控制点是有活动的余地的，只是可活动的范围不同而已。在调整中，可先把活动范围小的控制点的平面位置和高程确定下来，然后适当调整坡度，定出活动范围大一点的控制点。调整控制点注意事项：相邻控制点之间坡度调整范围：$i_{\min} \leqslant i < i_{\max}$；相邻控制点之间不能出现反坡。调整方法：先定控制点，后定两点之间的匀坡线；如先定回头地点，后向两侧定匀坡线；用匀坡线交汇出活动控制点；利用匀坡线定出回头地点；路线展线布局的结果还是一些控制点，将起点、终点之间的所有控制点落实，它们的连线就是一个路线方案，下一章定线方法中将具体定出路线的中线。

（2）展线方式。总体来说，越岭线的展线方式有自然展线、回头展线和螺旋展线三种，如图 5-12 所示。

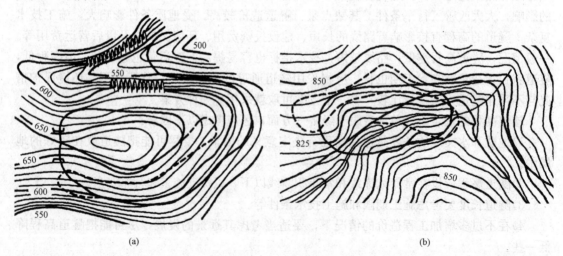

图 5-12　越岭线展线方式

1）自然展线。自然展线是以适当的坡度，顺着自然地形，绕山嘴、侧沟来延展距离，克服高差。其优点是：路线走向与地形走向基本一致，顺应地形自然升降，路线最短。与回头展线相比，线型简单，技术指标较高，路线不重叠，对行车、施工、养护有利。其缺点是：避让艰巨工程和不良地质能力差，只有调整纵坡这一途径解决。

2)回头展线。回头展线是指路线从一侧山坡上回头后再回到该山坡上的展线方式。适用场合：当控制点之间的高差大，靠自然展线无法取得需要的距离以克服高差，或因地形、地质条件限制，不宜采用自然展线时，路线可利用有利地形设置回头曲线进行展线，其优点是：便于利用有利地形，避让不良地质、地形和艰巨工程；其缺点是：同一面坡上，上下线重叠，工程集中，互相干扰，线型差，不利于行车、养护和施工。在实际工作中，当必须采用回头展线时，有两点要特别注意：正确选择回头地点。对回头曲线工程量大小和使用质量关系很大。适宜于设置回头曲线的有利地形包括：利用山包；利用平缓山脊；利用平缓的山坡；利用较缓的山沟；利用较缓的山坳。尽可能拉长两回头间的距离，避免一面山坡上多层展线，减少回头个数。

3)螺旋展线。当路线受到限制，需要在某处集中地提高或降低某一高度才能充分利用前后有利地形时，可考虑采用螺旋展线。螺旋展线一般多在山脊利用山包盘旋，以旱桥或隧道跨线，如图5-12(a)中实线所示；也有的在峡谷内，路线就地迂回，利用建桥跨沟跨线。如图5-12(b)中实线所示。这种展线方式目前生产中采用很少，只在个别工程中局部路段采用。

5.4.4 山脊线

山脊线是指大体上沿分水岭布设的路线。

1. 山脊线的特点

山脊线的优点是：土石方工程量小；水文、地质条件好；桥涵构造物较少。其缺点是：线位高，离居民点较远，服务性差；缺乏筑路材料和水源，增加施工、养护难度；高山气候条件不利于行车。由于以上原因，当与其他路线方案比较时，往往放弃采用山脊线。

2. 山脊线的选择条件

是否采用山脊线方案，主要应考虑下列条件：分水岭的方向不能偏离路线总方向过远；分水岭平面较顺直，纵断面各垭口间高差不过大；控制垭口间山坡的地质情况较好，地形不过于陡峻零乱；控制垭口：在山脊上一系列垭口中，起控制作用的垭口。当垭口高差不大时，每一个垭口都可作为控制垭口；当高差悬殊时，低垭口为控制垭口。上下山脊的引线要有合适的地形可利用，否则，山脊本身条件再好也难以利用。

3. 山脊线的布设

当决定采用山脊线方案后，接下来应解决山脊线的布设问题。由于山脊线走向明确，基本是沿分水岭前进，因此，布线时主要解决三个问题：一是选定控制垭口；二是在控制垭口间决定路线走分水岭的哪一侧；三是试坡布线。

(1)控制垭口的选择。山脊上每一组控制垭口都代表着一个山脊线方案，所以，选择控制垭口是山脊线选择的关键问题。

1)当分水岭方向顺直，起伏不大时，各垭口均可暂定为控制点；

2)若起伏较大，则舍去了高垭口，留下低垭口作为控制点；因为遇到高垭口，路线可沿高垭口两侧的侧坡前进。

3)若有支脉横隔,在相距不远的并排几个垭口之间,应选择其中一个与前后连接条件比较好的垭口作为控制点。

(2)侧坡的选择。接近分水岭的侧坡时山脊线的主要布线地带,选择哪一侧山坡通过,要综合分析比较确定。一般宜选择坡面整齐、横坡平缓、路线短捷、地质稳定、无支脉横隔的向阳山坡布线较为理想。除两个侧坡优劣十分明显的情况外,两侧都要作比较以定取舍。

(3)试坡布线。在相邻两控制点之间布线,应结合具体地形,力求距离短捷,纵坡和缓。当控制点之间的高差较大时,就需要通过展线来克服高差,有时也需要采用回头展线或螺旋展线来克服高差;另一方面,也可以采用修建桥梁的办法抬高低垭口或修建隧道的办法降低高垭口,使两控制点之间的高差缩小。

当控制垭口之间有支脉横隔时,为不使路线绕行过远,缩短路线,有时需要采用上下起伏的纵坡。

5.5 丘陵区选线

5.5.1 概述

1. 地貌的特点

山丘连绵、岗坳交错、此起彼伏,山形迂回曲折,岭低脊宽,山坡较缓,丘谷相对高差不大。常存在路路可通的情况。丘陵区可分为重丘区和微丘区两类地形。重丘区与山岭区不易划出明确界限,技术指标的掌握与山岭区大致相同;微丘区与平原区同样也难以区别,技术指标的掌握接近于平原区。

2. 路线的特点

丘陵区的地形决定了通过丘陵区的路线具有以下特点:局部方案多;为了充分适应地形,路线纵断面会有所起伏;路线的平面也是以曲线为主的。

3. 路线布设的原则

丘陵地区选线,要根据丘陵地区地形特点(地形起伏,丘岗连绵,相对高差不大),选出方向顺直、工程量少的路线方案。

(1)微丘区选线:应充分利用地形,处理好平、纵面线型的组合。不应迁就微小地形,造成线型迂回曲折,也不宜采用长直线,造成纵面线型起伏。

(2)重丘区选线应注意以下几项:

1)注意利用有利条件减少工程量。路线应随地形变化布设,在确定路线平、纵面线型的同时,应注意横向填挖的平衡。横坡较缓的地段,可采用半填半挖或填多于挖的路基;横坡较陡的地段,可采用全挖或挖多于填的路基。应注意挖方边坡的高度,不致因挖方边坡过高而失去稳定。同时,还应注意纵向土、石方平衡,以减少废方与借方。

2)注意平、纵、横面应综合设计。不应只顾纵坡平缓而使路线弯曲,平面标准过低;或者只顾平面直捷,纵面平缓而造成高填深挖,工程过大;或者只顾经济,过分迁就地形,而使平、纵面过多地采用极限或接近极限的指标。

3)注意少占耕地不占良田。线路宜靠近山坡,以少占耕地不占良田,但应避免因靠近山坡增大工程,要做出不同方案,征求地方意见后选定。当线路通过个别高台地或山鞍时,应结合地质、水文条件,做深挖与隧道方案的比选,以节约耕地或避免病害。当线路跨越宽阔沟谷或洼地时,应结合节约用地的要求做旱桥与高填方案的比选。遇到冲沟比较发育的地段时,高速、一级和二级公路可采用高路堤或高架桥的直穿方案;三、四级公路则宜采用绕越方案。应结合灌溉系统及流量要求,修建相应的桥涵,注意避免引起水害,冲毁或淹没农田。

5.5.2 路线布设方式

丘陵区布线时针对不同的地形条件,采用以下三种不同的布线方式。

1. 平坦地带——走直线

在两个已知控制点之间,当地势平坦时,应按平原区以方向为主导的原则布线。
(1)当无地质、地物障碍物时,路线应走直连线;
(2)当有障碍物或应靠近的地点时,加设中间控制点,相邻控制点之间仍以直线连接;
(3)路线转折处应设长而缓的曲线。

2. 具有较陡横坡地带——沿匀坡线布线

匀坡线:是两点之间,顺自然地形,以均匀坡度定的地面点的连线。这种坡度线经常需要多次放坡才能得到。在具有较陡横坡地带,两个控制点之间:如无地形、地物、地质上的障碍,路线应沿匀坡线布线;如有障碍,则在障碍处加控制点,相邻两控制点之间仍按匀坡线布设。

3. 起伏地带——走直连线和匀坡线之间

起伏地带属于具有横坡的地带,其特点是地面横坡较缓,匀坡线迂回。在这种地形条件下,如走直连线,路线最短,但起伏很大,为了减缓起伏,势必出现了高填深挖,增大工程量;如走匀坡线,坡度均匀,但路线迂回,里程增长不合理。这种"硬拉直线"和"走曲求平"的做法都是不可取的。如果路线走在直连线和匀坡线之间,则比直连线起伏小,比匀坡线距离短,而且工程也较省。路线的具体位置,要根据地形起伏程度和路线等级而定。

(1)对于较小的起伏地带。在坡度缓和的前提下,一般是低等级路工程宜小,路线可偏离直连线远些;等级公路则尽可能缩短距离,使路线离直连线近些。

(2)对于较大的起伏地带。两端与谷底高差经常不一样,高差大的一端的纵坡常常是决定因素。一般以高差大的一端为主,结合梁顶的挖深和谷底的填高来确定路线的平面位置。如图 5-13 所示,AB 之间跨一谷地,A 端高差大,坡度陡,当梁顶 A 可深挖、谷底可多填时,路线可沿 ADB 布设;若 A 不能深挖,而谷底又不能多填时,可沿 ACB 布线。

总之,在丘陵区选线,由于可通的路线方案比较多,而且各方案之间的优缺点相差不大。因此,应特别强调多跑、多看、多问、多比较,然后确定一条最合适的路线。

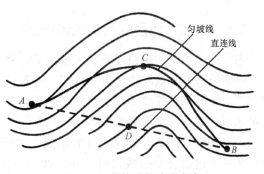

图 5-13 起伏地带路线方案

5.6 特殊地区和不良地质地区选线

道路选线要受自然条件、技术标准、国家政策、社会环境、道路美学和民族风俗习惯等因素的制约。自然条件包括地形、地质、水文、气候和植被等。选线时，应深入进行调查研究，收集足够的自然条件等资料，查明特殊地区和不良地质地段的分布范围、类型、规模和严重程度及其发生、发展的原因和规律，灵活运用选线原则和掌握选线要点，结合实践，针对其中的几种常见地质条件提出公路选线的合理设计。

5.6.1 风沙地质下的公路选线

风沙给公路养护和运营带来了沙害，其危害程度与沙源、风力和地貌有关。其危害的具体表现为：一是风蚀，即路基容易发生边坡或路肩被风蚀而遭破坏，以路堤的路肩和路堑的边坡受害较为严重，有时路堤的路肩被局部掏空，危及行车安全；二是沙埋，在路基的零断面、低路堤、浅路堑路段最易遭沙埋而造成路基积沙和排水不良等病害；三是堵塞桥涵，当风沙地区的桥涵被流沙堵塞时，一旦出现暴雨，因排水不畅，就会危及或冲毁路基。另外，风沙还使空气混浊不清，影响驾驶员视线，危及行车安全。

做好公路沙害防治，需要采取各种有效措施，进行长期的治理。针对风沙对公路的危害，根据风沙地质条件，在进行公路选线设计时应当首先深入调查研究，弄清楚各种沙丘的成因、性质、活动情况以及风力、风向、沙源、地形和地貌等主要特征，应当尽可能绕避严重流沙地带。在大面积沙丘地区，如流沙不能绕避，应尽可能选择在沙丘边缘地带。沙丘中的河流两岸和古河道及沙丘之间的湖盆草滩、大山或高地的前缘、背风地带等沙害较轻的地带通过。而对于风沙覆盖的山地、丘陵地区，路线宜选在沙带间的丘陵地通过。受条件限制，必须穿越沙带时，则应当选取在沙带最窄部位，以路堤正交跨过。在半固定和固定沙丘为主的局部流沙地区，路线应尽量通过半固定、固定沙丘地区，并尽可能不通过沙丘的下风侧，而且应当避免沙体移动掩埋公路，同时考虑到路线与主风向垂直时，路堤的上风侧常形成大量积沙，使路肩遭受风蚀，路堑亦容易积沙，边坡易遭风蚀，故路线走向应尽量与当地风向平行。另外，应当尽量少设曲线，必须设置时，宜采用大半径曲线，曲线段宜设路堤，并将弯道外侧面对主导风向。针对风沙地质条件的公路路线纵断面设计，应尽量采用适当高度的路堤，路基边坡应采用较缓的流线型，不填不挖路基及路堑都容易被沙埋。

5.6.2 冻土地区的公路选线设计

对于冻土地区的公路建筑物来说，其主要遭受到的危害集中在路基以及桥涵建筑部分。对于路基冻害，其表现为下沉和冻胀。一般遭受冻害是松散土和粉状土的路堑以及不填不挖路基，路堑冻害往往导致边坡滑动，边沟挤坏，若遇埋藏冰层就成了泥槽，石质路堑有裂隙水时，冬季冻结就会形成冰锥，危及行车安全。而对于桥涵建筑物遭受冻害则表现为基础凸起和下沉现象，桥涵附近的冰锥、冰丘还可能产生冰塞现象，挤压桥涵。对于冻土地质条件下进行公路选线设计，在路线通过山坡时应尽量选在平缓、干燥、向阳的地带，但鉴于阳坡的融解层深度大，所以，在山坡较陡、节理发达、风化严重的阳坡选线时，同时要兼顾考虑绕避不良地质地段。当路线通过山岳丘陵地区时，则适宜选取融冻坡积层缓坡的上部。沿着大河河谷定线时，宜选在高台地上，以较短的距离通过多年冻土边缘地带，避免沿着融区附近的多年冻土边缘地带布线，路线宜选择在岩石、卵石土、砾石土、粗、中、细砂和含水量小的黏土、黏砂土、砂粒土等少冰冻土地带。在多冰冻土的地层通过时，应避免在腐殖土、粘砂土、砂粒土和粉砂地段，尤其避免在饱冰、富冰冻土的含冰土层中通过。对于厚层地下冰、热融滑坍、热融湖塘、冰锥、冰丘和沼泽等不良地质地段则首先要考虑绕避，同时对于冻土地区的公路路线应尽量采用填方，尽可能避免挖方。零断面或低填浅挖断面，如受条件限制时，也要缩短零断面。半填半挖及低填浅挖段的长度，在饱冰冻土和厚层地下冰地段，应避免以挖方通过。大、中桥宜选在大河的融区地段或基底为少冰冻土的河段，注意避免将一座桥设在融区和冻土两种不同的地基上。隧道应尽量避免穿过地下水发育的地层，对于洞口位置则应尽量避开热融滑坍、冰锥、冰丘以及厚层地下冰等不良地质地段。

5.6.3 黄土地区的公路选线设计

黄土地区的湿陷对建筑物的影响，首先表现在由于黄土遇水使黏结土粒的胶膜胀大，黏结力减弱，并使土内起胶结作用的易溶盐溶解，在自重及外力作用下即产生沉陷。公路建筑物不能适应这种迅速沉陷，轻则变形开裂，严重时破坏倒塌。同时，鉴于黄土沟谷两岸一般工程地质条件比较恶劣，坡脚不稳，容易发生崩塌或滑坍。另外，黄土与其下红土层接触面多向沟床倾斜，有的红土层不透水，地下水则沿此接触面移动或渗流，易产生滑坡。地面水渗入松散的黄土体内，破坏了黄土的胶结性，同时在动水压力作用下，黄土中的胶体黏土微粒被水带走。形成地面坍陷，继而冲成洞穴，即称陷穴。另外，黄土路堑的主要问题是边坡的稳定性，它与路堑的深度、边坡坡度、排水和防护等有关。还受地貌、气候条件及黄土性质的影响。

针对黄土地区地质条件对公路的危害，为此对于这种地质，公路路线应尽量走在黄土塬、宽谷阶地、平缓斜坡以及比较稳定的沟谷地带，尽量绕避陷穴与冲沟发育的塬边和斜坡地带。路线通过湿陷性黄土地区时，应尽量选择湿陷性轻微、地表排水条件较好的地带通过。路线跨越黄土深沟时，应结合地形，降低填土高度。当沟谷宽敞，谷坡稳定平缓时，可沿沟坡绕向沟谷上游以降低填高。当沟谷深窄，谷坡陡峻且不稳定，绕线困难，同时沟谷不长，沟底纵坡较陡时，可将线位移向沟脑附近，以降低填高。高填路基具有基底不均匀下沉量大、占耕地多等缺点，在工程造价出入不大时，应尽量采用桥梁方案。在跨越深沟时，应尽量降低线位高度，并选在墩台地基较好的地段通过。选线时还应对深挖与隧道进行综合比较，黄土隧道应绕避不良地质地段，尽量设在土质较好的老黄土层中，并注意避免偏压。

5.6.4 高烈度地质下的公路路线设计

不同地形和地质条件下地震的危害表现为：深谷、悬崖、陡坡、陡坎等地段受震后容易产生崩塌，地震对不稳定、风化破碎的陡峻山坡也易造成滑坡及崩塌。地震还可促使古老滑坡、泥石流复活，并可造成新的泥石流。平原地区地震时，也会产生地面裂缝，出现翻砂冒泥。地层的工程地质和水文地质条件不同，地震危害的程度也不相同。完整、风化轻微的基岩、洪积胶结的大块碎石土等地基最为稳定。流塑状态的黏性土、黏砂土层、饱和砂层(不包括粗砂、砾砂)、淤泥质土、填筑土等地基抗震性能最差。饱和松散的粉细砂、细砂甚至中砂受震后，可能发生液化现象，使地基承载能力减弱或丧失。处于高烈度的地质条件下的建筑物，因强度、结构的不同具有不同的抗震能力。隧道因埋藏在地层中而抗震能力强，但洞口和浅埋的隧道较易受地震的破坏。高路堤、深路堑易受到破坏。具有对称的或整体结构的桥涵抗震力较好。特大桥、大桥等大型建筑物，如地基不良，受震后墩台基础易产生下沉，桥墩台支座、梁部也易受到破坏或推移，修复不易。就建筑物的抗震能力来看，涵洞比桥梁好，隧道比深路堑好。

干线公路应尽量绕避高烈度地震区，难以避开时，路线应选择在最窄处通过，并宜采用低路堤路线。必须通过高烈度地震区时，应尽量利用有利地形，避开悬崖陡壁、地形复杂和不良地质地区，以减少地震可能造成的破坏。地震区桥梁位置应尽量选择在良好的地基和稳定的河岸地段，如必须在易液化砂土、黏砂土、软土或稳定性较差的河岸地段通过时，路线应尽量与河流正交。

思考与练习

1. 如何理解选线、定线、路线带、选线任务概念？
2. 分析平原微丘区、重丘山岭区、绕城线或城市出入口的公路选线应着重论证哪些影响因素？
3. 如何理解整体式断面和分离式断面路线的特点？
4. 分析选线过程、步骤包含哪些内容？
5. 如何理解路线方案、据点、路线总方向概念？
6. 分析影响路线方案选择的主要因素？
7. 路线方案选择的步骤包括哪些内容？
8. 如何理解平原区路线的特点？
9. 平原区路线布局原则包括哪些内容？
10. 平原区路线布设时要处理哪些关系？
11. 如何理解沿河(溪)线、越岭线、山脊线概念？
12. 沿河(溪)线路线布局的主要矛盾是解决哪些问题？
13. 越岭线布局主要解决什么问题？
14. 越岭线的展线方式包括哪几种？
15. 丘陵区可分为哪两种？根据地貌特点如何把握选线原则？
16. 丘陵区布线时针对不同的地形条件，采用三种不同的布线方式，简述其特点。

项目 6　公路定线

本章要求

1. 了解公路常用的定线方法。
2. 了解直接定线的方法、步骤。
3. 掌握平原、微丘地区、山岭、重丘地区的定线方法和纸上定线方法。
4. 掌握实地放线的方法和操作步骤。

本章重点

公路纸上定线方法；实地放线的方法和操作步骤。

纸上定线的步骤

6.1　定线方法

定线是依据设计任务书、选线阶段确定的路线走向和主要控制点、所采用的技术标准进行的。其任务是在选线布局阶段选定的"路线带"（或叫作定线走廊）的范围内，结合细部地形、地质、水文及其他沿线条件，综合考虑平、纵、横三个方面的合理安排，在实地或纸上确定出道路中线的确切位置。其内容包括确定路线交点和平曲线插设两项工作。

道路定线是一项非常复杂、涉及面很广、影响因素多、技术要求很高的工作，除受地形、地质、地物等有形的限制外，还要受技术标准、国家政策、社会影响、道路美学（构成优美线型的所有规则）、风俗习惯等因素的制约。要求设计人员必须具有广博的知识和熟练的定线技巧，同时，还应具备精益求精的工作态度。定线应吸收桥梁、水文、地质等专业人员参加，也应听取有园林建筑知识的设计人员意见，发挥各种专业人员的才能和智慧，使定线成为各专业组协作的共同目标。

定线质量在很大程度上还取决于采用的定线方法。常用的定线方法分为纸上定线和直接定线、航测定线三种。纸上定线适用于技术标准高或地形、地物复杂的路线，定线过程是先在大比例尺地形图上室内定线，然后将纸上路线敷设到地面上；直接定线适用于标准低或地形、地物简单的路线，是在现场直接定出路线中线的位置；航测定线是利用航摄相片、影像地图等资料，借助航测仪器建立与实地完全相似的光学模型，在模型上直接定线。本章将重点介绍纸上定线和直接定线。

6.2 纸上定线

纸上定线是在1∶1 000～1∶2 000的大比例尺地形图上确定道路中线位置的方法。地形图具有范围大、视野开阔的优点，可以使定线人员在室内就能很容易定出合理的路线。尤其是等级较高的道路或复杂的山区道路，先采用纸上定线的方法定出道路中心线，再到实地放线，可以大大节省时间，提高设计质量。需要收集的资料有：初拟路线方案及所确定的控制点，沿线地质情况，不良地质地段，城市规划、地下管线、文物古迹，自然保护区以及气候、气象等资料。高等级公路还应收集沿线路网规划，重要河流的通航、防洪等资料。

对不同的地形定线中有不同的侧重点。平原、微丘区地形平缓，路线一般不受高程限制，定线中主要是正确绕避平面上的障碍，以方向为主导，力争控制点间路线短捷顺直；而山岭、重丘区地形复杂，横坡陡峻，定线时要利用有利地形，避让艰巨工程、不良地质地段或地物等，都涉及调整纵坡问题，且山区纵坡又限制较严，因此，山岭、重丘区安排好纵坡就成为关键问题。这些因地形而异的指导原则，并不因采用的定线方法不同而改变，但定线条件发生了改变，工作重点也有所不同。

1. 平原、微丘区定线概略步骤

(1)定导向点。在选线布局确定的控制点之间，根据平原、微丘区路线布设要点，通过分析比较，确定可穿越、应趋就和该绕避的点和活动范围，建立一些中间导向点，确定路线走向。

(2)试定路线导线、初定平曲线。按规定的技术标准，参照导向点，试穿出一系列直线，交汇出交点，作为初定的路线导线。读取交点坐标计算或直接测量路线转角和交点间距离，初定圆曲线半径和缓和曲线长度，计算曲线要素及曲线里程桩号。

(3)定线。检查各技术指标是否满足相关标准与规范要求，以及平曲线线位是否合适，不满足时应调整交点位置或圆曲线半径或缓和曲线长度，直到满足要求为止。排出整个路线的里程桩号，点绘出纵、横断面图，绘出地面线，拉出设计线。纵、横断面设计完成后，需进行平、纵、横线型是否协调的检查，内容包括：平曲线与平曲线的组合、平曲线与竖曲线的组合、路基高度、边坡、排水、桥涵等工程结构物的安排是否合理，发现问题应及时修改，直到满意为止。

2. 山岭、重丘区定线步骤

路线平、纵、横面均受较严限制的越岭线定线步骤如下：

(1)定导向线。

1)分析地形，找出各种可能的走法。在地形图上仔细研究路线布局阶段选定的主要控制点之间的地形、地质情况，选择有利地形(如平缓顺直的山坡、开阔的侧沟、利于回头的地点等)，拟定路线各种可能的走法，完成路线总体布局。如图6-1所示，图左侧地形较陡，右侧地形较缓，A点、D点为两控制点，B点为可利用的山脊平台，C点为应避让的陡崖，则$A—B—D$为路线的一种可能走法，是否可行须由放坡试定。

2)求平距a，绘均坡线。所谓平距即是以一定坡度(定线坡度)升高一个等高线间距所需

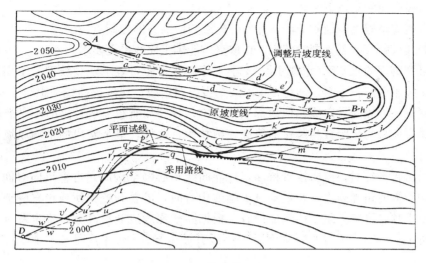

图 6-1　纸上定线平面图

要的距离。由等高线间距 h 和选用的平均纵坡 $i_{均}$（5.0%～5.5%，视地形曲折程度和高差而定），按 $a=h/i_{均}$ 计算等高线间平距。使两脚规的张开度等于 a（按地形图比例尺），进行纸上放坡（图6-2），从某一固定点如图 6-1 所示的 A 点开始，沿拟定走法依次截取每根等高线得 a、b、c……点，在 B 点附近回头（如图中 j 点）后再向 D 点截取。当最后一点的位置和高程都与 D 点接近时，说明该方案成立，否则应修改走法（如改变回头位置）或根据图上等高线得出所余高差值的大小调整 $i_{均}$（在 5.0%～5.5% 内），重新试坡至方案成立为止。

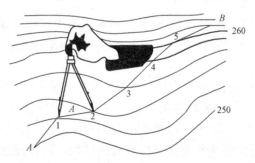

图 6-2　纸上放坡示意

连接 $Aabc…D$ 这些点所构成的具有平均纵坡的折线，称为"均坡线"，它验证了一种走法的成立，并可发现一些中间控制点为下一步工作提供依据。

3) 确定中间控制点，分段调整纵坡，定导向线。用上面方法作出的坡度线，由于涉及等高线稀密变化的影响而成为一系列短折线，显然不能满足平面线型的要求；同时可以看出，这条折线对利用地形、避让地物和艰巨工程并不都是经济合理的。如图 6-1 所示，在 B 点处利于回头的地点未能利用，在 C 点处的陡崖未能避让，若调整 B、C 点前后的纵坡（可在最大和最小纵坡之间选用，但不轻易采用极限值且不出现反坡），就能避开陡崖和利用有利回头地点，因此，将 B、C 点定为中间控制点。然后再仿照上面方法分段分别调整纵坡试定匀坡线，各段匀坡线的连线 $Aa'b'c'…D$ 为具有分段安排纵坡的折线，称为"导向线"，它利用了有利地形，避开了不利障碍，示出了路线将经过的部位。

定导向线时应注意以下问题：

1)导向线应绕避不良地质地段，并使导向线趋向前方的控制点。

2)导向线要顺直，无急剧的转折，在取直后能满足路线平面要求。

3)如果两脚规的张开度(定线步距)a 小于等高线平距，表示定线坡度大于局部地面自然坡度，路线不受高程控制，即可根据路线短直方向定线。遇到等高线平距小于 a 的地段，再继续绘制下一地段的导向线。但地形变化无常，等高线有疏有密；这时不必严格按步距引线。然而要使总的步距数和跨过的等高线数相等，这样，整个路段的平均纵坡仍然接近定线坡度。

4)路线跨越沟谷时，需要设置桥涵，故导向线不必降至沟底，可直接向对面引线，预留因设桥涵所需的路堤高度。路线穿过山嘴或山脊时，需要开挖路堑或设置隧道，导向线也不必升至山顶，可直接跳过山嘴或山脊，根据路堑深度或隧道高程，确定跳过几根等高线，以便决定在山嘴或山脊对侧的哪条等高线开始卡导向线(注：图 6-1 中没有出现此类情况)。

5)在地面坡度连续上升(或下降)地段定线，为了使路线长度能达到满足克服高差的需要，又不无谓地展长路线，对路线的长度可事先做一个估算，以便对全段线路做出规划。为克服某一高差需要的路线长度估算公式为

$$L = \frac{|H_2 - H_1|}{i_p} \tag{6-1}$$

式中　L——需要的路线合理长度；

　　　H_2，H_1——分别为两控制点的高程；

　　　i_p——定线平均坡度。

6)若实际定出的路线长度比 L 长出很多，则说明路线实际坡度较缓，路线可能有无谓展长；过短则路线坡度过大，路线将会出现因不易克服高差而大挖方路段。

(2)修正导向线。

1)试定平面、点绘纵断面草图。参照导向线大致定出直线，并利用"曲线模板"或"铁道弯尺"，在符合路线设计规范有关规定的前提下，圆顺、顺直地定出路线平面即平面试线(曲线模板应考虑内移值 P 的影响)，按地形变化特征点量出或读取桩号及地面高程，点绘纵断面图的地面线，参考地面线和前面分段安排的纵坡，设计理想纵坡，量出或读取各桩的概略设计高程。

2)纵断面修正导向线。目的是根据等高线平面图和路线纵断面，修改平面位置，避免纵向大填大挖。在平面试线各桩的横断方向上点绘出与概略设计高程相应的点，这些点的连线是具有理想纵坡、中线上不填不挖的折线，称为修正导向线。当纵断面上填挖过大时，应进行修改。

3)横断面修正导向线。在横坡较陡的困难地段定线，有时，从纵断面上看，填挖方工程量不大，但从横断面上看，则可能会出现很大的工程量，这时，就需要对其进行横断面修正。其工作步骤如下：

①首先找出控制路线位置的横断面，测绘横断面图；

②根据各控制断面的原设计高程，用路基透明模板逐点找出最经济或起控制作用的最佳中线位置及其左右可移动的合理范围，如图 6-3(a)中的Ⅱ、Ⅲ；

③将各横断面上路线可能左右移动的控制点(如 P、Q)按相应的里程和比例尺点绘到平

面图上,连接各控制点,可得到在平面图上路线可能移动的带状合理范围。如图6-3(b)中的阴影部分。

④根据最佳位置的性质分别用不同符号点绘到平面图上,这些点的连线是具有理想纵坡、横向位置最佳的折线,称为二次修正导向线(小比例尺地形图上显示不出最佳位置时可不做)。

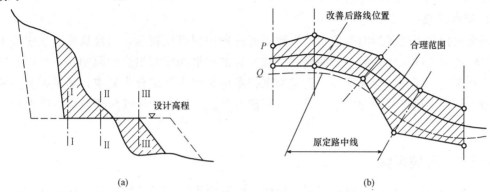

图 6-3 横断面最佳位置
Ⅰ—修正导向线;Ⅱ—最合适的路基中线位置;Ⅲ—路线可以左右活动的范围

(3)定线。在二次修正导向线的基础上进行。二次修正导向线仍是一条平面折线,显然不满足技术标准的要求,于是根据平面线型要求作修改后再定出中线,这叫作改正后的中线,是一条比较理想的中线。必须按照二次修正导向线上各特征点的性质和可活动范围,经过反复试线才能定出满足要求的中线图6-3(b)改善后路线位置。在一定程度上,试线越多,最后的成品就越理想。中线定出以后就可以进行纵断面、横断面以及相关内容的设计。

6.3 现场定线

现场定线就是设计人员在实地现场确定道路中线位置的过程,其指导原则与纸上定线相同。按地形条件难易程度与复杂程度不同,路线大体可分为一般情况下的定线和放坡定线。

6.3.1 一般情况下的定线

当路线不受纵坡限制时,定线以平面和横断面为主安排路线。其要点是以点定线、以线交点。

以点定线就是在全面布局和逐段安排确定的控制点之间,结合各方面因素进一步确定影响中线位置的小控制点、大致穿出路线直线的方法;以线交点就是在已定小控制点的基础上,结合路线标准和前后路线条件,穿出直线,并延长交出交点。

1. 控制点的加密

两控制点之间,一般不可能作直线(特别是地形困难、等级较低的公路),常常需要设置交点,使路线转向,从而避开障碍物,利用有利地形,以达到技术经济的目的。加密控制点,就是在实地寻找控制和影响路中线位置的具体点位。一般小控制有经济性和控制性两种控制点。

(1) 经济性控制点：主要在路线穿过斜坡地带，考虑横向填挖平衡或横向施工经济(有挡土墙及其他加固边坡时)因素而确定的小控制点。这类点只能作为穿线定点的参考位置。

(2) 控制性的点：主要是受艰巨工程、不良地质、地物障碍、路基边坡稳定等因素限制所确定的路中线位置而确定的小控制点。定线时应综合考虑这些因素。

2. 穿线定点

考虑平面线型受各种因素限制，导致平面位置控制点比较多，而且这些点在平面上的分布又没有一定的规律，另一方面路线受技术标准和平面线型组合的限制，不可能照顾到每一个控制点。因此，穿线定点，就是根据技术标准和线型组合的要求，满足控制点和照顾多数经济点，用穿线的办法延长直线，交出转角点。交点坐标或转角及交点间距应经实测获得。

6.3.2 放坡定线

在山岭、重丘区路线受纵坡限制，定线以纵断面为主安排路线，其直接定线的指导原则与纸上定线相同，但定线条件不同，工作步骤有所改变。山岭、重丘区直接定线是采用带角手水准配合花杆进行的。带角手水准如图 6-4 所示，使用时用手水准瞄准前方目标，旋转游标使气泡居中，此时游标所指的度数即为视线倾角，该倾角可换算为纵坡度，$1°\approx 1.75\%$，此法用于量测已知两点间的坡度；手水准的另一种用法是已知一点和坡度，寻找该坡度上的另一点目标，即放坡测量。下面以山区越岭线为例说明直接定线的工作步骤。

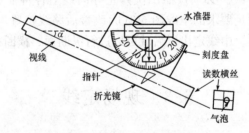

图 6-4 带角手水准示意

1. 分段拟定路线的大致走法

在选线布局阶段定下的主要控制点之间，沿拟定方向用试坡的方法，逐段粗略定出沿线应穿越或应避让的一系列中间控制点，定出路线的轮廓方案。

2. 放坡、定导向线

放坡就是利用手水准按照要求的设计纵坡(或平均坡度)在实地找出地面坡度线的工作过程。

在山岭重丘区路段，天然地面坡度角均在 20°以上，而设计纵坡(或平均纵坡)有一定要求，如图 6-5 所示，路线由 A 点到 B 点，如果沿最大地面自然坡度方向 AB(垂直于等高线的方向)前进，将使路线上不去，显然不可能实施。如果路线沿等高线走(即 AC 方向)，虽然纵坡平缓，但方向偏离，达不到上山目的。因此，就需要在 AB 和 AC 方向之间找到 AD 方向线，使其地面坡度正好等于设计坡度(或平均坡度)i_p，这样既使路线纵坡平缓，又使填挖数量最小。寻求这条地面坡度等于设计坡度(或平均纵坡)i_p 的工作就是放坡的任务。

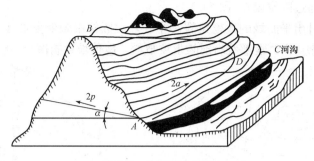

图 6-5 放坡原理示意

由此可见，放坡的目的是解决控制点间纵坡的合理安排问题，实质上是现场设计纵坡。在纵坡安排和坡度值选择时应考虑以下几点要求：

(1)纵坡线型要满足设计标准和规范要求，如坡长限制、设置缓坡、合成坡度等要求，并力求两控制点间坡度均匀，避免出现反坡。

(2)应结合地形、地物选用坡度。尽可能不用极限纵坡，但也不宜太缓，以接近两控制点之间的平均坡度为宜，在地形整齐地段可稍大些，曲折多变处宜稍缓些。

(3)安排纵坡掌握"阳坡陡、阴坡缓；岭下陡、岭上缓；控制回头弯地点纵坡不大于4%"，在其前后均应放缓坡的原则。

放坡由受限较严的控制点开始，按手水准的第二种用法，一人持手水准对好选用纵坡相当的角度，立于控制点处指挥另一持花杆的人在山嘴或山坳等地形变化处、计划变坡处以及顺直山坡每隔一定距离处上下横向移动，找到二人距离地面同高点后定点；插上坡度旗或在地面做标记，以该点为固定点继续向前放坡。如果一边放坡一边进行后续工作，应先放完一定长度(一般不应小于 4~5 条导线边长)的坡度点后，利用返程进行下一步操作。通过放坡定出的这些坡度点的连线如图 6-6 中的 $A_0A_1A_2\cdots$ 所示，这一过程相当于纸上定线的修正导向线，也起指引路线方向的作用，称为导向线。

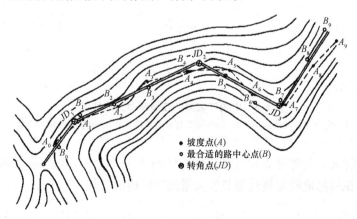

图 6-6 放坡定线示意

对于妨碍视线的局部地形，如尖山嘴、瘦山梁等，当路线拟劈嘴斩梁通过时，不顺梁或绕嘴放坡，而应在路线通过处直跨，山梁(嘴)另一侧坡点，因视线受阻不能直接放坡，可按估计的两坡点距离拟放坡度计算出高差，以手水准测高的方法设点；或采用上、下阶梯式传递放坡方法通过障碍设点(图6-7)。

放坡时前应估计出平曲线的大概位置和半径,对因标准限制路线不可能自然绕过的窄沟或山嘴应"跳"过去,而当能够绕行时坡度要放缓,以便坡度折减。

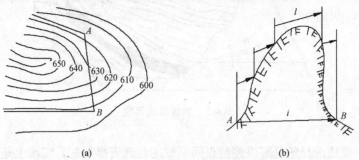

图6-7 上、下阶梯式传递放坡示意

3. 修正导向线

放坡后的坡度点就是概略的路基设计高程位置,而实地道路中线位置的地面横向坡度陡缓不一,对于路基的稳定和填、挖工程量影响很大。如图6-8所示,若中线在坡度点的下方[图6-8(a)],则横断面以路堤形式为主;若中线正好通过坡度点[图6-8(b)],则横断面为半填半挖形式;若中线在坡度点上方[图6-8(c)],则横断面以路堑形式为主。根据坡度线(如图6-6中的 $A_0A_1A_2\cdots$ 所示的虚线)连线结合地面横坡考虑路基稳定和工程经济即可确定出合适的中线位置,并插上花杆(或标志),如图6-6中的 $B_0B_1B_2\cdots$ 这些点的连线,称为修正导向线。这一过程相当于纸上定线的二次修正导向线。

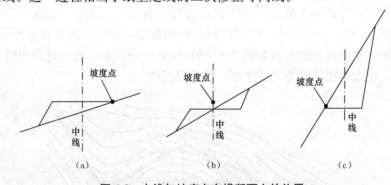

图6-8 中线与坡度点在横断面上的位置
(a)中线在坡度点的下方;(b)中线正好通过坡度点;(c)中线在坡度点上方

有定线经验的人,常常将放坡与修正导向线两步工作并为一步来做,即一次完成修正导向线,这样,在树丛地段定线就能节省大量消除障碍的工作。

4. 穿线交点

修正导向线是具有合理纵坡、横断面上位置最佳的一条折线。穿线要从平面线型要求入手,应尽可能多地靠近或穿过修正导向线上的坡度点,特别要注意控制较严的点,适当裁折取直,使平、纵、横三面恰当组合;穿出与地形相适应的若干直线,延长这些直线交汇出交点,即为路线导线,如图6-6中 $JD_1-JD_2-JD_3\cdots$。定线人员必须反复试穿和逐步修改才能定出合理的路线。这一过程相当于纸上定线的定线。

5. 插设曲线

地形复杂的山区道路，曲线在路线总长中占很大比重，且常常是在地形困难处，正是需要设置曲线的地方。对于单交点、双交点或虚交点曲线，其曲线插设和调整相对简单，曲线插设方法与纸上定线方法相同。回头曲线在现场插设比较复杂，应按一定的步骤插设。

一般来说，有回头曲线的地方，路线受地形约束较大。主曲线和前后的辅助曲线的纵面、平面相互约束很严格，稍有不慎，对线型和工程量影响很大，插设时必须反复试线，才能得到满意的结果。目前，多采用"切基线的双交点方法"定线。

不同的地形条件，主曲线平面位置可以活动的范围大小有所不同。利用可活动的范围比较小的地形时，插线应先根据坡度点将主曲线位置定下来，然后定前后切线线位及辅助曲线。当利用主曲线位置有较大活动余地的地形（如山坳、山坡）回头时，其大体位置参照导向线选定，切线位要根据纵坡估算填挖工程量来确定，具体做法如下：

(1)根据导向线插出前后切线的方向线，选定主曲线的大概位置[图 6-9(a)]。

(2)根据地形判定是否需要设辅助曲线及其大概位置和可能采用的半径。有了主、辅曲线的大概位置及半径，目测整个回头弯的大致形状，大致估定出纵坡折减的起点、终点位置，[图 6-9(a)]中甲、乙点及曲线长度。先大致确定起点（甲点）设计高程，根据折减后的坡度估算出终点（乙点）的概略高程。以此检查一下后切线是否定得合适，否则修改后切线线位。然后从甲点、乙两点用折减后的坡度（不超过 4%）放坡交会出丙点（图中未示出折线）。

(3)确定主曲线上基本位置及辅助曲线交点。通常主曲线线位向前不应超过丙点，向后不应退到比甲—丙—乙折线还短的位置，由此可大致确定主曲线的前后位置。一般情况下，地面高程低于甲—丙坡度线的是填，高于丙—乙坡度线的是挖，据此可以估算出全曲线的填挖数量。如挖多于填，线位应下移，反之应上移，由此可大致确定主曲线上下位置，经过这样多次试插试算，根据主曲线的基本位置将辅助曲线交点[图 6-9(b)]确定下来。

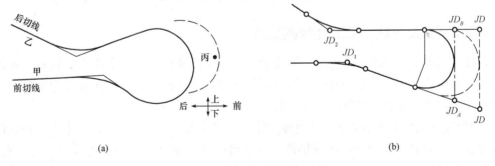

图 6-9 回头曲线插法示意

(4)确定双交点位置。由双交点向主曲线的基本位置作切线[图 6-9(b)]，然后反复移动基线 JD_A—JD_B 控制确定主曲线，直到满意为止。一般回头曲线均设置缓和曲线，应考虑内移值 P 的影响。

(5)为保证回头曲线在上下线最窄处（颈部）路基不发生重叠，需检查上、下线间的最小横距，如图 6-10 所示，分别为

$$Z_1 = B + C + m_1 h_2 + m_2 h_1$$
$$Z_2 = B + C + mh + b$$

检查时，在上下线最窄处取能包括上下两个路基宽的横断图，计算需要的最小横距 Z_1

或 Z_2，并测量实际距离 Z。

若 $Z>Z_1$，横距够用。

若 $Z_1>Z>Z_2$，须考虑按[图 6-10(b)]的形式，上下路基之间采用挡土墙分隔。

若 $Z<Z_2$，表示路基将部分重叠，需要修改。

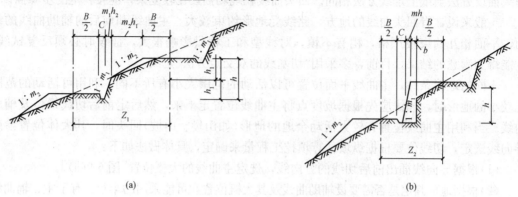

图 6-10　回头曲线颈口横断面检查示意

(6)路线完全插定后，定线人应沿线再核对一遍，记录特征点的填、挖高度和对人工构造物的处理意见，供业内设计时参考。

6. 设计纵断面

在现场平面位置确定之后，经过量距钉桩和测得各桩地面高程，就可以进行纵坡设计，该工作一般由选线人员完成。要求设计纵坡不仅满足工程经济和技术标准的规定，还应考虑平、纵面线型配合的问题。因此，必须反复试验修改，直到符合要求为止。

纵断面设计完成以后，定线工作基本完成，"放坡、定线、拉坡"是三位一体的。

6.3.3　直接定线与纸上定线的比较

直接定线面对现场地形、地物、地质及水文等实际条件，只要定线人员具有一定的选线经验，肯多跑、多看，不怕麻烦，经过反复试线，多次改进，也能在现场定出比较合适的路线，但是直接定线有以下两个根本弱点：

(1)研究利用地形的不彻底性。直接定线时，定线人员对地形、地质、水文等情况的了解，全靠自己去跑、去调查，而现场的工作条件不允许对每一处的自然状况都深入研究，再由于视野受到限制，定线时难免顾此失彼，虽经过多次试验修改，但毕竟还是有限的。

(2)平面线和纵面线的配合问题难以彻底解决。直接定线与选线者的实际工作经验有直接关系，由于平面设计是在现场进行的，而纵断面的精细设计则在室内，尽管设计路线平面时，已充分考虑了纵断面，但从室内分析纵坡中常可以发现，如果平面上略加调整，就有可能使路线更加适应地形，或者平、纵面配合得更好。但是因为修改平面要重新钉桩，纵断面也要重做，定线者往往不愿承担"返工"的压力而勉强接受原方案。所以直接定线就其本质来讲，基本上是要求"一次成功"的定线。

纸上定线是在定线过程中采用重要的中间步骤，代替直接在实地定线。定线者或定线组先要取得"定线走廊"范围内的大比例尺地形图。在图上，可以俯视较大范围内的地形，可以较容易地找出所有控制地形的特征点，从而可以定出合理的平面试线和纵坡设计线。不像直接定线,大量的工作都依靠个别定线者现场的简单判断与技术能力。随着计算机技术在道路勘测设计中的应用,纸上定线前景会更加宽广。

直接定线虽有不足之处,但在一定的条件下,如地形障碍不多的平坦地区或路线等级不高时,只要定线人员肯下功夫,用比较的办法也能定出比较满意的线来。直接定线现在是我国常用的一种方法,在今后一个相当长的时期内,也仍将是地方道路一个重要的定线方法。

6.4 实地放线

实地放线是将纸上定好的路线敷设到地面上,供详细测量和施工之用的作业过程。常用的方法有穿线交点法、直接定线法、坐标法等。应根据路线复杂程度、精度要求高低、测设仪具设备以及地形难易等具体条件选用。

6.4.1 穿线交点法

穿线交点法是根据平面图上路线与施测地形时敷设的控制导线的关系,将纸上路线的每条边逐一而独立地放到实地上,延伸这些直线交出交点,构成路线导线。由于放线的方法不同,又可分为支距法和解析法两种。

1. 支距法

支距法通常是指穿线交点放线,适用于地形不太复杂、路线离开控制导线不远的地段。如图 6-11 所示,欲放出 JD,其工作步骤如下:

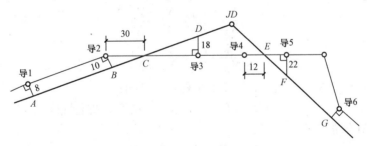

图 6-11 支距法放线

(1)量支距。在图上量取纸上路线与控制导线的支距,如图 6-11 中导 1—A、导 2—B 等。量取时每条路线导线边至少应取 3 个点,并尽可能使这些点在实地能互相通视。

(2)放支距。在现场找出各相应的导线点,根据量得的支距用皮尺和方向架(或经纬仪、全站仪等仪器)定出各点,如图 6-22 中 A 点、B 点、C 点…,插上花杆。

(3)穿线交点。一般用花杆穿线的方法延长各直线交会处 JD,直线较长或地形起伏很大时可用经纬仪延长交会。穿线时应以多数点为准,穿出直线后要根据实际地形审查路线是否合理,否则应现场修改,改善线路位置。两相邻直线的交会点即为交点,如交点距离路线很远或交在不能架设仪器的地方,可插成虚交形式。所有交点和转点都应钉桩以标定路线。

2. 解析法

解析法是用坐标计算图，再按极坐标原理在实地放出各路线点的方法，此法较为准确。在地形复杂和直线较长、路线位置需要准确控制时常用此法。以图 6-12 所示为例，其工作步骤如下：

(1)计算夹角。从平面图上量得纸上所定路线的交点 JD_A、JD_B 的坐标$(X_A，Y_A)$，$(X_B，Y_B)$，则 JD_A—JD_B 的象限角为

$$\tan\alpha = \left|\frac{Y_B - Y_A}{X_B - X_A}\right| = \left|\frac{\Delta Y}{\Delta X}\right|$$

导1—导2的象限角 β 为已知，则 JD_A—JD_B 与导1—导2的夹角为：$\gamma = \alpha - \beta$。计算时应注意坐标的正负号，即横坐标东正西负，纵坐标北正南负。

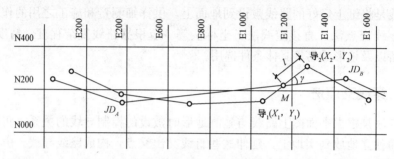

图 6-12 坐标计算示意

(2)计算距离。JD_A—JD_B 与导1—导2的交点 M 的坐标$(X_M，Y_M)$可解下列方程式求得：

$$\frac{Y_2 - Y_M}{X_2 - X_M} = \frac{Y_2 - Y_1}{X_2 - X_1}$$

$$\frac{Y_B - Y_M}{X_B - X_M} = \frac{Y_B - Y_A}{X_B - X_A}$$

式中 Y_1、X_1、Y_2、X_2——导1、导2的坐标，为已知；

Y_A、X_A、Y_B、X_B——JD_A、JD_B 的坐标，可从平面图上量得。

则导2至 M 的距离为

$$l = \frac{X_2 - X_M}{\cos\beta} = \frac{Y_2 - Y_M}{\sin\beta}$$

$$l = \sqrt{(X_2 - X_M)^2 + (Y_2 - Y_M)^2}$$

(3)放线。置经纬仪于导2，后视导1，丈量距离 L 定出 M 点；移动经纬仪于 M，后视导2，转 γ 角定出 JD_A—JD_B 方向。延长直线，用骑马桩交点法求出 JD_A，钉上小钉。

此法计算比较麻烦，但精度较高，实际工作中也可用比例尺从平面图上直接量取距离 Z。另外，若采用具有坐标放样功能的全站仪放线时，只需量得 JD_A 和 JD_B 的坐标，即可直接按后述的全站仪坐标放线法直接放出交点。

6.4.2 直接定线法

一般情况下，在设计路线的两旁，总可找到一些可以利用的明显地物、地貌点，如道路交叉、房角、独立树、电杆、桥梁、河流、小山包等。放线前带上图纸，沿线路详细辨

认,将可利用的点位在图上标以记号,以便在图上量测和路线的相关位置(角度、距离),并确定使用放线的方法,如垂线法、交会法等,做到心中有数。

图纸辨认的要领是:方位和实地一致,首先搞清楚自己在图上和实地的位置,边走边判,先判实地后判图纸,从明显到次要逐步核实。完成上述判识工作后,量取或计算出线位与明显地物的关系数据,运用仪器工具在实地放出这些点的位置,并适当调成直线,即为路线中线位置,该法也叫作直接定线法,如图 6-13 所示。此法简单易行、生产效率高、误差不积累。

在有些情况下,并没有上例这样明显的条件,路线的平面和高程位置,需要视地形、地质情况根据现场选线的原则,定出交点,做法参见现场直接定线。

以上两种方法的放线资料都来自图解,准确度不高,当路线活动余地较大时可以采用。另外,由于只用在路线导线的标定,路线的曲线部分还须用传统的曲线敷设方法标定。因此,以上两种方法只适用于直线型定线方法。

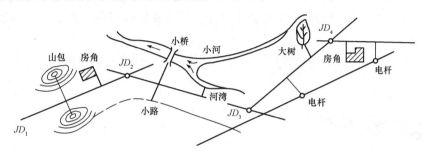

图 6-13 直接定线法示意

6.4.3 坐标法

通过坐标计算,可编制成逐桩坐标表,根据实地的控制导线就可以将路线敷设在地面上。按各级道路对放线精度的要求和测设仪器的条件选用不同的放线方法。一般讲,坐标放线法使用常规测设仪具(指普通经纬仪、钢卷尺等)十分困难,且效率低、质量差,难以达到精度要求。这里只介绍以全站仪为测设手段的两种方法。

1. 极坐标放线法

极坐标放线的基本原理是以控制导线为根据,以角度和距离定点。如图 6-14 所示,在控制导线点 T_i 置仪,后视 T_{i-1}(或 T_{i+1}),待放点为 P。图 6-14(a)所示为采用夹角 J 来放 P 点;图 6-14(b)所示为采用方位角 A 来放 P 点。只要计算出 J 或 A 和置仪点 T_i 到待放点 P 的距离 D,就可在实地放出 P 点。

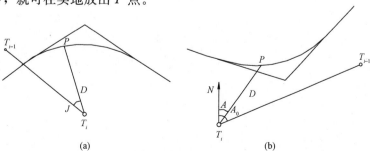

图 6-14 极坐标放线法示意

设置仪点的坐标为 $T_i(X_0,Y_0)$，后视点的坐标为 $T_{i-1}(X_A,Y_A)$，待放点的坐标为 $P(X,Y)$。放线数据 D、A、J 可按直线型定线法计算，据此拨角测距即可放出待定点 P。

2. 坐标放线

坐标放线法的基本原理与极坐标法相同，它是利用现代自动测量仪器的坐标计算功能，只需输入有关点的坐标值即可，现场不需做任何手工计算，而是由仪器内电脑自动完成有关数据计算。放线的具体操作步骤如下：

(1)在置仪点 T_i 安置仪器，后视 T_{i-1} 点；

(2)键入置仪点和后视点坐标 $T_i(X_0,Y_0)$、$T_{i-1}(X_A,Y_A)$，完成定向工作；

(3)键入待放点坐标 $P(X,Y)$；

(4)转动照准头使水平角为 $0°00'00''$，完成待放点 P 定向；

(5)置反射镜于 P 点方向上，并使面板上显示 0.000 m 时，即为 P 点的精确位置。

重复第(3)～(5)步，可放出其他中桩位置。当改变置仪点的位置后，要重复第(1)～(5)步。

坐标法放线数据全部来自精确计算，放线精度高，可用于直线或曲线的标定。

思考与练习

1. 定线的基本任务是什么？怎样达到定线的基本要求？
2. 简述纸上定线和直接定线的一般步骤及要点。
3. 公路定线有哪几种方法？它们各自有哪些特点？
4. 何为导向线？怎样修正导向线？
5. 试述穿线交点法（支距法）的工作步骤。
6. 试述纸上定线与实地定线的主要优缺点及适用条件。
7. 测设回头曲线的要求有哪些？

项目7 公路交叉设计

本章要求

1. 了解公路交叉口交通分析，公路交叉的类型。
2. 熟悉公路交叉的类型。
3. 掌握公路平面交叉的技术要求与勘测设计要点。

本章重点

公路交叉的类型与选择。

在公路网中，公路与公路、公路与铁路、公路与管线纵横交错，形成交叉。相交公路在同一平面上的交叉称为平面交叉。交叉的地方称交叉口；相交的公路分别在不同平面上的交叉称为立体交叉。

在平面交叉口上，不同方向的车流和行人互相影响干扰，不但会降低车速、阻滞交通、降低通行能力，而且容易发生交通事故。平面交叉口是公路的重要组成部分，是公路交通的"咽喉"部位，它直接影响，所以必须予以足够的重视，公路的交叉规划和设计，必须符合安全、经济、合理、舒适和美观的要求。

7.1 公路交叉口交通分析

7.1.1 平面交叉口的交通分析

进出交叉口的车辆，由于行驶方向不同，以直行、右转弯或左转弯的方式，汇入欲行驶方向的车流后再驶离交叉口。由于行驶方向的不同，车辆间的交错就有所不同。当行车方向互相交叉时(此时一般行车路线的交角大于45°)，两车可能发生碰撞，这些地点称为冲突点；当来向不同而汇驶同一方向时(此时一般行车路线的交角小于45°)，两车可能发生挤撞，这些地点称为合流点。显然，交叉口的冲突点和合流点，是危及行车安全和发生交通事故的地点，统称为危险点，其中，冲突点的影响和危害程度比合流点大得多。因此，设计交叉口时，应尽量消除、减少冲突点，或采用渠化交通等方法，把冲突点限制在较小的范围。公路与公路平面交叉的冲突点和合流点的分布如图7-1所示。图中，"."为冲突点，"。"为合流点。

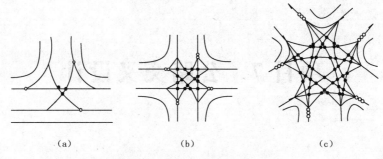

图 7-1 平面交叉口的交错点

(a)T形交叉口；(b)十字交叉口；(c)五路交叉口

无交通管制时，三路、四路和五路相交平面交叉口的交错点分布数量，见表 7-1。

表 7-1 平面交叉口交错点数量表

交叉口类型	交错点数量/个			
	冲突点	分流点	合流点	总数
三路交叉口	3	3	3	9
四路交叉口	16	8	8	32
五路交叉口	50	15	15	80

分析图 7-1 后可知：

(1)交叉口危险点的多少，视交叉口相交路线的数量和形式而异，且随相交路线数量的。如图 7-1(a)中所示为 T 形相交的交叉口，有 3 个冲突点、3 个合流点；图 7-1(b)所示为十字形交叉口，有 16 个冲突点、8 个合流点；图 7-1(c)所示为五路交叉口，有 50 个冲突点、15 个合流点。因此，在规划设计交叉口时，除特殊情况外，交会的岔路不得多于 4 条。并采用合理的交叉口布置形式，以减少危险点。

(2)产生冲突点最多的是左转弯车辆。如图 7-1(b)所示，如果没有左转车辆，则冲突点就由 16 个减少为 4 个；又如图 7-2 所示，同样是四路十字形交叉口，如果采用信号灯或交通警察的等交通管，冲突点即减少为 2 个、合流点减少为 4 个。因此，在交叉设计中，如何处理和组织左转弯车辆，采取必要的交通管制措施，是保证交叉口交通安全和畅通的关键之一。

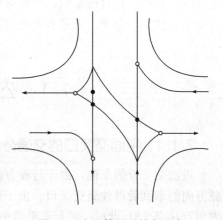

图 7-2 交通管制后的危险点

7.1.2 减少或消灭冲突点的措施

1. 建立交通管制

如装设交通信号灯或由交通警察指挥交通，使直行车和左转弯车的通行时间错开。

2. 采用渠化交通

如适当布置交通岛限制行车路线，使车流按一定组织方式通过交叉口，可将冲突点限制在一定范围内；又如采用环形交叉（俗称转盘），使进入交叉口后的车辆按逆时针方向环绕中心岛作单向行驶，至所要去的路口驶出，均以同一方向循序前进，就消灭了交叉口的冲突点。

3. 创建立体交叉

将相互冲突的车流分别设在不同高程的车道上行驶，互不干扰，这是彻底解决交叉口交通问题的办法，但由于立体交叉造价高，有的立体交叉仍有平面交叉问题，所以不能随意采用立体交叉。

为了交通安全，应在交叉口前设置交叉的标志牌，使驾驶员提前做好准备；同时，交叉口处应具有足够视距，使驾驶员能看到各个方向来车情况，以便及时采取措施。

为确保交叉口过往行人的安全和减少行人对交通的影响和干扰，除加强交通法规的宣传教育外，必要时，应在交叉口设置人行横道和其他交通安全设施。

7.2 公路平面交叉

7.2.1 交叉口设计的基本要求和任务

1. 交叉口设计的基本要求

(1)保证车辆与行人在交叉口能以最短的时间顺利通过，使交叉口的通行能力能适应各条道路的行车要求。

(2)正确地进行交叉口立面设计，保证转弯车辆的行车稳定，同时满足排水要求。

2. 交叉口设计的主要内容

(1)平面设计。正确选择交叉口的形式，确定各组成部分的几何尺寸。

(2)进行交通组织设计，合理布置各种交通设施。

(3)立面设计。合理地确定交叉口的高程，布置雨水口和排水管道。

(4)处理好主要公路与次要公路的关系。主要公路与次要公路交叉时，平、纵线型要全盘考虑、相互配合，使其各自能符合有关技术标准的要求，但一般应首先保证主要公路线型的舒顺、平缓。

(5)正确合理地进行交通组织和交通管制，如设置必要的交通安全设施，合理布设交通岛和人行横道等。

综上所述，路线交叉的规划与设计，应根据交通量、设计速度、交通组成和车流分布情况，并结合该地区的地形、土地使用情况，分别进行单独设计。改建公路时，还应研究交叉处交通事故情况，有针对性地进行改建设计。

7.2.2 平面交叉口的技术要求

(1)平面交叉形式应根据公路网规划、地形和地质条件、相交公路的功能、技术等级、交通量、交通管理方式和用地条件等确定。

(2)平面交叉的交通管理方式可分为主路优先、无优先交叉和信号交叉三种,应根据相交公路的功能、技术等级、交通量等确定所采用的方式。

(3)平面交叉角宜为直角,必须斜角时,交叉角应大于45°。同一位置平面交叉数不宜多于5条。

(4)两相交公路的技术等级或交通量相近时,平面交叉范围内的设计速度可适当降低,但不宜低于路段设计速度的70%。平面交叉右转弯车道的设计速度不宜大于40 km/h;左转弯车道的设计速度不宜大于20 km/h。

(5)平面交叉的间距应根据其对行车安全、通行能力和交通延误等的影响确定。有条件时应尽量通过支路合并等措施,减少平交口数量,增大平交口间距。一级公路、二级公路平面交叉的最小间距应不小于表7-2的规定。

表7-2 平面交叉最小间距

公路技术等级	一级公路			二级公路	
公路功能	干线公路		集散公路	干线公路	集散公路
	一般值	最小值			
间距/m	2 000	1 000	500	500	300

(6)三级及三级以上公路的平面交叉均应进行渠化设计。

(7)各级公路平交范围内应进行通视三角区停车视距检验。

7.2.3 平面交叉的类型和适用范围

平面交叉口的设计形式,取决于道路网的规划、交通口用地及其周围的地形、地物等情况,同时,也与交通量、交通性质和交通组织等情况有关。交叉口的设计直接影响到投资和使用价值,所以应切合实际地考虑远期的需要和近期的可能两方面因素,选择合理的方案。平面交叉按构造组成分为渠的交叉和非渠化交叉;按几何形状分为T形交叉、十字形交叉和环形交叉。

1. 非渠化平面交叉

设计速度较低,交通量较小的双车道公路相交,可采用非渠化交叉。

(1)当主要公路的设计速度≤60 km/h,或设计速度为80 km/h时,但交通量较小,次要公路为县乡公路或四级公路的T形交叉,当转弯交通量较小时可采用图7-3中(a)所示的非加宽T形交叉。

(2)主要公路的设计速度为80 km/h,次要公路为县乡公路或四级公路的T形交叉;当转弯交通量较大而会导致直行车辆的过分减速时,应采用加宽式T形交叉。主要公路右转弯交通量较大者,应采用图7-3中(b)的形式;左转弯交通量较大者,可采用图7-3中(c)的形式。

(3)县乡公路或三、四级公路相交的十字交叉,可采用图7-3中(d)的形式。

(4)当主要公路的设计速度80 km/h,次要公路为县乡公路或三、四级公路且转弯交通量不大的十字交叉时,可采用图7-3中(e)的形式。

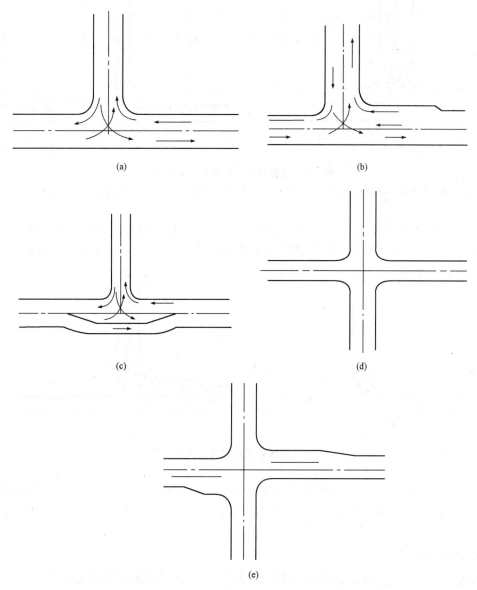

图 7-3　非渠化交叉

(a)非加宽 T 形交叉；(b)加宽式 T 形交叉(增辟减速车道)；
(c)加宽式 T 形交叉(增辟左转减速车道)；(d)非加宽十字交叉；(e)加宽式十字交叉

2. 渠化平面交叉

相交公路等级较高或交通量较大的平面交叉，应采用由分隔岛、导流岛来指定各向车流行径的渠化交叉。

(1)主要公路为二级公路的 T 形交叉，当直行交通量不大，而与次要公路之间的转弯交通量占相当比例时，可采用图 7-4(a)中所示的只在次要公路上设分隔岛的渠化 T 形交叉；当主要公路的直行交通量较大时，则采用图 7-4(b)中所示的在主要公路和次要公路上均设分隔岛的渠化 T 形交叉。

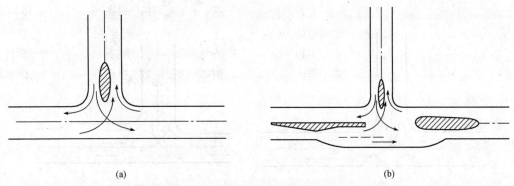

图 7-4 只设分隔岛的渠化 T 形交叉

(a)只在次要公路上设分隔岛的渠化 T 形交叉；(b)在主要公路和次要公路上均设分隔岛的渠化 T 形交叉

(2)主要公路为四车道公路，或设计速度≥60 km/h 且有相当比例转弯交通量的二级公路，或是与互通式立体交叉直接沟通的双车道公路的 T 形交叉应采用图 7-5 所示的设置导流岛的渠化 T 形交叉。

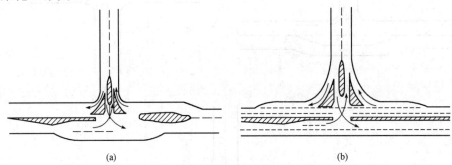

图 7-5 设置导流岛的渠化 T 形交叉

(3)主要公路为四车道公路以及设计速度为 80 km/h 的双车道公路，或虽然设计速度为 60 km/h，但属区域干线的双车道公路，其上的十字交叉应采用图 7-6 所示的渠化十字交叉。

3. 环形交叉

环形交叉适用于交通量适中，经过验算后出、入口之间的距离能满足交织长度的要求，或按"入口让路"规则设计能满足交通量需要的 3～5 岔的交叉。

(1)环形交叉宜采用图 7-7 所示的适应"入口让路"的行驶规则的形式。

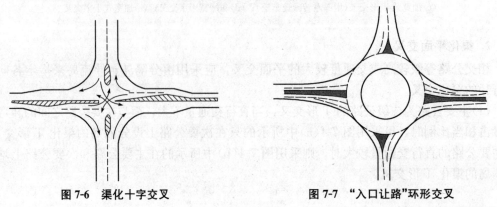

图 7-6 渠化十字交叉　　　　　　　　图 7-7 "入口让路"环形交叉

(2)"入口让路"环形交叉适用于一条四车道公路和一条双车道公路相交的交叉，以及两条高峰小时不明显的四车道公路相交的交叉。

7.2.4 平面交叉的勘测设计要点

1. 勘测要点

(1)搜集原有公路的等级、交通量、交通性质、交通组成、交通流向等资料和远景规划。

(2)根据地形和其他自然条件以及掌握的资料，按照有关规定，拟定交叉形式。

(3)选定交叉位置和确定交叉点，使各相交路线在平、纵、横方面都有较好的衔接。通常交叉点设在原有公路的中心线上或中心线的延长线上。

(4)测量交叉角、中线、纵断面和横断面。

(5)当地形和交叉口较复杂时，为更合理地选定交叉口的位置和形式，并便于排水，应详测地形图，以便作平面交叉竖向设计，其比例尺采用1∶500～1∶1 000。

2. 设计要点

(1)平面线型。

1)平面交叉范围内两相交公路应正交或接近正交，且平面线型宜为直线或大半径曲线，尽量避免采用需设超高的曲线半径。

2)新建公路与等级较低的既有公路斜交时，应对次要公路在交叉前后一定范围内作局部改线，使交叉的交角不小于70°。

(2)纵面线型。

1)平面交叉范围内，两相交公路的纵面应尽量平缓。纵面线型应大于最小停车视距要求。

2)主要公路在交叉范围内的纵坡应在0.15%～3%的范围内；次要公路上紧接交叉的部分引道以0.5%～2.0%的上坡通往交叉，而且此坡段至主要公路的路缘至少25 m，如图7-8所示。

3)主要公路在交叉范围内是超高曲线的情况下，次要公路的纵坡应服从主要公路的横坡。

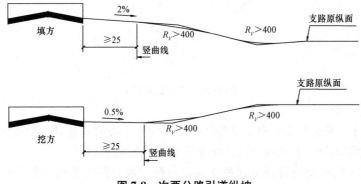

图7-8 次要公路引道纵坡

(3)视距。

1)引道视距。每条岔道和转弯车道上都应提供与行驶速度相适应的引道视距，如图7-9

所示。引道视距在数值上等于停车视距，但量取标准为：视点眼高 1.2 m；物高 0 m。各种设计速度所对应的引道视距及凸形竖曲线的最小半径规定，见表 7-3。

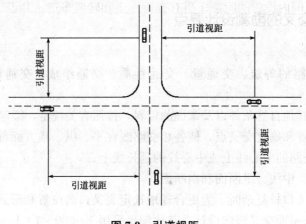

图 7-9　引道视距

表 7-3　引道视距及相应的凸形竖曲线最小半径

设计速度/(km·h^{-1})	100	80	60	40	30	20
引道视距/m	160	110	75	40	30	20
引道凸形竖曲线最小半径/m	10 700	5 100	2 400	700	400	200

2）通视三角区。两相交公路间，由各自停车视距所组成的三角区内不得存在任何有碍通视的物体，如图 7-10 所示。

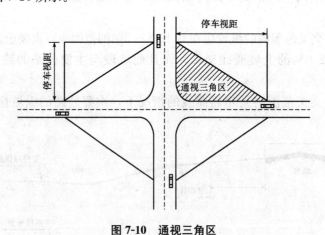

图 7-10　通视三角区

(4)立面设计。平面交叉处两相交公路共有部分的立面形式及其引道横坡，应根据两相交公路的相对功能地位、平纵线型以及交通管理方式等因素而定。

1）采用"主路优先"交通管理方式的交叉，应使主要公路的横断面贯穿交叉，而调整次要公路的纵断面以适应主要公路的横断面；当调整纵断面有困难时，应同时调整两公路的横断面。

2）主要公路设超高曲线时，应根据次要公路纵断面的不同情况处理立面。

3)两相交公路的功能地位相同或相仿,或者是信号交叉时,则两路均应作适当的调整。具体调整内容详见《规范》。

(5)平面交叉范围内设置的附加车道有变速车道和转弯车道。其设计要点和有关规定详见《规范》。

(6)平面交叉处的排水设计是一项重要内容。平面交叉处的排水设计应绘制排水系统图,并注明流向和坡度等。公路用地范围内由路基和路面排除所降雨水,公路用地范围外的雨水等不允许流入交叉处路面范围内。

(7)平面交叉的渠化设计,可采用导流岛、路面标线、交通岛等方式。

(8)交叉口应设置人行横道、人行天桥或通道,并设置限速、指路和其他有关标志、标线和信号。

(9)改建旧平面交叉可采用增设车道、渠化、改为立体交叉等方法。

3. 平面交叉基本设计成果

(1)平面交叉口平面布置图:比例尺用1∶500~1∶1 000,图中标出路中心线和路面边缘线,注明交叉点、各岔道起终点、加桩、控制断面的位置和桩号,并列出平曲线要素表。图中还应标出各控制断面的宽度、横坡度和两侧路面边缘设计高程,并注明交叉口处的纵坡等。

(2)纵、横断面图:除横断面图可用1∶100~1∶200比例尺外,其余要求与一般路线设计相同。

(3)交叉口地形图(地形和交叉口比较复杂时)和竖向设计图,以及交叉口的工程数量等资料。

7.3 公路立体交叉

公路立体交叉是指公路与公路(或铁路)相交时,利用"跨线"结构物使其在不同高程相互交叉连接,达到避免车流交叉行驶的目的。其作用是提高通行能力,减少交通事故的发生。

7.3.1 立体交叉的组成

立体交叉是由跨线构造物、正线、匝道、出入口及变速车道几部分组成的,如图7-11所示。

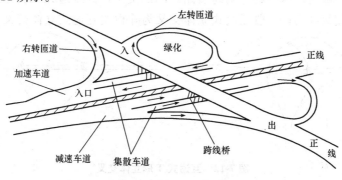

图7-11 立体交叉的组成

(1)跨线构造物。跨线构造物是立交实现车流空间分离的主体构造物,包括设于地面以上的跨线桥(上跨式)以及设于地面以下的地道(下穿式)。

(2)正线。正线是组成立交的主体。其是指相交道路的直行车行道。主要包括连接跨线构造物两端到地坪高程的引道和交叉范围内引道以外的直行路段。

(3)匝道。匝道是立交的重要组成部分,其是指供上、下相交道路转弯车辆行驶的连接道,有时包括匝道与正线以及匝道与匝道之间的跨线桥(或地道)。

(4)出口与入口。由正线驶出进入匝道的道口为出口,由匝道驶入正线的道口为入口。

(5)变速车道。为适应车辆变速行驶的需要,而在正线右侧的出入口附近设置的附加车道,称为变速车道。出口端为减速车道,入口端为加速车道。

7.3.2 主要设计内容与一般要求

高等级公路相交或交通量过大而平面交叉无法适应时,或是行车速度高、地形条件适合做成立体交叉,从经济上考虑又合理时,均可以考虑用立体交叉。立体交叉可分为互通式和分离式两种。相交公路通过跨线桥、匝道等连接上、下线的立体交叉,称为互通式立体交叉;相交公路通过跨线桥,但不能直接连接的立体交叉,称为分离式立体交叉。

(1)高速公路和其他各级公路交叉时,必须采用立体交叉。符合以下条件时应设置互通式立体交叉:

1)高速公路与承担干线和集散功能的公路相交时。

2)高速公路与连接其他重要交通源的连接线公路相交时。

3)作为干线功能的一级公路与其他干线公路和集散公路相交时。

4)一级公路采用平面交叉冲突交通量较大,通过渠化或信号控制仍不能满足通行能力要求时。

互通式立体交叉的形式、设置的间距及加(减)速车道、匝道的设计,应根据有关规定及具体情况确定。

(2)当一级公路与交通量较大的公路交叉时,应采用立体交叉。交叉形式可根据具体情况采用互通式或分离式立体交叉。

(3)对于二、三、四级公路之间的交叉,在直行交通量大时,宜采用立体交叉。

(4)互通式立体交叉。

1)互通式立体交叉的基本形式分为T形、Y形和十字形三种,如图7-12～图7-14所示。按功能将互通式立体交叉可分为枢纽式互通立体交叉和一般式互通式立体交叉。枢纽互通式立体交叉一般为高速公路与高速公路之间的交叉,其匝道无收费站等设施,且应保证所有交通流无交叉冲突;一般互通式立体交叉为除枢纽互通式立体交叉外的其他互通式

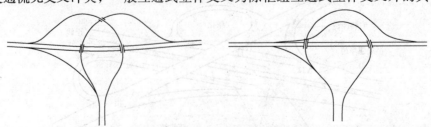

图7-12 互通式T形立体交叉

立体交叉，一般用于高速公路或一级公路与双车道公路之间的交叉，允许合并设置收费站和在被交公路的匝道端部采用平面交叉。互通式立体交叉结构复杂、占地多，但车辆可以近距离安全转弯、连续行驶。互通式立体交叉的间距最小为 4 km，最大为 30 km。

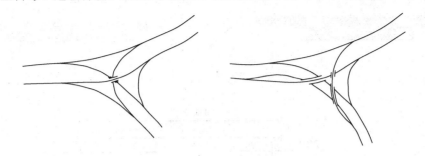

图 7-13　互通式 Y 形立体交叉

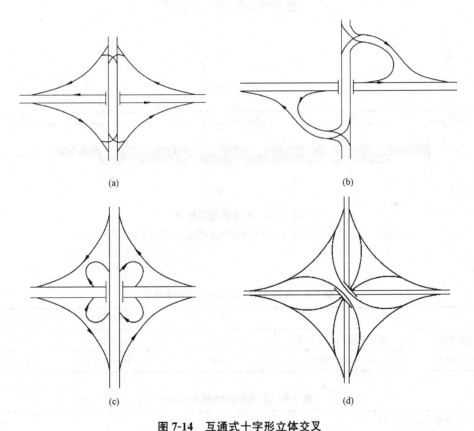

图 7-14　互通式十字形立体交叉
(a)菱形交叉；(b)半苜蓿叶形立体交叉；(c)苜蓿叶形立体交叉；(d)直连式立体交叉

2)匝道是连接立体交叉上、下路线的通道。匝道的横断面要求如图 7-15 所示。匝道的设计速度见表 7-4。匝道的圆曲线半径见表 7-5。匝道及其端部，凡曲率变化较大处均应设回旋线，参数 $A \leqslant 1.5R$ 为宜，并不小于表 7-6 规定的值。驶入匝道的分流点应具有较大的曲率半径，并使曲率变化适应行驶速度的变化，分流鼻处的曲率半径与回旋线参数见表 7-7。

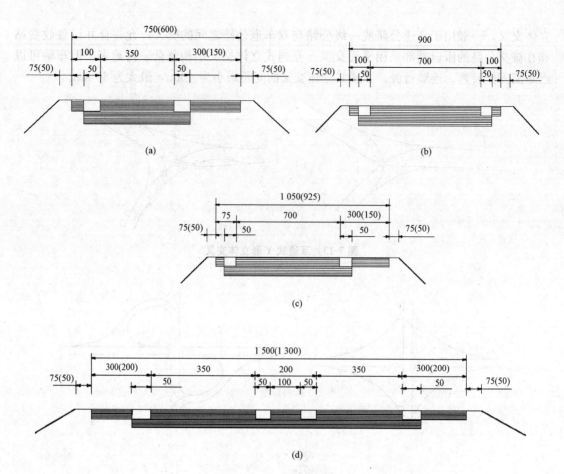

图 7-15 匝道横断面组成

(a)单车道；(b)双车道；(c)设供紧急停车用硬路肩；(d)对向分隔式双车道

表 7-4 互通式立体交叉匝道设计速度

匝道形式		直连式	半直连式	环形匝道
匝道设计速度/(km·h^{-1})	枢纽互通式立体交叉	50～80	40～80	40
	一般互通式立体交叉	40～60	40～60	30～40

表 7-5 匝道圆曲线最小半径

匝道设计速度/(km·h^{-1})		80	70	60	50	40	35	30
匝道圆曲线最小半径/m	一般值	280	210	150	100	60	40	30
	最小值	230	175	120	80	50	35	25

表 7-6 匝道回旋参数及长度

匝道设计速度/(km·h^{-1})	80	70	60	50	40	35	30
回旋线参数 A/m	140	100	70	50	35	30	20
回旋线长度/m	70	60	50	40	35	30	25

表7-7 分流鼻处曲率半径与回旋线参数

主线设计速度/(km·h^{-1})	曲率半径/m		回旋线参数A/m	
	一般值	极限值	一般值	极限值
120	350	300	140	120
100	300	250	120	100
≤80	250	200	100	80

3) 匝道最大纵坡应按照表7-8确定,最小竖曲线半径及竖曲线长度按表7-9确定。分流鼻附近竖曲线半径和最小长度规定于表7-10。

表7-8 匝道的最大纵坡

匝道设计速度/(km·h^{-1})			80	70	60	50	40	35	30
最大纵坡/%	出口匝道	上坡	3		4		5		
		下坡	3		3		4		
	入口匝道	上坡	3		3		4		
		下坡	3		4		5		

表7-9 匝道竖曲线的最小半径及最小长度

匝道设计速度/(km·h^{-1})		80	70	60	50	40	35	30
竖曲线最小半径/m	凸形 一般值	4 500	3 500	2 000	1 600	900	700	500
	凸形 极限值	3 000	2 000	1 400	800	450	350	250
	凹形 一般值	3 000	2 000	1 500	1 300	900	700	400
	凹形 极限值	2 000	1 500	1 000	700	450	350	300
竖曲线最小长度/m	一般值	100	90	70	60	40	35	30
	最小值	75	60	50	40	35	30	25

表7-10 分流鼻附近匝道竖曲线半径及长度

主线设计速度/(km·h^{-1})			120	100	80	60
竖曲线最小半径/m	凸形	一般值	3 500	2 000	1 600	900
		最小值	2 000	1 400	800	450
	凹形	一般值	2 000	1 500	1 400	900
		最小值	1 500	1 000	700	450
竖曲线最小长度/m		一般值	90	75	60	40
		最小值	60	50	40	35

4) 匝道的超高和加宽应设置过渡段,其具体要求参见《规范》。
5) 变速车道分为直接式和平行式两种。设计时应使车辆能够安全舒适地运行。
6) 相关设计内容还有收费广场、环境协调、景观设计、绿化设计、排水设计等。
7) 互通式立体交叉范围内的主要技术指标见表7-11。

表 7-11 互通式立体交叉范围内的主线技术指标

设计速度/(km·h^{-1})		120	100	80	60	40
平曲线最小半径/m	一般值	2 000	1 500	1 100	500	250
	最小值	1 500	1 000	700	350	150
竖曲线最小半径/m	凸形 一般值	4 500	2 500	12 000	6 000	2 000
	凸形 最小值	2 300	1 500	6 000	3 000	1 500
	凹形 一般值	1 600	1 200	8 000	4 000	3 000
	凹形 最小值	1 200	8 000	4 000	2 000	1 500
最大纵坡/%	一般值	2	2	3	4.5	5
	最小值	2	2	4	5.5	6

注：一般情况下，最小平曲线及竖曲线半径应采用大于或等于表列一般值；最大纵坡应小于或等于表列一般值，当受地形条件或其他特殊情况限制时，方可采用表列极限值。

7.3.3 测设要点

(1)应收集的资料，除平面交叉所要求提供的资料外，还应征求当地政府及有关部门的意见。

(2)实地初步拟定交叉的位置，用相交公路的中线为基线布设控制网，以供测量地形之用。

(3)地形测量，除分离式立体交叉外，均需测绘地形图。比例尺用 1∶500～1∶1 000。测绘的范围视实际需要而定，一般应测至交叉范围外至少 100 m 处。测量要求与桥位地形测量相同。

(4)拟定方案，在地形图上定出不同方案的交叉位置和形式(包括匝道)，并到实地核对，然后根据纸上资料等进行初步设计，拟定采用方案。为方便对方案进行比选，必要时需做模型和绘出透视图。

(5)按采用方案在实地上放样，并测得平、纵、横三方面资料。

(6)地质勘探，在跨线桥和其他构造物处应进行地质钻探，其要求与桥梁相同。

7.3.4 公路与公路立体交叉设计成果

(1)布置图比例尺一般用 1∶500～1∶1 000。其内容包括：地形、地物、路线(包括匝道)、跨线桥及其他构造物等。

(2)纵、横断面图比例尺和要求与平面交叉略同。

(3)跨线桥设计图，其要求与一般桥梁设计相同。

(4)如有挡土墙、窨井、排水管、排水泵站等其他构造物，均须附设计图。

(5)有比较方案时，应绘制布置图并提供有关资料。

(6)交叉口的工程数量等资料。

7.4 公路与其他路线交叉

7.4.1 公路与铁路交叉

公路与铁路交叉时，应根据公路的使用性质、交通情况、公路的规划断面和其他特殊要求，以及铁路的使用性质、运行情况、轨道数、有无调车作业（次数和断道时间）等情况。考虑并决定采用平面交叉、立体交叉或近期做平面交叉而远期改建为立体交叉的方案。

1. 公路与铁路平面交叉

公路与铁路平面交叉时，应设置道口，以正交或接近正交为宜；当必须斜交时，交叉角应大于45°，以缩短道口的长度与宽度，避免小型机动车和非机动车的车轮陷入铁轨轮缘槽内。

汽车驾驶员侧向最小瞭望视距是指汽车驾驶员在距道口相当于该公路停车视距，并不小于50 m处，应能看到两侧铁路上火车的范围。火车司机相对应的最小瞭望视距见表7-12。

表7-12　最小瞭望视距

路段旅客列车设计速度/(km·h^{-1})	火车司机最小瞭望视距/m	汽车驾驶员侧向最小瞭望视距/m
140	1 200	470
120	900	400
100	850	340
80	850	270

2. 公路与铁路立体交叉

高速公路、一级公路与铁路交叉时，必须设置立体交叉。高速铁路、准高速铁路和路段旅客列车设计速度为140 km/h的铁路与公路相交叉时，必须设置立体交叉。公路与铁路交叉时，符合下列情况之一者，应设置立体交叉：

(1)铁路与二级公路交叉时；
(2)铁路路段旅客列车设计速度大于或等于120 km/h的地段与公路相交叉时；
(3)由于铁路调车作业对公路上行驶车辆会造成严重延误时；
(4)受地形等条件限制，采用平面交叉会危及公路行车安全时。

立体交叉跨线桥的桥下净空规定为：当公路从铁路下穿行时，净空、净宽以及路肩或人行道的净高应符合《标准》有关规定，行车道部分的净高不小于5 m；当铁路从公路桥下穿行时，跨线桥下净空，应符合铁路净空限界的要求。

铁路与公路平行相邻时，铁路用地界与高速公路用地界间距不宜小于30 m，与一、二级公路用地界间距不应小于15 m，与三、四级公路用地界间距不应小于5 m。

7.4.2 公路与乡村道路交叉

公路与乡村道路相交叉的位置、形式、间距等的确定，应考虑县、乡土地利用总体规划中农业耕作机械需求。

高速公路与乡村道路相交叉必须设置通道或天桥；一级公路与乡村道路相交叉宜设置

通道或天桥；二、三级公路与乡村道路相交叉应设置平面交叉；四级公路与乡村道路相交叉宜设置平面交叉，地形条件有利或公路交通量大时宜设置通道或天桥。另外，二、三、四级公路与乡村道路相交时，应对其交叉范围内一定长度的路段进行改造，使其达到四级公路的标准，二级及以上公路位于城镇或人口密集的村落或学校附近时，宜设置专供行人横向通行的人行地道或人行天桥。

车行通道的净空应符合《规范》要求。

7.4.3 公路与管线交叉

各种管线如电信线、电力线、电缆、管道等均不得侵入公路建筑限界，也不得妨害公路交通安全和人员安全，并不得损害公路的构造物和设施。

架空送电线路与公路交叉时，宜为正交；必须斜交时，交叉角度应不大于45°。架空送电线路跨越公路时，送电线路导线与公路交叉处距路面的最小垂直距离必须符合相应送电线路标称电压规定的要求。

原油管道、天然气输送管道与公路交叉时，宜为正交；必须斜交时，交叉角度应不大于30°。

管道与各级公路交叉且采用下穿方式时，应设置地下通道（涵）或套管。通道或套管应按相应公路等级的汽车荷载等级进行验算。

思考与练习

1. 如何减少或消除"冲突点"？
2. 各种公路与公路平面交叉类型分别适用于何种条件？
3. 立体交叉的类型有哪些？

项目 8　公路沿线设施与环境保护

本章要求

1. 了解道路绿化原则及绿化带设计，道路环境保护的原则、依据以及措施。
2. 掌握道路服务设施公共交通站台、人行天桥、人行地道的设计以及布置。
3. 掌握道路安全设施护栏、隔离封闭设施的设置方法。

本章重点

道路服务设施公共交通站台、人行天桥、人行地道的设计；道路安全设施护栏的设置方法。

8.1　道路服务设施

8.1.1　公共交通站点的布设

1. 公共交通站点的种类和布置

城市道路客运交通应优先发展公共交通。我国城市道路承担着大量的客运交通量，在规划设计公共交通路线的同时，应重视对公共交通站点进行合理的布置。

城市公共交通站点（公交站）可分为终点站、枢纽站和中间停靠站。合理规划布置公交站点需要对客流的流向、流量进行调查分析，必要时可通过试用进行调整。不同公交站点的交通性质、交通流量和用地等要求不尽相同，因此，公交站点的布置应该优先考虑终点站、枢纽站和停靠站的布置。

(1)终点站。公共交通车辆需在终点站进行调头，部分车辆需暂时停歇，并进行加水、清洁、保养与小修工作，以及公交车辆的夜间存放，因此，终点站要占用较大的场地。为满足最低营运要求，每处终点站用地面积为 1 000～1 400 m²。一般布置在城市道路外的用地上或大型停车场内。

(2)枢纽站。在城市居民大量集散地，常有几条公交线路经过，上下车和换车的乘客较多，各条线路的站点比较集中，这种站点称为枢纽站。枢纽站的布置应注意乘客、行人和车辆的安全，尽量使换车乘客不穿过行车道且步行距离最短。

(3)停靠站。停靠站是指公交车辆在公交线路上中途停靠的位置，以供乘客安全上下车而设的一种道路设施。停靠站主要布置在客流集散的地点，如干道交叉口、火车站、大型商场、重要机关单位、大型工矿企业或大专院校等地点。

2. 公交站的间距

公交站的设置间距，应以方便乘客、节省乘客出行时间及提高站间行车速度为原则。站点间距小，设站过多，会增加乘客的乘车时间，车辆速度较低且启动、制动频繁，使轮胎与燃料消耗增加；如站点间距过大，虽然车辆运行速度提高、乘客的乘车时间减少，但增加了乘客的步行时间，造成乘客乘车不便。

公交站比较合理的间距，市区一般以 500～600 m 为宜，郊区为 1 000 m 左右。在交叉口附近设站点时，为不影响交叉口的交通组织和通行能力，宜安排在交叉口出口道路一侧或便于客流集散的一侧，以距交叉口 50～100 m 为宜。交通量较小的道路，站点距离交叉口不应小于 30 m。

3. 公交站台的布置

公交站台的布置与道路横断面形式有关，主要布置方式分为沿人行道设置和沿行车道分隔带设置两种。

(1)沿人行道设置。如图 8-1 所示，一般在人行道上辟出一段用地作为站台，以供乘客候车和上下车。站台高度宜高出车行道路面 20～30 cm 并避免有杆柱阻碍，以方便乘客上下车。这种设置方法的特点是构造简单，乘客上下车安全，但停靠的车辆占用非机动车道，对非机动车交通影响较大，多适用于非机动车交通量①②③④车道较宽的单幅路或双幅路。

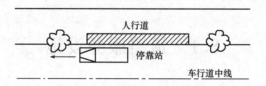

图 8-1　沿人行道设置的公交站台

(2)沿行车道分隔带设置。沿行车道分隔带设置公交站台，站台需全部或部分占用行车道分隔带，以供乘客候车和上下车，如图 8-2 所示。这种布置方式停靠的公交车辆对非机动车影响小，但上下车乘客需横穿非机动车道，影响非机动车道的交通，适用于非机动车交通量较大的三幅路或四幅路。

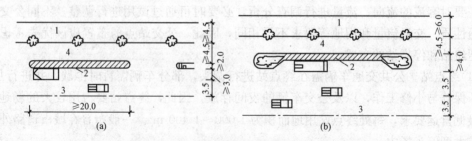

图 8-2　沿行车道分隔带设置的公交站台
(a)平行式站台；(b)港湾式站台
1—人行道；2—停靠站；3—路中线；4—非机动车道

1)当分隔带较窄时，可设置成平行式站台，如图 8-2(a)所示。为使乘客上下车和候车方便、安全，布置站台的分隔带宽度应不小于 2 m，站台长度视停靠的车辆数而定。

2)当分隔带较宽时(不小于 4 m)。可设置成港湾式站台，如图 8-2(b)所示。利用减窄一段分隔带宽度改为路面，做成港湾式停靠站，以减少停靠车辆所占的车道宽度，保证正线上的交通畅通。港湾的宽度和长度根据停靠车辆类型而定，一般至少有两个停车位。此法对机动车道较窄的路段适用。

8.1.2 道路照明设计

大量的资料和研究报告表明，有30%～40%的交通事故发生在夜间，且夜间交通事故中重伤、死亡等重大事故所占比例较大，其主要原因在于提供给驾驶员安全行车所必需的视觉信息不足。

道路照明是防止夜间交通事故最为有效的手段之一。设置道路照明还可使车速提高，减少运行时间，并使昼夜交通流的分布发生变化，吸引车辆在夜间行驶，有效减轻道路白天高峰期的拥挤程度，提高道路的使用效率。合理的道路照明布局，也可以给驾驶员提供前方道路方向、线形等视觉信息，使照明设施具有良好的诱导性。合理的照明设计，还具有美化环境、改善景观的作用。

我国城市道路一般均设有照明设施。公路的收费广场、服务区、停车区、管理设施等场区应设置照明设施；位于城市出入口路段的互通式立体交叉、特大桥和通往机场公路等特殊路段上宜设置照明设施；高速公路、一级公路的隧道，其长度大于100 m时应设置照明设施，二、三、四级公路的隧道，其照明设施可根据具体情况设置。

1. 道路照明标准

道路照明应该为驾驶员及行人提供良好的视觉环境，达到辨认可靠和视觉舒适的基本要求，因此，要求道路照明应满足平均亮度(照度)、亮度(照度)均匀度及眩光限制三项指标。另外，道路照明设施还应具有良好的诱导性。

(1)光的平均亮度(L_{av})。光的平均亮度是指发光强度为1 cd(坎德拉)的光源均匀分布在1 m²的照射面上所产生的视觉效果。光亮度的单位为cd/m²。

(2)光的平均照度(E_{av})。光的平均照度是指光通量(引起视觉的光能强度)为1 lm(流明)的光源均匀分布1 m²的照射面上所产生的视觉效果。光照度单位为lx(勒克司)。

平均照度与平均亮度换算系数单位为lx/(cd/m²)。沥青路面为15，水泥混凝土路面为10。

(3)亮度或照度的均匀度。亮度或照度的均匀度是指亮度或照度的最小值与平均值之比。

2. 照明标准的选取

照明标准的选定与道路等级、交通量、路面反光性质、路灯悬吊方式和高度等有关。我国城市道路照明标准，按照快速路、主干路、次干路、支路及居民区道路分为五级。

目前，公路正线难以在全线连续设置照明设施，是否设置应进行投资和运营管理费用承受能力的综合经济分析，然后确定建设方案。道路照明设计应按道路照明标准执行。我国公路照明标准推荐值见表8-1。

表8-1中所列平均亮度(照度)为维持值。对于新安装灯具。路面初始亮度(照度)值应比表中规定值高30%～50%；对于中、小城市，照明标准视道路分类可降低一级使用；表8-1中平均照度仅适用于沥青路面，对于水泥混凝土路面，平均照度值应根据表8-1中数值相应降低20%～30%。表8-1中各项数值仅适用于干燥路面。

表 8-1 公路照明标准推荐值

照明区域		亮度		照度		眩光限制	诱导性
		平均路面亮度 /(cd·m^{-2})	总均匀度 (L_{min}/L_{av})	纵向均匀度 lx	均匀度 (L_{min}/L_{max})		
特殊部位	高速公路	1.5~2	0.4	0.7	20~30	6	很好
	平面交叉	主路2 匝道1	0.5	0.7	主路30 匝道15	5	好
	立体交叉	1.5~2	0.3	0.6	20~30	6	很好
	特大型桥梁	1.5~3.5	0.5~0.7	0.7	15~50	5	很好
	收费站广场	2~5	0.4	0.6	20~50	5	好
	出口区	0.5~2	0.3	0.6	10~30	5	好
相关场所	服务区	0.5~1.5	0.3	0.5	10~20	5	好
	养护区	0.5~1.5	0.3	0.5	10~20	5	好
	停车场	1~2	0.3	0.5	15~30	5	一般

3. 照明系统的布置

道路照明应根据规定选择光源和灯具,按道路横断面的形式和宽度采用不同的照明布局。道路照明布局包括灯具的布置、安装高度、间距等方面,受到许多客观因素的影响,如道路等级、使用性质、交通量、车速、路宽、灯高、电灯功率、绿化、地下管线等。这些因素互相影响,彼此制约。道路照明布局应尽量发挥照明器的配光特性,使配光合理,效率提高,以取得较高的路面亮度和满意的均匀度,并应尽量限制产生眩光,以提高行车的可见度和视觉的舒适感。

(1)照明灯具的纵向布置。

1)两侧对称布置:如图 8-3 所示,适用于宽度超过 20 m、车辆和行人多的道路,一般可获得良好的路面亮度。

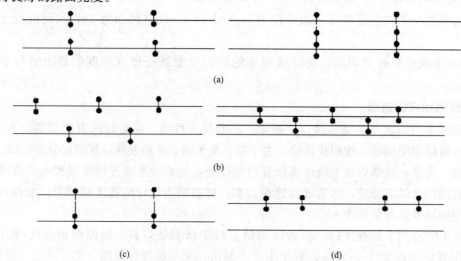

图 8-3 道路照明一般布置方式

(a)对称布置;(b)两侧交错布置;(c)中心排列;(d)单侧布置

2)两侧交错布置：如图8-3(b)所示，适用于宽度超过20 m的主要道路，照度及均匀度都比较理想。

3)中心排列：如图8-3(c)所示，适用于道路两侧行道树分叉点较低、遮光较严重的街道。这种布置经济、简单，照度较均匀，但易产生眩光，维修不便。

4)单侧布置：如图8-3(d)所示，一般适用于宽度在15 m以下的道路。其特点是经济、简单，但照度不均匀。

5)在平曲线上布置照明灯具时，路面较窄时布置在曲线外侧，路面较宽时在两侧对称布置。反向曲线路段灯具安装在一侧。在曲线半径小的路段上应缩短灯距。

6)坡道上照明灯具的布置应使灯具的开口平行坡道。在凸形竖曲线范围的灯具，其间距应该适当减小。

照明灯具的纵向间距一般为30~50 m，高度为12~15 m。

(2)照明灯具的横向布置。照明灯具一般布置在人行道绿化带或分隔带边上，灯柱距离路缘石边缘0.5~1.0 m。照明灯具通过支架悬臂挑出在道路的上空，悬挑长度不宜超过灯具安装高度的1/4。一般为2~4 m。

4. 照明灯具在交叉口的布置

T形交叉口，照明灯具多设在道路尽头的对面。能有效照亮交叉口，也利于驾驶员识别道路；十字形交叉口设在交叉口前进方向右侧；环形交叉口宜将灯具设在环道外侧；铁路道口照明灯具安装在前进方向右侧。

5. 照明灯具的安装高度

照度的均匀性与照明灯具安装高度和纵向间距有很大关系。灯具悬挂装设过低将造成照度分布不均匀并产生炫目现象，若装设高度合适，则纵向间距对照度均匀性起关键作用。

由于照明影响道路安全、行车顺畅与舒适度，因此在行人比较集中、存在路侧干扰及交叉干扰的市区和郊区，均应安装固定的照明设备。对于乡村公路，在运输特别繁忙和重要的路段，可配置路灯；在有条件的交叉口、人行横道等处可采用局部照明；一般路段可由车辆本身的车灯照明。

6. 立体交叉的照明

为保证夜间通行条件，立体交叉范围应有完善而良好的照明设施。要求照度均匀，视野清晰，能引导视线，照度标准应高于路段，满足眩光限制要求。各层道路上所产生的光斑应能衔接协调，使该处的照明均匀度不低于规定值。

当立体交叉的相交道路不设连续照明时，在立体交叉的平面交叉、出入口、弯道、坡道等地段都应设置照明，且照明应延伸到立体交叉范围以外，并逐渐降低亮度水平形成过渡照明以适应驾驶员的视觉要求。

对环形立体交叉、环形匝道及大型立体交叉等，宜优先采用高杆灯照明，不仅经济、合理，而且照明效果良好。采用高杆灯照明方式时应合理选择灯杆灯架的结构形式、灯具及其配置方式，确定合适的灯杆安装位置、高度、间距及灯具最大光强的投射方向，满足布光要求，避免或减弱眩光，保证行车安全。高杆灯照明是指灯具安装高度大于或等于20 m的照明。

8.1.3 人行天桥和人行地道

人行天桥和人行地道近年来广泛用于城市快速路、高速公路路段或城市交通繁忙的路口。其主要作用是保证行人安全通过，使地面车辆不受干扰并能快速行驶，不致产生人车冲突的交通事故。

1. 人行天桥和人行地道的设置地点

为了保证行人安全通过，防止行人横穿干道而影响车速，在下列情况宜设置人行天桥或人行地道：

(1)横过交叉口一个路口的步行人流量大于 5 000 人次/h，且同时进入该路口的小客车交通量大于 1 200 pcu/h。

(2)通过环形交叉口的步行人流量达 18 000 人次/h，且同时进入环形交叉的小客车交通量达到 2 000 pcu/h。

(3)行人需横过快速路时。

(4)铁路与城市道路相交，因列车通过一次阻塞步行人流量超过 1 000 人次或道口的关闭时间超过 15 min 时。

2. 人行天桥和人行地道的特点

人行天桥和人行地道在使用、施工和建筑造型等方面各有优缺点：天桥受地下管道的限制小，施工快、工期短，对现场的交通影响小，但由于至少要留出机动车行驶的安全净空，因此高差较大，行人上下不方便，同时天桥的建筑造型受环境限制。地道在雨雪天使用方便，高差较小，造型不影响市容观瞻，但施工期长、造价高，使用时在排水、照明方面需要消耗能源。

选择修建人行天桥还是人行地道，要因地制宜，充分考虑设置地点的道路状况、交通条件、周围景观、地上及地下各种设施、工程费用等，经技术、经济及美观等比较后确定。

3. 人行天桥和人行地道的设计原则

(1)符合总体规划要求，合理选择地点。

(2)注意近、远期结合。人行天桥长度应按永久规划横断面考虑，梯道或坡道占用人行道宽度时，应保证人行道的最小宽度。

(3)因地制宜，尽量减少房屋拆迁和公用事业管线拆迁，节约用地，减少工程投资。

(4)注意与周围环境协调。在满足功能的前提下，注意桥型美观。

(5)天桥尽量采用预制装配结构，减少对现有交通的影响，地道应尽量避免大开挖的施工方法。

(6)地面梯口宜少占用人行道的空间。

4. 人行天桥和人行地道的设计要求

(1)人行天桥和人行地道的宽度。人行天桥和人行地道的宽度应根据设计年限人流量及通行能力计算确定。通常人行天桥和人行地道的宽度一般为 3.0~5.0 m。另外，还应考虑其宽度与道路宽度、交叉口大小及周围城市景观和建筑的配合、协调。

(2)人行天桥和人行地道梯道、坡道的设计。通过人行天桥和人行地道出入通道的梯道或坡道时，行人的速度较慢，通行能力会受到影响。因此，梯道或坡道宽度应大于桥面或地道宽度，梯道或坡道宽度应根据设计年限人流量确定。

人行天桥和人行地道宜采用梯道型升降方式。梯道坡度宜采用 1:2~1:2.5，常用踏步每级宽为 30 cm，高为 15 cm。梯道高差大于或等于 3 m 时应设平台，平台长度不应小于 1.5 m。为便于自行车、儿童车、轮椅等的推行，可采用坡道型升降方式。但坡道坡度不应陡于1:7。坡道表面应防滑耐磨。梯道、坡道、平台及桥上应设扶手或护栏，扶手或护栏的高度应不低1.1 m。

（3）人行天桥的桥下净空。应满足各种车辆及行人的通行需要。人行地道净空应不低于2.5 m。

（4）行人护栏的设置。为了引导行人经由人行天桥或人行地道过街，应设置导流设施，其断口宜与人行天桥或人行地道两侧附近的交叉口结合。一般需在天桥或地道两端沿街设置50～100 m的高护栏。

8.2 道路交通安全与管理设施

近些年，随着交通量的剧增，道路交通安全问题显得尤为突出。发展中国家因长期受经济条件的限制，道路及交通安全设施建设落后，不能满足交通量迅速增长的要求；国民交通意识相对比较薄弱，驾驶人员素质较低；交通管理手段落后。因此，虽然大多数国家的道路安全设施得到了一定的改善，但近几年来交通事故仍持续增长。

交通标志大全

8.2.1 我国道路交通安全现状

现阶段，我国社会的主要矛盾是人民日益增长的美好生活需要与不平衡不充分的发展之间的矛盾。这种矛盾反映在交通问题上就是日益增长的交通需求与落后的道路基础设施之间的矛盾，它已成为制约交通管理的主要因素，随着国家经济的进一步发展，这种矛盾将更加突出。一方面，公路客货运输周转量平均以每年17%的幅度递增，公路运输比重也将加大，客运量占全社会运输量的91.3%，货运量占78.3%。随着城市化进程加快，城市范围不断扩大，流动人口将有增无减。据计算，目前全国乘客人数急剧增加。运输需求的上涨，促进了车辆数迅速增长，汽车运输的主导地位将得到加强。2011年年底，中国城镇居民家庭平均每百户拥有家用汽车18.6辆，截至2012年6月底，我国已拥有机动车2.33亿辆，其中，汽车1.14亿辆，摩托车1.03亿辆。全国汽车每年将以15%的幅度递增，且随着人民群众购买力的提高，还将呈明显的增长趋势。另一方面，我国道路里程较少，质量较差，建设速度比较缓慢和发达国家相比还有一定差距。主要问题还是道路等级较低。我国城市道路等基础设施过去欠账较多，加之城市化速度加快，道路建设还不能达到"新账不再欠，旧账逐年还"的良性循环，也远不能适应交通需求。目前，我国城市道路人均占有道路面积率低，普遍不具备人车分离条件，城市自行车交通引起的混乱交通问题仍然严重。

交通需求的日益增长，带来了道路上交通流量的急剧膨胀，基础设施承受能力明显不足，道路服务水平趋于下降；人车混杂的交通现象仍将存在，相互干扰严重，平均车速低。这将导致经常性的交通阻塞，秩序混乱，事故频发，使交通安全管理更加复杂和艰难。

据近25年的不完全统计，我国交通事故死亡人数总体呈上升趋势。20世纪80年代中期。年死亡人数为40 000多人，根据2011年统计数据显示，全国共接报涉及人员伤亡的道路交通事故210 812起，共造成62 387人死亡，其中营运客货车肇事50 296起，占交通事故的23.9%，造成20 648人死亡，占死亡人数的33.1%。根据国外事故和车辆发展规律，事故演变过程一般呈波峰线型,即逐渐上升达到高峰,然后逐渐下降,并趋于平稳。而车辆的增长呈直线型。就是说事故变化与车辆发展的关系不是一成不变的,分歧点在事故高峰。因此,我国未来交通事故发展存在着两种可能性,一是事故继续上升,逐渐达到高峰;二是事故近期已达到高峰,将逐渐下降。从近几年情况来看,随着经济、车辆及运输量的增长,事故总体是上升的;虽然事故死亡人数上升幅度减少,但是车辆、运输周转量增长幅度也是减少的。因此,近几年我国交通事故上升幅度有所减少,还不能说明事故上升已到了高峰。

从根本上讲,交通问题是社会发展的战略问题。要根治交通问题需要长期的艰苦努力,必须投入相当的人力、物力和财力。我国目前由于道路安全设施严重缺乏。交通供需尖锐化的矛盾一时难以缓解。基于我国道路交通安全现状,短时期要改变我国交通安全整体落后的面貌是相当困难的。依靠突击整顿抓安全只是短期行为,即使取得成效也只是暂时的。因此,一般认为,我国还处在交通事故与车辆同时增长的阶段。随着各种车辆和交通流量的不断增长,我国交通安全正处于事故高峰前的"爬坡"时期。但是,采取综合治理措施,改善道路基础设施,加强社会安全防范机制,使大部分交通参与者能自觉遵守交通规则,交通事故还是可以控制并尽可能减少的。

8.2.2 道路交通安全对策与措施

保证道路交通安全,应从道路安全设施、车辆安全设施、驾驶员安全设施、行人安全设施、残疾人交通安全设施、交通安全设施环境、交通安全训练设施、交通安全救援设施、交通安全救护设施等问题的研究展开,良好的道路交通安全设计是道路安全的有效保证。

1. 道路安全设施

道路安全设施可分为永久性设施和临时性设施两类。永久性道路安全设施包括维护正常道路功能使用的各类防护设施。其中有防落石、防崩塌、防碰撞、防驶出、防进入、防超速、防超长、防超宽、限制、指路、诱导、禁止等一切路上永久性工程设施。

在道路安全设施的布置与规划实施阶段中又存在着很强的系统性,这个系统性不仅存在于安全设施整体布局方案之中,还存在于人、车、路、环境这个整体中,表现在设施的有效性与可靠性方面,这些将决定设施方案设计的可选择性。总之,它是由技术经济评价来决定可行性的。

临时性设施则是针对临时需要如施工便线、车辆故障、临时停车安全防护等设计的,也有的是为了逐步过渡到规划的永久性安全设施的需要而设置的。

道路交通安全设施中面广量大且最有显著成效的当属标线、标志方面。标线与标志可以使交通事故大幅度地下降,研究标志和标线自身的技术寿命与技术效果问题意义重大。

2. 车辆安全设施

车辆安全设施一般均是针对车辆故障预防,或是保险、应急而研制的一种用户自己选择的车辆辅助装置,它是针对行驶中的紧急情况、车辆的突发故障、特殊地区和场合的需求而设计的。

3. 驾驶员与行人、残疾人交通安全设施

这类设施是对驾驶员、行人、残疾人等各种不同的交通参与者提供的一种交通过程中的安全服务,具有使用选择性和选择自由性,均不属于强制性设施。

4. 交通安全设施环境

交通安全设施环境研究是研究安全设施系统所构成交通环境的整体安全性及其综合评价工作。该研究涉及研究方法、规范、标准、规则，以及交通参与者人体要素的交通安全适应性和心理要素的交通安全适应性和生理要素的交通安全适应性。

5. 交通安全训练

交通安全训练研究是对驾驶员从学科、素质训练及缺陷校正方面培训的研究，是对交通参与者交通意识教育和安全宣传方面的研究。

6. 交通安全救援与救护技术

交通安全救援与救护技术包括交通安全救援与救护的方法、技术及装备，这对解决"假死"救护和"高速路事故"救援极为重要。

8.2.3 道路交通安全设施设计

交通安全设施属于道路的基础设施，它对减轻事故的严重性，排除各种纵、横向干扰，提高道路服务水平，提供视线诱导，改善道路景观等起着重要的作用。特别是对充分发挥高速公路安全、快速、经济、舒适的功能，具有特殊的意义。

交通安全设施主要包括护栏、隔离栅、桥梁护网、视线诱导设施（轮廓标）、防眩设施和活动护栏等。

1. 护栏

护栏是一种纵向吸能结构，通过自体变形或使车辆爬高来吸收碰撞能量，从而改变车辆行驶方向，阻止失控车辆越出路外或进入对向车道，不致发生二次事故。护栏可减轻事故车辆的损伤程度，最大限度减少对乘员的伤害，同时具有诱导视线的作用。

(1)护栏的类型。

1)按护栏构造形式分类。

①半刚性护栏。半刚性护栏是一种连续的梁柱式护栏结构，具有一定的刚度和柔性。它是一种以波纹状钢护栏板相互拼接并由立柱支撑而组成的连续结构，它利用土基、立柱、波形梁的变形来吸收碰撞能量，并迫使失控车辆改变方向。波形梁护栏是半刚性护栏的主要代表形式(图 8-4)。

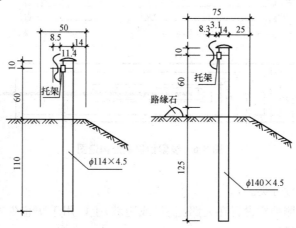

图 8-4 波形半刚性护栏构造图

②刚性护栏。刚性护栏是一种基本不变形的护栏结构。混凝土护栏是刚性护栏的主要形式(图 8-5),它是一种以一定形状的混凝土块相互连接而组成的墙式结构,它利用失控车辆碰撞后爬高并转向来吸收碰撞能量。

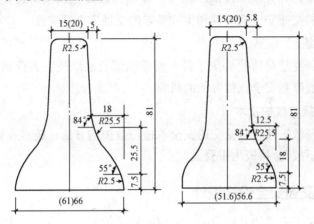

图 8-5　基本型(改造型)混凝土护栏构造图

③柔性护栏。柔性护栏是一种具有较大缓冲能力的韧性护栏结构。缆索护栏是柔性护栏的主要代表形式(图 8-6),它是一种以数根施加初张力的缆索固定于立柱上而组成的钢缆结构,主要依靠缆索的拉应力来抵抗车辆的碰撞荷载,吸收碰撞能量。

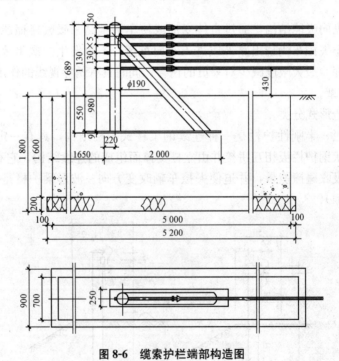

图 8-6　缆索护栏端部构造图

2)按护栏设置位置分类。

①路侧护栏。路侧护栏设置在公路路肩(或边坡)上,用于防止失控车辆越出路外,撞到路边障碍物和其他设施。

②中央分隔带护栏。中央分隔带护栏设置于道路中间带内,目的是防止失控车辆穿越中间带闯入对向车道,保护中间带内的构造物和其他设施。

③桥梁护栏。桥梁护栏设置在桥梁上,目的是防止失控车辆越出桥外,保护行人和非机动车辆。

④活动护栏。活动护栏设置在中央分隔带处用以分隔对向交通的可移动护栏,在抢险、救援等紧急情况下,能及时地开启,使车辆紧急通过。

(2)护栏的设置原则。

1)路侧护栏。

①车辆驶出路外有可能造成单车特大事故或二次重大事故的路段必须设置路侧护栏。如二级及二级以上公路边坡坡度和路基高度在图8-7的Ⅰ区方格阴影范围之内的路段,路侧有江河湖海、沼泽、航道等水域的路段。

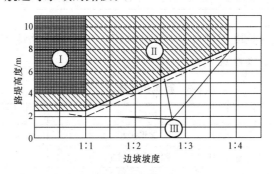

图8-7 边坡坡度、路基高度与设置护栏之间的关系

②车辆驶出路外有可能造成二次特大事故的路段必须设置路侧护栏。

③车辆驶出路外有可能造成重大事故的路段必须设置路侧护栏。如二级及二级以上公路边坡坡度和路基高度在图8-7所示的Ⅱ区方格阴影范围之内的路段;高速公路、一级公路路侧安全净区内不能安全穿越的照明灯、摄像机、可变信息标志、交通标志、路堑支撑壁、声屏障、上跨桥梁的桥墩或桥台等设施的路段;二级以上公路路侧边沟无盖板、车辆无法安全穿越的挖方路段;三、四级公路路侧有悬崖、深谷、深沟的路段。

④车辆驶出路外有可能造成一般或重大事故的路段宜设置路侧护栏。如二级及二级以上公路边坡坡度和路基高度在图8-7所示的Ⅲ区方格阴影范围之内的路段;三、四级及以上公路边坡坡度和路基高度在图8-7所示的Ⅰ区方格阴影范围之内的路段;二级及二级以上公路纵坡大于或等于现行《标准》规定的最大纵坡值的下坡路段和连续下坡路段;二级及二级以上公路平曲线半径小于现行《标准》规定的一般最小半径的路段外侧;高速公路、一级公路用地范围内存在粗糙的石方开挖断面、高出路面30 cm以上的混凝土基础、挡土墙或大孤石等障碍物;高速公路、一级公路互通式立交出口匝道的三角地带及匝道小半径圆曲线外侧。

根据车辆驶小路外可能造成的交通事故等级,应按表8-2规定选取路侧护栏的防撞等级。

表 8-2　路基防撞护栏的适用等级

公路等级	设计速度/(km·h^{-1})	车辆驶出路外或进入对向车道可能造成的事故等级		
		一般事故或重大事故	单车特大事故或二次重大事故	二次特大事故
高速公路一级公路	120	A，A$_m$	SB，SB$_m$	SS
	100，80			SA，SA$_m$
	60		A，A$_m$	SB，SB$_m$
二级公路	80，60	B	A	SB
三级公路	40，30		B	A
四级公路	20			

注：公路护栏防撞等级分类，路侧分为 B、A、SB、SA、SS 五级；中央分隔带分为 A$_m$、SB$_m$、SA$_m$ 三级。

路侧护栏的最小设置长度应符合表 8-3 的规定，相邻两段路侧护栏间的间距小于表 8-3 中规定的最小长度时宜连续设置。

表 8-3　路侧护栏最小设置长度

公路等级	护栏类别	最小长度/m
高速、一级公路	波形护栏	70
	混凝土护栏	36
	缆索护栏	300
二级公路	波形护栏	48
	混凝土护栏	24
	缆索护栏	120
三级、四级公路	波形护栏	28
	混凝土护栏	12
	缆索护栏	120

2）中央分隔带护栏。当整体式断面中间带宽度小于或等于 12 m 时，必须设置中央分隔带护栏；当其中间带宽度大于 12 m 时，应分路段确定是否设置中央分隔带护栏。

分离式断面时，行车方向左侧应按路侧护栏设置；上、下行路基高差大于 2 m 时，可只在路基较高的一侧按路侧护栏设置。

高速公路和禁止车辆掉头的一级公路中央分隔带处，必须设置活动护栏。

根据车辆驶入对向车道可能造成的交通事故等级选取中央分隔带护栏的防撞等级。

(3) 桥梁护栏的设置原则。

1）高速公路桥梁的外侧和中央分隔带必须设置桥梁护栏。

2）作为干线公路的一、二级公路桥梁必须设置路侧护栏；作为干线公路的一级公路桥梁必须设置中央分隔带护栏。

3）作为集散公路的一、二级公路桥梁应设置路侧护栏；作为集散公路的一级公路桥梁宜设置中央分隔带护栏。

4）跨越深谷、深沟、江、河、湖泊的三、四级公路桥梁应设置路侧护栏；位于其他路段经综合论证可不设置护栏的桥梁应设置视线诱导设施或人行栏杆。

5)根据车辆驶出桥外或进入对向车道可能造成的交通事故等级,应按表 8-4 规定选取桥梁护栏的防撞等级。

表 8-4 桥梁护栏防撞等级的适用条件

公路等级	设计速度 /(km·h^{-1})	车辆驶出路外或进入对向车道可能造成的事故等级	
		重大事故或特大事故	二次重大事故或二次特大事故
高速公路 一级公路	120	SB,SB$_m$	SS
	100,80		SA,SA$_m$
	60	A,A$_m$	SB,SB$_m$
二级公路	80,60	A	SB
三级公路	40,30	B	A
四级公路	20		

注:公路护栏防撞等级分类,路侧分为 B、A、SB、SA、SS 五级。中央分隔带分为 A$_m$、SB$_m$、SA$_m$ 三级。

(4)护栏形式的选择。

1)路基护栏形式的选择。选择路基护栏时,应考虑以下因素:

①护栏的防撞性能。所选取的护栏形式在强度上必须能有效地吸收设计碰撞能量,阻止相应失控车辆越出路外或进入对向车道并使其正确改变行驶方向。

②受碰撞后的护栏变形程度。受碰撞后护栏的最大动态变形量不应超过护栏与被防护对象之间容许的变形距离。

③护栏所在位置的现场条件。路肩和中央分隔带宽度、公路边坡坡度等均会影响某些形式护栏的使用。

④护栏材料的通用性。护栏及其端头、与其他形式护栏的过渡处理,宜采用标准化材料。

⑤护栏的全寿命周期成本。除考虑护栏的初期成本外,还应考虑投入使用后的养护成本。

⑥护栏养护工作量的大小与养护的方便程度。综合考虑常规养护、事故养护、材料储备和养护方便性等。

⑦护栏的美观、环境因素。护栏选择应适当考虑护栏的美观因素,并充分考虑沿线的环境腐蚀程度、气象条件和护栏本身对视距的影响等因素。

⑧应考虑所在地区现有公路护栏使用的效果,避免现有护栏在使用中存在的缺陷。

2)桥梁护栏形式的选择。选择桥梁护栏时,应考虑以下因素:

①护栏的防撞性能。所选取的护栏形式在强度上必须能够有效吸收设计碰撞能量,阻止相应失控车辆越出路外或进入对向车道并使其正确改变行驶方向。

②受碰撞后的护栏变形程度。受碰撞后护栏的最大动态变形量不应超过护栏与被防护对象之间容许的变形距离。

③环境和景观要求。钢桥应采用金属梁柱式桥梁护栏;对景观有特殊要求的桥梁、积雪严重地区的桥梁宜选用梁柱式桥梁护栏或组合式桥梁护栏;为减轻桥梁自重,宜采用金属梁柱式桥梁护栏;跨越大片水域的特大桥或桥下净空大于或等于 10 m 时,宜采用组合式

或钢筋混凝土墙式桥梁护栏；二级及二级以上公路小桥、通道、明涵宜采用与相邻路基护栏相同的形式。

④护栏的全寿命周期成本。除考虑桥梁护栏的初期成本外，还应考虑投入使用后的养护成本。

2. 防眩设施

夜间在道路上行驶的车辆在会车时，其前照灯（大灯）的强光会引起驾驶员炫目，致使驾驶员获得视觉信息的质量显著降低，造成视觉机能的伤害和心理的不适，从而使驾驶员产生紧张和疲劳感，是诱发交通事故的潜在因素。

防眩设施就是防止夜间行车受对向车辆前照灯炫目的人工构造物。防眩设施可分为人造防眩设施和绿化防眩设施两种。其中，人造防眩设施主要包括防眩板和防眩网等构造形式。中央分隔带植树除具有美化道路的功能外，同时也起着防眩的作用，故植树也可作为防眩设施的一种类型。防眩设施设置的原则具体如下：

(1)高速、一级公路符合下列条件之一，应设置防眩设施。

1)中央分隔带宽度小于 9 m 的路段；

2)夜间交通量较大、服务水平达到二级以上的路段；

3)圆曲线半径小于一般值的路段；

4)凹形竖曲线半径小于一般值的路段；

5)公路路基横断面为分离式断面，上、下行车道高差小于或等于 2 m；

6)与相邻公路或交叉公路有严重眩光影响的路段；

7)连拱隧道进出口附近。

(2)非控制出入的一级公路平面交叉、中央分隔带开口两侧各 100 m（设计速度≥80 km/h）或 60 m（设计速度为 60 km/h）范围内可逐渐降低防眩设施的高度，由正常高度值降至开口处的零高度，否则不宜设防眩设施。

(3)公路沿线有连续照明设施的路段。可不设防眩设施。

(4)防眩设施在连续设置时，应符合以下规定：

1)避免在两段防眩设施中间留有短距离间隙；

2)各结构段应相互独立，每一结构段的长度不宜大于 12 m；

3)结构形式、设置高度、设置位置发生变化时应设置渐变过渡段，过渡段长度以 50 m 为宜。

(5)防眩设施应设置在道路的中央分隔带上，且最好与护栏、隔离封闭设施配合使用，既可节省投资，又可防止行人在公路上随意横穿而使驾驶员行车产生紧张感。防眩设施可设置在道路的中央分隔带中心线上，也可靠中央分隔带一侧设置。

3. 隔离封闭设施

隔离封闭设施是防止人和动物随意进入或横穿汽车专用公路，防止非法占用公路用地的人工构造物。隔离封闭设施可有效排除横向干扰，避免由此产生的交通延误或交通事故，从而保障高速公路和一级公路能快速、舒适、安全的运行。

隔离封闭设施包括设置于公路路基两侧用地界线边缘上的隔离栅和设置于上跨公路主线的分离式立交桥或人行天桥两侧的防护网。

隔离栅是用于阻止人畜进入公路或沿线其他禁入区域、防止非法侵占公路用地的设施。隔离栅的高度一般不小于 5 m。

1) 隔离栅结构形式。隔离栅有金属网型、刺铁丝型和常青绿篱型三大类。常青绿篱在南方地区与刺铁丝隔离栅配合使用,具有降噪、美化道路和节约投资的功效。

2) 隔离栅设置原则。除特殊路段外,高速公路、控制出入的一级公路沿线两侧必须设置连续的隔离栅。

下述情况可不设隔离栅:

①高速公路、控制出入的一级公路的路侧有水渠、池塘、湖泊等天然屏障的路段;

②高速公路、控制出入的一级公路的路侧有高度大于 1.5 m 的挡土墙或砌石等陡坎的路段;

③桥梁、隧道等构造物除桥头、洞口须与路基隔离栅连接以外的路段。

此外,隔离栅遇到桥梁、通道时,应在桥头锥坡或端墙围封。

3) 隔离栅形式选择。隔离栅的形式选择必须考虑其性能、造价、美观,与公路周围环境的协调、施工条件及养护维修等因素,并应与公路的设计标准相适应。

①金属网型。金属网隔离栅是一种结构合理、美观大方的结构形式,但单位造价较高。其主要适用于:城镇及城镇郊区人烟稠密的路段和城市快速干道的两侧;风景区、旅游区、名胜古迹等美观性要求较高的路段两侧;互通立交、服务区和通道的两侧。

②刺铁丝型。刺铁丝隔离栅是一种比较经济适用的结构形式,但美观性较差。其主要适用于:人烟稀少的路段、山岭地区的公路、郊外的公路保留用地、郊外高架构造物下方、路线跨越沟渠而需封闭的地方。

③常青绿篱型。在互通立交区域、服务区、收费站等处及设置刺铁丝隔离栅的路段,隔离栅的设置宜与绿化相配合,选择合适的小乔木或灌木,在管辖地界范围形成绿篱,以有效增强该区域的景观美观性。

4. 桥梁护网

桥梁护网安装于公路上跨桥梁两侧,用于阻止有人向公路抛扔物品及杂物,或防止运输散落物等落到公路上的防护设施。上跨高速公路、须控制出入的一级公路的车行或人行构造物两侧均应设置桥梁护网;当公路跨越铁路、通航河流、交通量较大的其他公路时应根据情况设置桥梁护网。

5. 视线诱导设施——轮廓标

视线诱导设施的主要作用是在夜间通过对车灯光的反射,使驾驶员能够了解前方道路的线型及走向,使其提前做好准备。视线诱导设施主要包括分合流标志、线型诱导标和轮廓标等。轮廓标是沿公路路肩设置的,用以指导公路方向、车行道边界的视线诱导设施。

(1) 设置原则。

1) 高速、一级公路的主线及其互通式立体交叉、服务区、停车区等处的进出匝道应全线连续设置轮廓标。

2) 一级及二级以下公路的视距不良路段、设计时速大于或等于 60 km/h 的路段、车道或车道宽度有变化的路段以及连续急弯陡坡路段宜设置轮廓标。轮廓标的设置间距见表 8-5。

表 8-5 曲线路段、匝道处轮廓标的设置间距　　　　　　　　　　　　m

曲线半径	≤89	90~179	180~274	275~374	375~999	1 000~1 999	≥2 000
设置间距	8	12	16	24	32	40	48

(2)设置方法。轮廓标在公路前进方向左右两侧对称设置。直线路段设置间距不应超过50 m，曲线路段和匝道处设置间距不应大于表8-5的规定。公路路基宽度、车道数量有变化的路段及竖曲线路段，可适当加密轮廓标。

安装轮廓标时，反射体应面向交通流，其表面法线应与公路中心线呈0°～25°。轮廓标的安装高度宜保持一致，轮廓标反射体中心线距离路面的高度应为60～70 cm。

8.3 道路绿化

城市道路绿化是城市道路的重要组成部分，在城市绿化覆盖率中占较大比例。随着城市机动车辆的增加，交通污染日趋严重，利用道路绿化改善道路环境已成当务之急；同时，城市道路绿化也是城市景观风貌的重要体现。目前，我国城市道路建设发展迅速，为了使道路绿化更好地发挥绿化功能，协调道路绿化与相关市政设施的关系，以利于行车安全，有必要统一技术规定，以适应城市现代化建设需要。

8.3.1 道路绿化规划与设计基本原则

(1)城市道路绿化主要功能是庇荫、滤尘、减弱噪声、改善道路沿线的环境质量和美化城市。以乔木为主，乔木、灌木、地被植物相结合的道路绿化，防护效果最佳，地面覆盖最好，景观层次丰富，能更好地发挥其功能作用。

(2)为保证道路行车安全，道路绿化有行车视线和行车净空两个方面的要求。在道路交叉口视距三角形范围内和弯道内侧的规定范围内种植的树木不影响驾驶员的视线通透，保证行车视距；在弯道外侧的树木沿边缘整齐连续栽植，预告道路线型变化，诱导驾驶员行车视线。道路设计规定在各种道路的一定宽度和高度范围内为车辆运行的空间，树木不得进入该空间，具体范围应根据道路交通设计部门提供的数据确定。

(3)城市道路用地范围空间有限，在其范围内除安排机动车道、非机动车道和人行道等必不可少的交通用地外，还需安排许多市政公用设施，如地上架空线和地下各种管道、电缆等，道路绿化也需安排在这个空间里。绿化树木生长要有一定的地上、地下生存空间，如得不到满足，树木就不能正常生长，将直接影响其形态和树龄，影响道路绿化所起的作用。因此，应统一规划，合理安排道路绿化与交通、市政等设施的空间位置，使其各得其所，减少矛盾。

(4)"适地适树"是指绿化要根据本地区气候、栽植地的小气候和地下环境条件选择适宜在该地生长的树木，以利于树木的正常生长，抵御自然灾害，保持较稳定的绿化成果。植物伴生是自然界中乔木、灌木、地被等多种植物相伴生长在一起的现象，形成植物群落景观。伴生植物生长分布的相互位置与各自的生态习性相适应，地上部分，植物树冠、茎叶分布的空间与光照、空气温度、湿度要求相一致，各得其所；地下部分，植物根系分布对土壤中营养物质的吸收互不影响。道路绿化为了使有限的绿地发挥最大的生态效益，可以进行人工植物群落配置，形成多层次植物景观，但要符合植物伴生的生态习性要求。

(5)古树是指树龄在百年以上的大树。名木是指具有特别历史价值或纪念意义的树木及稀有、珍贵的树种。道路沿线的古树、名木可依据《城市绿化条例》和地方法规或规定进行保护。

(6)道路绿化从建设开始到形成较好的绿化效果需十几年的时间。因此，道路绿化规划设计要有长远观点，绿化树木不应经常更换、移植；同时，道路绿化建设的近期效果也应重视，使其尽快发挥功能作用，这就要求道路绿化远、近期结合，互不影响。

8.3.2 道路绿化的相关概念

(1)道路绿化带。道路广场用地范围内的绿化用地。其中，属于广场用地范围内的绿地为广场绿地；属于社会停车场用地范围内的绿地为停车场绿地，位于交通岛上的绿地为交通岛绿地，位于道路用地范围(道路红线以内范围)的绿地多为带状，故称为道路绿化带。

道路绿化带根据其布设位置又可分为中间分车绿化带、两侧分车绿化带、行道树绿化带和路侧绿化带。行道树绿化带常见的有两种：一种是仅种植一排行道树，树下留有树池；另一种是行道树下成带状配置地被植物和灌木，形成复层种植的绿化带。路侧绿化带常见的有三种：第一种是因建筑线与道路红线重合，路侧绿带毗邻建筑布设；第二种是建筑退让红线后留出人行道，路侧绿带位于两条人行道之间；第三种是建筑退让红线后在道路红线外侧留出绿地，路侧绿带与道路红线外侧绿地结合。

道路红线外侧绿地包括街旁游园、宅旁绿地、公共建筑前绿地等，这些绿地虽不统计在道路绿化用地范畴内，但能加强道路的绿化效果。停车场绿地包括停车场周边绿地和停车间隔带绿化。

(2)道路绿地率。道路绿地率的计算是采用简化方式，因道路绿地多以绿带分布在道路上，各种绿带宽度之和占道路总宽度的百分比近似等于道路绿地面积与道路总面积的百分比。计算时，对仅种植乔木的行道树绿带宽度按 1.5 m 计；对乔木下成带状配置地被植物，宽度大于 1.5 m 的行道树绿带按实际宽度计。

(3)园林景观路。园林景观路位于城市重点路段，对道路沿线的景观环境要求较高，通过提高道路绿化水平，更好地体现城市绿化景观风貌。

8.3.3 道路绿化带设计

1. 分车绿化带设计

(1)分车绿化带靠近机动车道，其绿化应形成良好的行车视野环境。分车绿化带应形式简洁、树木整齐一致，使驾驶员容易辨别穿行道路的行人，可减少驾驶员视觉疲劳。相反，植物配置繁乱，变化过多，容易干扰驾驶员视线，尤其在雨天、雾天影响更大。

(2)分车绿化带上种植的乔木，其树干中心至机动车道路缘石外侧距离不宜小于 0.75 m 的规定，主要是从交通安全和树木的种植养护两个方面考虑。在中间分车绿化带上合理配置灌木、灌木球、绿篱等枝叶茂密的常绿植物能有效地阻挡对面车辆夜间行车的远光，改善行车视野环境。分车绿化带距交通污染源最近，其绿化所起的滤减烟尘、减弱噪声的效果最佳。两侧分车绿化带对非机动车有庇护作用。因此，当两侧分车绿化带宽度在 1.5 m 以上时，应种植乔木，并宜将乔木、灌木、地被植物复层混交，扩大绿量。

(3)道路两侧的乔木不宜在机动车道上方搭接，避免形成绿化"隧道"，这样做有利于汽车尾气及时向上扩散，减少汽车尾气污染道路环境。

(4)分车绿化带端部采取通透式栽植，是为穿越道路的行人或并入的车辆容易看到过往车辆，以利于行人、车辆安全。具体执行时，其端部范围应依据道路交通相关数据确定。

2. 行道树绿化带设计

（1）行道树绿化带主要是为行人及非机动车庇荫，种植行道树可以较好地起到庇荫作用。在人行道较宽、行人不多或绿化带有隔离防护设施的路段，行道树下可以种植灌木和地被植物，减少土壤裸露，形成连续不断的绿化带，提高防护功能，加强绿化景观效果。当行道树绿化带只能种植行道树时，行道树之间须采用透气性的路面材料铺装，这样有利于渗水通气，改善土壤条件，保证行道树生长，同时也不妨碍行人行走。

（2）有必要的营养面积，保证其正常生长，同时，也便于消防、急救、抢险等车辆在必要时穿行。树干中心至路缘石外侧距离不小于 0.75 m，既利于行道树的栽植和养护管理，也利于树木根系的均匀分布，防止倒伏。

（3）行道树种植苗木的标准：快长树胸径不得小于 5 cm，慢长树胸径不宜小于 8 cm，以保证新栽行道树的成活率和在种植后较短的时间内达到绿化效果。

3. 路侧绿化带设计

（1）路侧绿化带是道路绿化的重要组成部分。同时，路侧绿化带与沿路的用地性质或建筑物关系密切，有些建筑要求绿化衬托，有些建筑要求绿化防护，有些建筑需要在绿化带中留出入口。因此，路侧绿化带设计要兼顾街景与沿街建筑需要，在整体上保持绿化带的连续、完整和景观统一。

（2）当路侧绿化带宽度在 8 m 以上时，内部铺设游步道后，仍能留有一定宽度的绿化用地而不影响绿带的绿化效果。因此，可以设计成开放式绿地，方便行人进入游览休息，提高绿地的功能作用。开放式绿地中绿化用地面积不得小于 70％的规定是参照《公园设计规范》(GB 51192—2016)制定的。

8.4 道路环境保护

8.4.1 道路建设对环境的影响

车辆排放的空气污染物主要包括一氧化碳（CO）、氮氧化物（NOx）、碳氢化合物（HC）、微粒物质（TSP）等，给空气环境造成污染，并危及人们的身体健康。城市道路交通环境主要问题为空气污染和噪声污染。

某种程度上，公路建设项目是一个带状且流动的污染排放源，不同于城市中交通带来的环境污染问题，项目的复杂多样性使得公路交通环境问题的研究难度大，涉及专业范围广，同时，造成公路交通环境问题治理的投资较大。

相比于城市道路，高速公路对周围的空气污染要轻一些。城市道路车辆尾气排放一般分担率分别为 CO 为 65％，NOx 为 50％～60％，而高速公路（如沪嘉高速公路小汽车车速为100 km/h，其他车辆约为 80 km/h，交通量为 3 681 辆/日）车辆排气对环境影响以 NOx 最大，其次是 CO，HC 较小，分担率分别为 86.6％、12.3％和1.2％，而一般公路（如沪宜公路，轿车车速为 50 km/h，交通量为 3 678 辆/日）车辆发动机排放废气中 CO 和 HC 均较高，分别为沪嘉高速公路的 1.25 倍和 1.32 倍，NOx 却较低。仅为 0.24 倍。

近十多年来，我国公路交通环境问题越来越严重，已引起社会公众的广泛关注。公路施工期和营运期对环境的影响因素有很大差别。公路施工期的环境问题主要表现为非污染型生态环境影响。与公路施工有关的生态环境影响一般为：植被破坏、局部地貌破坏（如高填、深挖、大切坡等）、土壤侵蚀、自然资源（土地、水、草场、森林、野生生物等）影响、景观影响及生态敏感区（著名历史遗产、自然保护区、风景名胜区和水源保护区）影响等。不同区域不同公路项目建设涉及的具体生态问题各不相同，主要取决于所经地域的自然环境、生态环境、地貌状况、公路的等级和所采用的工程技术标准的高低等。公路建设从生态的观点来看，除水土流失外可能的负面影响还有：一是自然特征的影响或丧失，直接影响野生动物、野生植物栖息地，地质暴露带或一个地貌特征的丧失；二是水文条件的变化，地上、地下水流与数量发生变化，进而影响路边甚至较远区域的动物、植物，并会产生水污染和地下水水位的变化；三是对野生生物的其他影响。公路营运期的环境问题，主要是对沿线地区民众的生活环境造成影响，如噪声扰民、汽车排气污染空气、服务区污水及路面径流对水环境的污染等，其中噪声影响最为突出。研究表明：鸟类在高速公路 1.6~1.8 km 范围内繁殖不兴旺；高速公路对哺乳、爬行、两栖和不会飞的无脊椎动物来讲是个难以逾越的障碍带；活动能力大的动物沿公路走廊带状栖息而侵入其他生物群落等。

土地，尤其是耕地，是极其宝贵的自然资源。据统计，四车道高速公路及一级公路建设，每公里占用土地 75 亩左右。大部分为可耕地，六车道高速公路则占地更多。仅"五纵七横"国道主干线建设占用土地约 263 万亩，其中耕地约 210 万亩。因此，在公路设计、施工等各个环节中，必须珍惜每寸土地，合理利用每寸土地。

综上所述，公路建设引起的环境问题主要有以下几个方面。

(1) 生态破坏：动、植物栖息地的破坏和占用，植被的破坏与减少，造成水土流失。占用耕地等。

(2) 大气污染：粉尘污染。汽车尾气污染及 CO、NO 等化合物污染。

(3) 噪声与振动污染：主要为施工噪声与振动和交通噪声的污染。

(4) 水源污染：路面径流水的污染及车辆所带来和排放的各种有害物质对附近水体的污染。

(5) 固体废弃物污染：弃放各种生活垃圾。

(6) 对人文及景观环境的破坏。

但是，公路建设并不局限在对环境和景观的负面效应上，公路的建设对构建国家和地方交通网、促进地方经济发展、改善居民出行和交往、改善民生等方面都具有积极的环境效应。而且，公路建设中采取一系列的环境保护措施，不仅有效降低了公路对环境的负面影响，某些方面还连同公路以外的环境问题一并采取措施进行解决，或者采取措施的防治标准有时高于地方原有的标准和应对环境影响的能力，所以其正面效应也应正确评估。

另外，公路建设，特别是高速公路和一些旅游公路的建设，比较重视沿线景观的开发与利用，不仅将对景观的影响降低到最低程度，而且注入了新的景观元素和内涵，有利于沿线和区域景观的综合与协调。

8.4.2　道路建设可持续发展的研究分析

随着我国公路建设数量的增加，高速公路里程已超过 6 万千米，公路建设已积累了相当丰富的经验，水平和质量都在不断提高，公路设计理念、建设指导思想都有了新的发展。但从实际情况和国外经验来看，要保持公路建设的可持续发展，提高建设质量，使公路更好地为社会和人民大众服务，造福我们的子孙后代，在公路设计和建设的理念、指导思想方面还应有所创新。

我国公路建设的指导思想与国民经济发展水平相关，并随着国民经济的发展而不断演变。其大致可分为三个阶段。

第一阶段，20 世纪 50～70 年代末，限于经济条件主要以通为主，设计的指导原则是"安全、经济"，对其他方面考虑较少，具体表现为建筑物少、土方较多、造价较低。

第二阶段，20 世纪 70 年代末～90 年代初，为满足经济发展开始建设高速公路，当时设计的指导原则是"安全、快速、舒适、经济"，对用路者的利益考虑较多，而对环境的因素考虑相对现在较少。具体表现为标准高、指标程，平纵组合好，讲究线形、均衡、舒顺。

公路建设是人类发展与社会进步的内在要求，随着人类社会的进步，人们对公路服务质量的要求越来越高。然而，传统的公路发展只注重公路的技术指标，强调公路运输的服务能力及服务质量和对国民经济产生的效益。公路规划、设计人员主要以满足交通功能要求、降低建设造价和维护费用、节省交通时间和运行费用、减少交通事故损失等为目标，进行路线方案论证及勘测设计；施工期间对项目的施工组织设计注重工期的长短；施工活动过程中的挖方填土、借土弃方、改移河道、清理表土、开采料场，造成地表植被破坏、地形改变、沟谷大量消失，影响生物栖息的生态环境，加速地表侵蚀，增大地表径流，增加水土流失，改变自然流水形态，加剧水质恶化。长此以往，由于对其设计、建设和运营过程中所产生的污染和破坏认识不足，容易忽视公路对环境的负面影响。近年来，我国经济的快速发展，公路运输业发展迅猛，公路里程（特别是高等级公路）有了明显的增加。然而，公路发展的非生态性产生了严重的公路生态负效应，如气候热岛、环境污染、能量耗散、景观割裂、生物多样性减少、廊道效应等，对生态环境产生了负面作用。

产生公路生态性问题的实质，主要在于人们对生态理念的认识不足、重视不够。纵观人类以往的发展，主要存在两个方面的问题：一方面，人类从自然索取的资源只有少部分转化成产品并参与生态循环，多数滞留在环境中形成污染，如大气污染、垃圾污染和噪声污染等；另一方面，人类从大自然索取过多而投入过少，导致生态退化，如水土流失、景观破坏、生物多样性减少等。公路建设也不例外，公路环境问题的根源是单纯追求经济效益，对环境的重视不够，对公路所产生的环境问题估计不足。公路的外在形式是公路的网络结构、线型等技术指标，而其内涵是公路环境总体对人类运输活动的服务和支持，把环境与公路割裂开来考虑是不全面的，因此，建设与环境协调可持续发展的公路发展模式应运而生。

长久以来，环境资源都未被纳入公路效益评价体系之中。公路经济效益增长的指标，既不反映经济效益增长导致的生态破坏、环境恶化的资源代价，也不反映自然资源存量下降及其缺乏的程度。针对这种现象，东部经济发达省份，如江苏省和建设高等级公路较早的陕西省，都提出建设高速公路要把环境保护放在首位的指导思想。提出建设生态路、环保路等理念。

第三阶段，20 世纪 90 年代初至今，从公路建设可持续发展的思路出发，提出建设生态路、环保路、旅游路的概念，强调安全、功能、环保、经济，除考虑用路者的利益外，更加注重对环境的保护，追求公路与自然环境的协调与融合。具体表现为重视环保，实行"三同时"制度，强调降低边坡高度，多修构造物以方便出行，少填、少挖，减少对自然环境的破坏及对生态系统的干扰，陕西、江苏、广东、四川、吉林等省都作了相应的探索。相应地，在设计的理念上较以往有了很大的不同。

在平原微丘区强调公路与自然环境的有机融合，提倡降低路堤，保护生态环境的指导思想；在山区高速公路的建设中提出多设隧道、多架桥、少开挖的基本思路。在具体实践中，提倡公路建设要首先考虑其周边环境的承受能力；在对环境破坏较大的地段，宁可多做工程，也要减少对环境的破坏。

这种建设公路生态环境的指导思想，符合我国环境保护的基本国策，有利于公路建设的可持续发展，代表现代及未来公路建设指导思想的发展方向，其已经在我国标准、规范的修订、实施、宏观管理等方面得到了充分体现。但是由于我国地区经济发展的不平衡及公路建设的不平衡，这种新的指导思想只是在部分地区被接受，还有部分省份和地区仍然沿袭传统的建设指导思想，山区高速公路的高填深挖多、构造物少、边坡高、安全储备差等现象仍然存在。因此，要从可持续发展和社会国民经济长远发展的目标来研究，系统地提出保护公路生态环境的实施方法和策略并进行大力推广，以实现公路建设的协调发展。

8.4.3 道路环境保护设计的现状

公路工程线长面广，对环境的影响自然不可忽视，必须贯彻落实我国的环境保护指导方针。

我国早在1986年3月26日由国务院环保委员会、国家计委、国家经委联合下达的《建设项目环境保护管理办法》，把"三同时"（与主体工程同时设计、同时施工、同时投入使用）制度具体化，并纳入基本建设程序。

之后，交通部颁发了一系列的法律法规，例如新修订的2015年1月1日起施行的《中华人民共和国环境保护法》、2016年9月1日正式实施《环境影响评价法》《公路环境保护设计规范》(JTG B04－2010)以及2007年颁布执行《公路工程基本建设项目设计文件编制办法》均对公路环境保护设计作出了明确要求，均将环境保护纳入公路工程之中。在公路规划设计时坚持避让文物、水源及村、镇等环境敏感点，坚持近城而不进城，尽可能少占良田等原则；对公路建设过程中产生的填挖边坡采用工程防护、植物防护措施或工程与植物综合防护措施；建设过程中减少、控制水土流失等均对环境保护起到了明显效果。

2017年7月16日国务院修订的《建设项目环境保护管理条例》简化建设项目环境保护审批事项和流程，但是要求加强事中事后监管。规定建设项目必须严格依法进行环境影响评价，环境影响评价文件未经依法审批或者经审查未予批准的，不得开工建设；明确不予批准建设项目环境影响评价文件的具体情形；强化环境保护部门在设计、施工、验收过程中的监督检查职责；加大对未批先建、竣工验收中弄虚作假等行为的处罚力度。

8.4.4 道路环境保护设计各阶段的内容

公路设计应以人为本，体现安全、环保、舒适、和谐的设计理念，树立全面、协调、可持续的科学发展观；执行环境保护工程必须与主体工程同时设计、同时施工、同时投入使用的制度；遵守预防为主，保护优先，防治结合，综合治理的原则，实施各阶段的环境保护工作。但实际中往往存在设计与施工中的不到位现象，多数项目难以真正达到安全、环保、舒适、和谐的目标。

公路工程项目建设的各个阶段均应重视且必须做好环境保护设计。在可行性研究阶段，应进行环境影响评价，根据项目需求编制水土保持方案；在初步设计阶段，应落实环境影响评价报告提出的环境保护措施和水土保持方案；在施工图设计阶段，应根据初步设计审定意见作出环境保护工程设计。

1. 道路工程可行性研究阶段

公路工程可行性研究是我国公路建设投资管理的基本程序，是保证公路建设前期工作在项目管理方面达到"项目选择准确、方案科学、工期合理、投资可控、效益显著"目标的重要环节。其目的就是通过对所有与拟建项目投资效果的有关因素进行综合研究分析，避免或减少公路建设项目投资决策的盲目性，提高建设投资的综合效益。

公路工程可行性研究的内容较多，其中进行环境影响和地质灾害危险性评价(山区、丘陵区、风沙区)编制水土保持方案是现阶段环境保护工作的重点。对于具体项目还应具体分析、突出重点。公路工程可行性研究阶段环境保护工作内容如下：

(1)通过广泛调查公路沿线的人口结构、经济发展、公共卫生、文化和基础设施、土地和矿产资源、旅游和文物古迹资源等社会环境状况，实事求是地进行社会环境影响评价；

(2)通过全面调查公路沿线野生动植物的种类、保护级别、分布概况、生长习性及演替规律等生态环境和水土保持状况，结合公路工程实际进行生态环境影响评价；

(3)依据分段调查公路沿线的城镇、风景旅游区和名胜古迹及有关的环境敏感点分布状况结合当地地形、地貌特点和既有工业污染源的排放特性，进行环境空气影响评价；

(4)通过重点调查公路沿线的学校、城乡居民聚居区和医院、疗养院及有关的环境敏感点分布状况，结合公路施工和运营等实际情况进行环境噪声影响评价；

(5)通过深入调查公路沿线各种不良工程地质分布状况，结合公路工程涉及范围进行地质灾害危险性评价，对山区、丘陵区、风沙区公路编制水土保持方案。

环境影响评价、地质灾害危险性评价和水土保持方案等应按照相应规范的要求进行并最终达到以下三个目的：

1)通过对项目可能带来的各种环境影响的定性和定量分析、描述、预测，评价其未来影响范围和程度，为合理选线提供依据；

2)提出可行的环保及防护措施建议，并反馈于设计，以减轻和补偿项目开发活动带来的负面影响；

3)为项目的生产管理和环境管理提供科学依据，为沿线地区的经济发展规划、环保规划提供依据，并给决策者提供协调环境与发展关系的科学依据。

公路工程可行性研究阶段，要求实行"环境选线"的工作方法。不仅要掌握空间相关敏感性调查、分析及评价方法，而且使所有方案的环境影响范围都在研究之列，包含与之有关的其他规划线位(路段)，重点线位(路段)，应分析其空间界限。调查各个目标项目的环境保护价值、存在意义、对外界影响的敏感程度，评价其被破坏的大致程度，预计采用的减少或避免侵害的措施、平衡与补偿措施，以及上述措施实施后仍然存在的侵害。依据敏感性分析结果，将意向的若干个路线走廊筛选后，从环境角度推荐与环境冲突较少的路线走廊或局部路段；因工程或其他要求虽在该走廊外，但从环境出发，将仍有讨论意义的路线走廊作为比较方案；当路线走廊对环境有较大侵害时，从环保角度提出重新选线等。

经环境保护主管部门批复的《公路建设项目环境影响报告书》和水行政主管部门批复的《公路建设项目水土保持方案报告书》等应作为下阶段的设计依据。

2. 道路工程初步设计阶段

公路工程初步设计是两阶段设计的第一阶段，是公路工程设计的基本程序之一，其任务就是根据批准的设计任务书的要求拟定修建原则，选定设计方案，计算主要工程量，提出施工方案，编制设计概算等。其中，路线的选择和总体方案的比选论证与环境保护密切相关。针对环境影响评价报告提出的环境保护措施和水土保持方案进行环境与公路工程的协调性论证是初步设计阶段环境保护工作的重点之一。

公路工程初步设计应将环境保护要素作为方案比选论证的重要因素，落实环境影响评价报告和水土保持方案中提出的环境保护和水土保持的各项要求，确定合理的路线方案。其设计内容如下：

(1)依据公路沿线环境敏感点的位置、重要影响因素和影响范围，提出相应的保护措施和方案。

(2)依据环境影响评价报告（或水土保持方案），进行环境与公路工程的协调性论证，并落实避免和减少环境侵害，水土保持的实施方案。

(3)根据声环境敏感点的性质进行声环境保护设计。

(4)根据公路沿线设施的规模，提出切实可行的污水处理方案。

(5)结合当地自然环境，因地制宜地进行公路景观和绿化设计。

这一阶段，应综合考虑公路环境保护与主体具体设计的关系，环境保护应纳入主体设计之中并指导其他专业设计。环境保护设计不仅要尽量避免和减少水土流失、植被减少、地质病害、水文改变、环境分割、景观破坏、交通噪声、空气污染等环境影响，将经比选论证后的环保措施落实到路线布置、路基路面、桥梁隧道、沿线设施、料场布设、废方处理中，还应给出平衡及补偿措施，针对局部线位作多方案比较，确定理论上最终的路线方案。公路环境保护设计的重点不再以指导或修正路线方案为主要目的，而是在环境与工程各专业分项配套上下功夫，根据《公路环境保护设计规范》（JTG B04—2010）的设计要点，参照《公路工程基本建设项目设计文件编制办法》进行公路环境保护总体设计。

3. 道路工程施工图设计阶段

公路工程施工图设计的目的是根据初步设计审定意见，进一步对所审定的设计原则和方案加以具体和深化，最终确定各项工程数量和设计图表，并编制施工图预算。环境保护的设计内容也是对初步设计的进一步细化和加深。

环境保护工程施工图设计，应根据初步设计的审定方案进行环境保护的工程设计，把保护沿线自然环境、维护生态平衡、防止水土流失作为重要因素，在各专业设计中予以考虑和体现。其设计内容如下：

(1)根据公路沿线环境敏感点的特性，按照初步设计提出的环境保护、水土保持方案，进行具体设计；

(2)根据声环境敏感点的性质进行声屏障等声学设计和结构设计；

(3)根据初步设计方案,进行污水处理详细设计;

(4)完成公路景观和绿化设计图,包括互通式立交和服务区等重点工程的景观、绿化设计详图。

这一阶段的环境保护工程设计是将批复的环境保护总体设计方案付诸实施的具体设计过程。

真正落实与主体工程同时设计,同时施工,同时投入使用。设计应同时考虑施工期间和营运期间的环保工程。

8.4.5 道路环境保护设计的依据

1. 基本依据

(1)《公路工程技术标准》(JTG B01—2014)。

(2)《公路环境保护设计规范》(JTG B04—2010)。

(3)《公路工程基本建设项目设计文件编制办法》(交公路发〔2007〕358号)。

2. 法律法规

(1)公路建设和运营期间应遵循以下相关法律法规:

1)《中华人民共和国公路法》(2017修正)(2017—11—04);

2)《中华人民共和国行政许可法》(2003—08—27)。

(2)环境保护方面法律:

1)《中华人民共和国环境保护法》(2014修订)(2014—04—24);

2)《中华人民共和国海洋环境保护法》(2017修正)(2017—11—04);

3)《中华人民共和国野生动物保护法》(2018修正)(2018—10—26);

4)《中华人民共和国大气污染防治法》(2018修正)(2018—10—26);

5)《中华人民共和国固体废物污染环境防治法》(2016修正)(2016—11—07);

6)《中华人民共和国水污染防治法》(2017修正)(2017—06—27);

7)《中华人民共和国环境噪声污染防治法》(1996—10—29);

8)《中华人民共和国防沙治沙法》(2018修正)(2018—10—26);

9)《中华人民共和国放射性污染防治法》(2003—06—28);

10)《中华人民共和国环境影响评价法》(2016修正)(2016—07—02)。

(3)资源保护方面法律:

1)《中华人民共和国草原法》(2013修正)(2013—06—29);

2)《中华人民共和国水法》(2016修正)(2016—07—02);

3)《中华人民共和国水土保持法》(2010修正)(2010—12—25);

4)《中华人民共和国矿产资源法》(2009修正)(2009—08—27);

5)《中华人民共和国森林法》(2009修正)(2009—08—27);

6)《中华人民共和国土地管理法》(2004修正)(2004—08—28);

7)《中华人民共和国防洪法》(2016修正)(2016—07—02);

8)《中华人民共和国文物保护法》(2017修正)(2017—11—04);

9)《中华人民共和国海域使用管理法》(2001—10—27);

10)《中华人民共和国节约能源法》(2018修正)(2018—10—26)。

(4)行政法规：

1)《危险化学品安全管理条例》(2013 修订)(2013—12—07)；

2)《建设项目环境保护管理条例》(2017 修订)(2017—07—16)；

3)《中华人民共和国野生植物保护条例》(2017 修订)(2017—10—07)；

4)《淮河流域水污染防治暂行条例》(2011 修订)(2011—01—08)；

5)《中华人民共和国自然保护区条例》(2017 修正)(2017—10—07)；

6)《中华人民共和国水生野生动物保护实施条例》(2013 修订)(2013—12—07)；

7)《中华人民共和国陆生野生动物保护实施条例》(2016 修订)(2016—02—06)；

8)《中华人民共和国防治陆源污染物污染损害海洋环境管理条例》(1990—06—22)；

9)《中华人民共和国防治海岸工程建设项目污染损害海洋环境管理条例》(2018 修正)(2018—03—19)；

10)《中华人民共和国海洋倾废管理条例》(2017 修订)(2017—03—01)；

11)《防治海洋工程建设项目污染损害海洋环境管理条例》(2018 修正)(2018—03—19)；

12)《国家突发环境事件应急预案》(2014 修订)(2014—12—29)；

13)《中华人民共和国水土保持法实施条例》(2011 修订)(2011—01—08)；

14)《中华人民共和国土地管理法实施条例》(2014 修订)(2014—07—29)；

15)《基本农田保护条例》(2011—01—08)。

3. 部门规章

(1)《国家级自然保护区监督检查办法》(2017 修正)(2017—12—12)；

(2)《环境监测质量管理规定》(2006—07—28)；

(3)国家环境保护总局关于印发《环境影响评价公众参与暂行办法》的通知(2006—02—14)；

(4)《建设项目环境影响评价资质管理办法》(2015 修订)(2015—09—28)；

(5)《建设项目环境影响评价文件分级审批规定》(2008 修订)(2009—01—16)；

(6)《中华人民共和国水生动植物自然保护区管理办法》(2014 修订)(2014—04—25)；

(7)《饮用水水源保护区污染防治管理规定》(2010 修正)(2010—12—22)；

8.4.6 道路环境保护设计的原则

环境保护工程必须执行与主体工程同时设计、同时施工、同时投入使用的制度，遵守预防为主、保护优先、防治结合、综合治理的原则实施各阶段的环境保护工作。另外，还应坚持以下原则。

1. 资源节约原则

截至 2009 年年底，中国公路的总里程已达到 386 万 km，这些道路使大量土地丧失农业生产能力。中国现有基本农田面积仅 1 亿 hm^2 左右，人均耕地面积仅为 0.1 hm^2，不到世界平均水平的一半。1997～2004 年，中国耕地面积减少了 5.7%。8 年之间净减少耕地 746.7 万 hm^2。因此，保护土地资源，严格控制公路建设用地已迫在眉睫。

土地通常是指由地形、土壤、植被以及水文、气候等自然要素组成的自然综合体，是农业生产最基本的生产资料，是人类生产、建设和生活不可缺少的物质条件，是民生之本，珍惜、合理利用土地和切实保护耕地是我国的一项基本国策。随着交通事业的发展，公路建设不可避免要占用一定数量的土地，但我们必须要坚持珍惜土地、保护耕地的原则，实行最严格的土地管理制度，遵照《中华人民共和国土地管理法》的有关规定，加强土地管理，合理使用、保护土地资源。

耕地属于农用地的范围，是农用地中的一种。划入基本农田保护区的耕地为基本农田。国家交通重点建设项目选址确实无法避开基本农田保护区，需要占用基本农田，涉及农用地转用或者征用土地的，必须经国务院批准。

因此，公路设计应符合以下要求：

(1) 公路选线应全面调查沿线土地利用情况。按不同种类分别统计，遵照节约用地的原则，结合国土规划和当地基本农田的实际情况，进行充分比选后确定路线位置。合理布设路网，避免重复设线；合理选用公路建设标准和技术指标。

(2) 路基断面形式和防护设施应结合自然地形、土地状况和工程地质特点合理选择，科学确定公路用地规模，合理利用土地，切实保护耕地。

(3) 公路工程应结合土地利用规划，合理选择取、弃土场位置及其取、弃土方式，充分利用粉煤灰等工业废渣作筑路材料，减少公路取土占地；对取土场、弃土场进行及时恢复和尽量利用。

(4) 公路设计应合理确定路基高度，设置防护支挡设施，节约公路用地。根据情况适当降低路基高度，减少两侧边坡占地及填挖方取土占地。

(5) 施工临时用地应结合公路永久用地统筹安排。在设计中应明确临时用地的恢复方案。

筑路材料的资源节约一般不被人们所重视，但这确实是公路建设环境保护仅次于耕地保护的重要原则。由于道路路线长，一般土石等运距较远时往往是就近取、弃土石，此外，由于多种原因造成路基填筑和开挖的土石并不一定能达到最佳状态，这样道路建筑材料中的土石方的综合利用和减少额外取、弃土石等就显得更为重要，另外，如果能将道路建筑中的取、弃问题与当地农田水利等基础设施建设结合起来，最终达到区域取弃最小、利用最大的目的，不仅可以节省工程投资，使多方互利，而且还可节约大量土石资源，减少水土流失。

关于水资源的保护和综合利用，往往被公路建设所忽视，水资源的保护和综合利用主要体现在以下几个方面：

(1) 干旱地区的水资源保护和综合利用。
(2) 水资源保护区的环境污染预防。
(3) 公路区域降雨收集和排水的综合利用。

2. 可持续发展原则

环境保护工程的可持续原则不仅体现在环境保护设计的可持续发展方面，而且体现在环境保护工程包括生态环境保护工程的可持续性方面，具体有以下几个方面：

(1) 原有生态系统连续性原则。生态系统虽具有一定的自我维持、自我恢复的功能，但其任何一种成分或过程的破坏和变化都将影响系统的稳定和存在。因此，公路建设应尽可能保证原有生态系统的连续性，特别对一些自然保护区、湿地生态系统、野生动植物保护区、水资源保护区，应采取相应的保护措施。

(2) 路域生态系统稳定性原则。路域生态系统是一种典型的人工生态系统。该系统的稳定主要受人为因素的影响。要保证路域生态系统的稳定，首先要使路域生态系统与周边系统融合。一方面，绿化时应尽可能选用乡土物种，乡土物种适应性强、存活率高。一味追求高档进口物种，既不经济又不实用，所以系统内的绿化要因地制宜，尽可能选用乡土物种。另一方面，国内高速公路为了明确公路用地，公路地界设有隔离栅。总令人有封闭的感觉，甚至给路域内的动物以笼式效应。因此，宜结合攀缘植物立体绿化掩蔽。同时，在隔离栅内侧尽量少种高大乔木。因为这些乔木将遮挡周边的田间风光，产生一种廊道效应。此外还应维护物种多样性。生物的多样性与系统的稳定性之间具有极密切的关系，维护系统内的物种多样性可以抵御多种自然灾害，特别是病虫害。

(3)保护自然植被原则。植被是土壤及其水分的保护层，公路建设应尽量减少公路占地以外的植被破坏。对于西北干旱地区、黄土高原、荒漠草原、青藏高原等生态环境脆弱地区施工期保护植被更有其积极意义。

许多项目中往往容易忽视表土的保存与利用。在表土中不仅富含生物生长所需的有机物和矿物质，而且对生态环境脆弱的地区，如荒漠草原、青藏高原，表土是最宝贵的生态资源，所以公路建设中应特别引起重视。

(4)生态环境恢复原则。公路建成以后，应尽量将被破坏的生态系统恢复到原来的自然平衡状态。有时，使公路建设引起的环境变化完全恢复往往是不切实际的，这时需要建立新的群落，通过复垦、土地整治和绿化进行生态环境建设达到新的生态平衡。

(5)水土保持综合措施。工程建设已成为中国目前新增水土流失的重要因素之一。山区、丘陵区、风沙区公路建设要提出切实可行的水保方案，将水土流失的影响减少到最低程度。水土保持应坚持临时措施与永久措施结合、工程措施与生态措施相结合等原则。

3. 与工程协调的原则

(1)广义的、全过程的协调。公路建设项目不仅是生态型的开发项目，而且是带状的、流动的污染排放源，可产生不同于城市中交通的环境污染问题。这都使得公路交通环境问题的研究难度增大。因此，公路作为主体工程从前期工作就不可忽视对环境的影响。

目前，一般公路设计只将绿化设计和声屏障设计等纳入环境保护篇。只是由于这两项设计有自己的专业特点。设计界面容易划分。这仅仅是公路环境保护的某一方面的具体设计，是极为简单、肤浅和片面的工程设计。从广义而言，公路环境保护从公路的总体设计、路线设计、路基设计、桥隧设计、沿线设施直至路面设施等，都与环境保护有关，公路项目的环境保护设计应贯穿于项目各阶段或主体设计的各个组成部分。

设计时，应根据各阶段的重点，提出环境保护总体设计方案，落实各阶段各专业与环境保护的关系。突出环境保护设计的重点；并结合各专业的特点，将公路环保这个涵盖了动、植物学、生态学及工程技术等理论的综合学科的复杂体系转变为设计文件并付诸实施，同时，修正和弥补主体工程设计文件的不足；还应注重环境保护在各专业篇章中的具体性和可操作性，把环保思想落实到公路设计的全过程中。

公路环境保护是复杂的系统工程，涉及公路工程的各个专业。各专业设计时，在做好总体方案设计，全面考虑与地形、地貌相吻合，挖填土石方尽量最少，避绕大的地质病害，努力保持生态与视觉景观，公路边坡防护，取弃土场地处理，以及桥梁涵洞、交叉构造、隧道工程、服务设施等的同时，还应结合项目特点进行环境保护、水土保持、景观设计的专题研究；结合施工和运营管理。真正实施"环保与建设协调统一"。

(2)方案比选的协调。在高速公路进入山区的初期，"多挖少填、纵向利用""填挖平衡、

"降低造价"的思想根深蒂固,加上对地质病害认识不足,对高填路堤和深挖路堑的安全问题也未引起足够的重视,造成许多高填深挖路段。由于传统建设指导思想的束缚,在路线经过复杂地形进行多层次的方案比较时,即使进行高路堤与高架桥梁比较、深路堑与隧道方案比较、半边桥与高边坡比较,也往往将经济作为首选因素,很难使有利于环保、造价较高的方案作为最终选择。

随着高速公路的快速发展,这种现象已引起一定的重视。东部经济发达省份,如江苏省和建设高等级公路较早的陕西省等省份,都提出建设高速公路要把环境保护放在首位的指导思想,提出建设生态路、环保路的基本概念。但由于"经济制约"的影响,在大部分省份和地区仍然沿袭传统的建设指导思想,"环保优先"的指导思想只是在少数地区被接受。在高等级公路逐步进入山区后,随着道路建设标准逐渐提高和地形地质条件的更加复杂,如果仍保持"经济思维"的惯性,未能随着建设条件的改变及时进行调整,那么公路建设对生态环境的不利影响便会逐渐显现,而且高填深挖常常诱发地质病害。为此防护加固、地基处理反而加大工程费用,被破坏的原有植被与水系又会进一步造成水土流失、恶化生态环境等。

从辩证法的角度来看,环境保护与公路建设和运营及经济发展是相互依存、相互促进的辩证关系。从表面上看,环境保护依赖于经济的支持,而进一步分析,公路环境保护并非完全受制于经济的约束。主动的环保意识与被动的环境保护有着质的区别。主动的环保不仅符合科学发展的规律,而且符合经济发展和人类发展的根本需求。从可持续发展理论角度来看,环境保护更是公路建设的先决条件。

现代的设计思想从环境保护的角度出发。在方案比较时,要综合考虑生态环境保护、水土保持、地质灾害等影响因素,充分考虑环保工程的治理和保护费用,并把对环境的破坏及可恢复的程度列为主要比较条件。如为了避免山体深挖或高填后影响路基稳定和给自然环境造成较大的影响,在填方路堤高度超过 20 m,挖方路堑深度超过 30 m 时,应考虑优先选用桥梁和隧道方案。

4. 以人为本的原则

公路设计应以人为本,体现安全、环保、舒适、和谐的设计理念,树立和落实全面、协调、可持续的科学发展观,努力实现人与自然的和谐相处。

从对沿线居民的影响角度来看。居民出行的便利条件往往容易被忽视,居民对公路建筑文化和风格的追求也往往被忽视。多数公路建设更注重公路的技术特征,对社会特征和环境及艺术等特征关注不足。以人为本的设计还应注重对这些社会和环境及艺术等要素综合考虑。

经济、社会、环境的均衡发展是我国现代化建设中的一个重大战略,也是公路环境保护设计的指导思想。

思考与练习

1. 解决我国道路交通安全问题有哪些对策及措施?
2. 道路交通安全设施有哪些?简述各类型的设置原则。
3. 公交站台有哪几种布置方式?它们各适用于哪种情况?

4. 照明灯具在道路上纵向布置时有哪些方式?
5. 什么地点需要设置人行天桥或人行地道?
6. 道路绿化规则是什么?
7. 道路绿化设计基本原则是什么?
8. 道路建设对环境有哪些影响?

项目 9　公路外业勘测

本章要求

1. 了解公路初测的目的、任务、准备工作。
2. 了解公路定测的目的、任务、准备工作。
3. 掌握公路初测的步骤与工作内容。
4. 掌握公路定测的步骤与工作内容。

本章重点

初步设计阶段初测的步骤与工作内容；施工图设计阶段公路定测的步骤与工作内容。

9.1　道路的初测

初测是两阶段设计中第一阶段（初步设计阶段）的外业勘测工作。

初测是指根据任务书确定的修建原则和路线的基本走向，通过现场对各比较线方案的勘测、调查工作，确定采用的路线，并搜集编制初步设计文件所需的资料。

初测的任务是对路线方案作进一步的核查落实，并进行导线、高程、地形、桥涵、路线交叉和其他资料的测量、调查工作。

9.1.1　初测的准备工作

1. 收集资料

为满足初测和初步设计的需要，初测前应收集、掌握以下资料：

(1)可供利用的各种比例地形图、航测图、三角点、导线点、水准点资料。

(2)了解沿线自然地理概况，收集沿线的工程地质、水文、气象、地震基本烈度等资料。

(3)收集沿线农林、水利、铁路、公路、航道、城建、电力、环保等有关部门的规定及规划、设计、科研成果等资料。

(4)对于改建公路还应收集原路的测设、施工及路况等资料。

2. 室内研究路线方案

根据工程项目可行性研究报告所拟定的路线基本走向，在既有地形图上进行各种可行方案的研究，并进行初步的方案比选，拟定需要勘测的方案及比较路线，确定现场需要调查和落实的问题。

3. 路线方案的现场核查和落实

开测前,应组织路线、地质、桥涵等专业的主要人员(必要时邀请当地政府和有关部门委派人员参加)进行现场路线方案的核实工作。核实的主要内容和要求如下:

(1)按初拟的路线方案进行核查。

1)核查所收集的地形图与沿线地形、地物有无变化,对拟定的路线方案有无干扰,并研究相应的路线调整方案。

2)核查沿线居民的分布、农田水利设施、主要建筑设施等,并研究相应的路线调整方案。

3)核查路线各种地上、地下管线,重要历史文物,名胜古迹,保护区,景观区点等。应研究路线布设后对环境和景观的影响。

4)对沿线重点工程和复杂的大、中型桥,隧道,互通立交等,应逐一核查和落实其位置及设置条件。

5)了解沿线主要建筑材料的产地、质量、储量和开采条件,对缺乏的筑路材料应提出解决的途径。

(2)核查工作应与当地政府或主管部门取得联系,对重要的路线方案、同地方规划或设施有干扰的方案,应征求相关部门的意见。

(3)核实中应充分考虑对环保的影响。

除此之外,在现场核查中还应对沿线的村镇、已建或计划修建的建筑设施、拆迁、占地工程地质、筑路材料、布线地形条件、改建公路路线方案等情况进行调查,确定路线的具体布局。

4. 其他资料的调查

(1)了解沿线地形情况,拟定路线途径的地形分界位置。

(2)了解沿线涉及测量工地的地形、地貌、地物、通视、通行等情况,拟定勘测工作的困难类别。

(3)调查沿线生活供应、交通条件等情况。

5. 资料整理

通过收集资料和现场的核实和调查,应提出以下资料:

(1)根据已掌握的资料,概略说明沿线的地形、河流、工程地质、水文地质、气象等情况,指出采用路线方案的理由,提供沿线主要工程和主要建筑材料情况,提出勘测中应注意的事项、需要进一步解决的问题等。

(2)估计野外工作的困难程度和工作量,确定初测队伍的组织及必备的仪具和其他装备,编制野外工作计划和日程安排。

(3)提出主要工程(如桥涵、隧道、立交等)的工程地质勘察工作量和要求。

9.1.2 初测的工作内容

初测工作应分组进行,主要内容、步骤及要求如下。

1. 导线测量

导线是指在地面上布设的若干直线连成的折线,作为路线方案比较的控制线。初测的导线测量主要是对导线长度、转角和平面坐标的量测。

(1)布设导线。初设导线的布设应根据现行《规范》中的选线原则全线贯通。导线点一般要求尽可能符合或接近路线位置,并应选在稳定,便于测角、量距、测绘地形及定测放线,且易于保存标志处。导线点的间距不宜大于500 m和小于50 m。布设导线点时应做好现场记录,并绘出草图。

(2)导线长度测量。导线点距离优先采用光电测距仪测量,也可用钢尺和基线法测量,其相对限差为1/1 000,取位至厘米。钢尺丈量可与经纬仪视距核对,限差为±1/200。

(3)水平角测量。水平角测量采用全测回法测量右侧角,两个半测回限差在60″内取其平均值,附合导线和闭合导线闭合差为$\pm 60''\sqrt{n}$(n为置镜点总数)。施测中每天至少观测一次磁方位角,其校核差不大于2°。

三角形的角度及角值观测要求见表9-1。当角值限差在规定范围内时取其平均值。

表9-1 角度测量精度

仪器等级	三角形度数/(°)		测回数	半测回限差
	最小	最大		
J2	7	130	1	20″
J6	12	120	1	40″

当路线起点、终点附近有国家或其他部门平面控制点,且引测较方便时,可根据需要进行联测,形成闭合导线。

2. 高程测量

高程测量即水准测量,其方法同定测一致。

3. 地形测量

初测路线地形图必须全线贯通测绘。在具体测绘时,为保证测设精度,应尽量以导线点作为测站。必要时,可以根据导线点用视距法或交会法设置地形转点。

4. 小桥涵勘测

初测阶段小桥涵(包括漫水工程)勘测的主要工作内容包括收集有关资料,拟定桥涵位置、结构类型、孔径、附属工程的基本尺寸,初步计算工程数量。具体要求参见《公路小桥涵测设》。

5. 概算资料调查

概算资料的调查应按《公路工程基本建设项目概算预算编制办法》的有关规定进行。调查的内容与预算资料调查大致相同。另外,在初测工作中还应进行路线交叉勘测、临时工程资料调查、杂项调查及勘测工作。

6. 内业工作

初测内业工作包括以下内容:

(1)复核、检查、整理外业资料。一般应做到逐日复核、检查外业原始记录资料,做到资料准确无误。对于其他部门收集的资料,应做到正确取用。

(2)进行纸上定线及局部方案比选。按照《规范》的规定,进行路线平、纵、横断面协调布置,定出线型顺适、工程经济的线位。对

公路勘测外业工作

地形、地质水文等条件复杂、工程艰巨的路段，应拟定出可能的比较线位方案，进行反复推敲，确定采用的方案。

（3）综合检查定线效果。综合检查路线线型设计及有关构造物布设的合理性，并进行必要的现场核对。

（4）图表制作和汇总。根据初步设计及现行《公路工程基本建设项目设计文件编制办法》（交公路发[2007]358号)的有关要求，对初测的原始资料进行整理及图表制作和汇总。

9.2 道路的定测

9.2.1 定测的基本知识

1. 定测的任务和目的

定测即定线测量是指两阶段设计（或一阶段设计）施工设计阶段的外业勘测和调查工作。

定测的任务是根据上级批准的初步设计，具体核实路线方案，实地标定路线，并进行详细测量。

定测的目的是为施工图设计和编制施工预算提供资料。

2. 定测的内容

（1）对初步设计所定的方案进行补充勘测时，如有方案变更应经上级主管部门批准。

（2）实地选定路线或实地放线（纸上定线）时，进行测角、量距、中线测设、定桩、固定交点与转点桩位等工作。

（3）引测水准点，并进行路线水准测量。

（4）路线横断面测量。

（5）测绘或勾绘路线沿线的带状地形图。

（6）测绘局部路段地形图，如大、中桥桥位，渡口，隧道，大型防护工程，交叉口等工程设施地点的大比例地形图。

（7）桥、涵、隧道的勘测与调查。

（8）路基、路面及其他人工构造物设计资料的调查与搜集。

（9）沿线土壤地质调查及筑路材料勘查。

（10）占地、拆迁调查及预算资料搜集。

（11）检查及整理外业资料，并完成外业期间规定的内业设计工作。

9.2.2 定测的工作内容

定测可分为选线组、测角组、中桩组、水平组、横断面组、调查组、路基路面组、桥涵组、内业组等作业组进行。如果定线采用纸上定线方法进行，则此时可将选线和测角组合并为一个放线组。

1. 选线组

（1）任务。选线组是整个外业勘测的核心，其他作业组都是根据它所插定的路线位置开展测量工作。选线是公路定线的第一步，其主要任务是实地确定公路中线位置，主要工作就是进行路线查看，并进一步确定路线布局方案；清除中线附近的测设障碍物；确定路线交点及转角并钉桩，选定曲线半径，会同桥涵组确定大、中桥位，会同内业组进行纵坡设计等工作。在越岭线地带，还需进行放坡定线工作。

(2) 分工及工作内容。

1) 前点——放坡插点。前点一般由 1~2 人承担(需要放坡时由 2 人承担)，其主要工作是：根据路线走向，通过调查、量距或放坡，确定路线的导向线，进一步加密小控制点，插上标旗(一般可用红白纸旗)，供后面定线参考。

2) 中点——穿线定点。中点一般由 2 人承担，其主要工作是：根据技术标准，结合地形及其他条件，修正路线导向线，用花杆穿直线的办法反复插试，穿线交点，并在长直线或在相邻且两互不通视的交点间设置转点，最后选定曲线半径并对交点进行编号。

3) 后点——测角钉桩。后点一般由 1 人承担，其主要工作是：用森林罗盘仪勘测路线转角，以供选择曲线半径用；钉桩插标旗；并给后面的作业组留下半径及其他有关控制条件的纸条。

2. 导线测角组

(1) 任务。导线测角组紧跟选线组工作，其主要任务是：标定直线与修正点位；测角及转角计算；测量交点间距；平曲线要素计算；导线磁方位角观测及复核；经纬仪视距测量；交点及转点桩固定，作分角桩；测定交点高程，设置临时水准点；协助中桩组敷设难度大的曲线等。

(2) 分工及工作内容。导线测角组一般由 4 人组成，即司仪 1 人，记录计算 1 人，插杆跑点 1 人，固桩 1 人，其主要工作内容如下：

1) 标定直线与修正点位。

2) 测角与计算。用测回法测右角，后计算转角(图 9-1)。

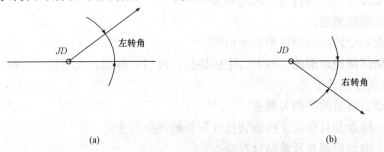

图 9-1 路线转角的计算

(a) 左转角＝右角－180°；(b) 右转角＝180°－右角

3) 平距与高程测量。通常多用光电测距仪测定两相邻交点之间的平距和高差。测点(交点或转角)间的距离一般不宜长于 500 m。

4) 作分角桩。为便于中桩组敷设平曲线中点桩，在测角的同时需做转角的分角线方向桩。分角桩方向的水平度盘读数按下式计算，即

分角读数＝(前视读数＋后视读数)/2(右转时)

分角读数＝(前视读数＋后视读数)/2＋180°(左转时)

5) 方位角观测与校核。

6) 交点桩的保护和固定。在测设过程中，为避免交点桩的丢失及方便以后施工时寻找，

交点桩在定测时必须加以固定和保护。

交点桩的保护一般采用就地浇注混凝土的办法。混凝土体一般深为30～40 cm，直径为15～20 cm 或10～20 cm。

固桩则是将交点桩与周围固定物（如房角、电杆、基岩、孤石等）上某一不易破坏（损坏）的点联系起来，通过测定该点与交点桩的直线距离，将交点位置确定下来，以便今后交点桩丢失时能够及时恢复该交点桩。用作交点桩固定的地物点应稳定可靠，各点与交点桩连接之间的夹角一般不宜小于90°。固定点个数一般应在两个以上，如图9-2所示。

固桩完毕后应及时画出固桩草图，草图上应绘出路线前进方向、地物名称、距离等，以便将来编制路线固定表之用。

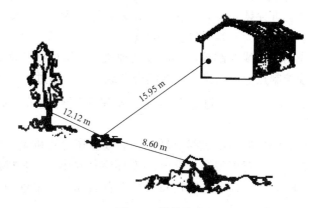

图 9-2　固桩示意

3. 中桩组

(1)任务。中桩组的主要任务是：根据选线组选定的交点位置、曲线半径、缓和曲线参数（或缓和曲线长度）及导线测角组所测得的路线转角进行量距、钉桩、敷设曲线与桩号计算。

(2)分工及工作内容。

1)分工。中桩组作业内容较多，因此人员也较多，一般由7人组成。其中，前点1人，负责寻找前方交点，并插前点花杆；拉链2人，分别为前链手和后链手，其中后链手负责指挥前链手进行穿线工作；卡链1人，负责卡定路线中桩的具体位置；记录计算1人，负责进行桩号计算，并记录中桩编号、累计链距等；写桩1人，负责中桩的具体书写工作；背桩及打桩1人。

2)工作内容。

①中线丈量。中线丈量是指丈量路线的里程，通常情况下将路线的起点作为零点，以后逐渐累加计算。量距一律采用测量水平距离。量距时一般采用皮卷尺进行，公路等级要求较高时，最好是采用钢尺或光电测距仪进行测量。量距累计的导线边长与光电测距仪测得的边长的校差不应超过边长的1/200，否则应返工。

②中桩钉设。中桩钉设与中线丈量是同时进行的。需要钉设的中桩包括路线的起点、终点桩、公里桩、百米桩、平曲线控制点（主点桩）、桥梁或隧道中轴线控制桩以及按桩距要求根据地形、地物需要设置的加桩等。直线路段上中桩的桩距一般为20 m，在平坦地段也不应超过50 m。位于曲线上的中桩间距一般为20 m，但当平曲线半径为30～60 m，缓

和曲线长为 30~50 m 时，桩距不应大于 10 m；当平曲线半径及缓和曲线长小于 30 m 或用回头曲线时，桩距不应大于 5 m。另外，在下列地点应设加桩：

 a. 路线范围内纵向与横向地形有显著变化处。
 b. 与水渠、管道、电信线、电力线等交叉或干扰地段起点、终点。
 c. 与既有公路、铁路、便道交叉处。
 d. 病害地段的起点、终点。
 e. 拆迁建筑物处。
 f. 占用耕地及经济林的起点、终点。
 g. 小桥涵中心及大中桥隧道的两端。

中心桩位置丈量用花杆穿线定位，桩位容许误差，纵向为 $(s/1\,000+0.1)$（式中 s 为交点或转点至桩位的距离，单位为 m），横向为 10 cm。

曲线测设时，应先测设曲线控制桩，再测设其他桩。当圆曲线长度大于 500 m 时，应用辅助切线或增设曲线控制点分段测设。曲线闭合差纵向应不超过 $\pm 1/1\,000$，横向误差应不超过 10 cm。中线闭合差不应超过下列规定：水平角闭合差 $60\sqrt{n}''$；长度相对闭合差 $1/1\,000$。

③写桩与钉桩。所有中桩应写明桩号、转点，曲线桩还应写桩名。为了便于找桩和避免漏桩，所有中桩应在桩子的背面编写 1~10 的循环序号并作标记，桩志一律横写，字迹应工整醒目，如图 9-3 所示。所有中桩应按每公里在背面编号。中桩的书写常用红油漆或油笔。

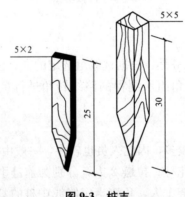

图 9-3 桩志

④断链及处理。在丈量过程中，出现桩号与实际里程不符的现象叫作断链。断链产生的原因有很多，但主要有两种：一种是由于计算和测量发生错误造成的；另一种则是由于局部改线、分段测量等客观原因造成的。

断链有"长链"和"短链"之分，当实际里程短于路线桩号时叫作短链，反之则叫作长链。其桩号写法举例如下：

 长链：GK3+110=K3+105.21，长链 4.79 m。
 短链：GK3+157=K3+207，短链 50 m。

所有断链桩号应填在"总里程及断链桩号表"上。考虑断链桩的影响，路线的总里程应为

$$\text{路线总里程} = \text{终点桩里程} - \text{起点桩里程} + \sum \text{长链} - \sum \text{短链}$$

4. 水平组

(1)任务。水平组的任务是对中线各中桩高程进行测量，并沿线设置临时水准点，为路线纵断面和横断面设计及施工提供高程资料。

(2)分工及工作内容。

1)分工。水平组通常由6人组成，分基平和中平两个组。中平主要对各中桩进行水准测量，基平则主要是设置临时水准点的测量。当导线测角采用光电测距仪时可不设基平组，其任务由导线测角组代替完成。

2)工作内容。

①水准点的设置。水准点的高程应引用国家水准点，并争取沿线联测，形成闭合导线。采用假定高程时，假定高程应尽量与实际接近，可借助于1∶10 000或1∶50 000军用地图进行假定。

水准点沿线布设，应有足够的数量，平原微丘区的间距为1～2 km，山岭重丘区的间距为0.5～1.0 km。在大桥、隧道、垭口及其大型构造物所在处应增设水准点。水准点应设在测设方便、牢固可靠的地点。设置的水准点应在记录本上绘出草图，并记录位置及所对应的路线的桩号，以便编制"水准点表"。

②基平测量。基平测量应采用不低于S_3级的水准仪，采用一组往返或两组单程测量。其高程闭合差应不超过$\pm 30\sqrt{l}$ mm(l为单程水准路线长度，以km计)，符合精度要求时取平均值。水准点附合、闭合及检测限差也应满足上述精度要求。测量时的视线长度一般不大于150 m，当跨越河谷时可增至200 m。

③中平测量(图9-4)。中平测量可使用S_{10}级的水准仪单程进行。水准路线应起、闭于水准点，其限差为$\pm 50\sqrt{l}$ mm。中桩高程取位至厘米，其检测限差为± 10 cm。导线点检测限差为± 5 cm。

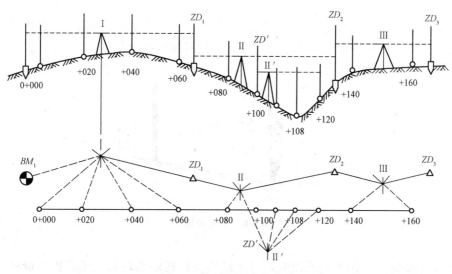

图9-4 中平测量实施方法

5. 横断面组

(1)任务。横断面组作业的主要任务是：在实地逐桩测量每个中桩在路线的横向(法线方向)的地表起伏变化情况,并画出横断面的地面线。

路线横断面测量主要是为路基横断面设计、土石方计算及今后的施工放样提供资料。

(2)工作内容。

1)横断面方向的确定。要进行横断面测量,必须首先确定横断面的方向。在直线路段,横断面的方向与路线垂直;而在曲线段,横断面的方向与该点处曲线的切线相垂直,即法线方向。

直线上的横断面方向用方向架或经纬仪作垂线确定。曲线上的横断面方向根据计算的弦偏角,用弯道求心方向架或经纬仪来确定。具体方法详见工程测量学方面的教材。

2)测量方法。横断面测量以中线地面点即中桩位置为直角坐标原点,分别沿断面方向向两侧施测地面各地形变化特征点之间的相对平距和高差,由此点绘出横断面的地面线。

横断面测量常用的方法有以下几项:

①抬杆法。如图9-5所示,利用水平花杆直接测得平距和高差。此法简便、易行,所以经常采用。它适用于横向变化较多较大的地段,但由于测站较多,所以测量和积累误差较大。

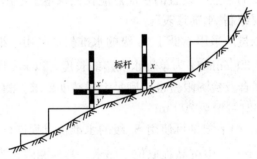

图9-5 抬杆法

②手水准法。此法原理与抬杆法相同,仅在测高差时用水平花杆测量,量距仍用皮尺,如图9-6所示。与抬杆法相比,此法精度较高,但不如抬杆法简便,一般多用于横坡较缓的地段。

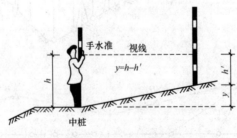

图9-6 手水准法

在不良地质地段需作大断面图时,可用经纬仪作视距测量和三角高程测量施测断面。对于一些陡岩地段,如图9-7所示,可用交会法定义 A 点、B 点,用经纬仪或带角手水准测出 α_A、α_B 和丈量 l,图解交会出 C 点。交会时交角不宜太小,距离 l 应有足够的长度。

对于深沟路段可用钓鱼法施测,如图9-8所示。对于高等级公路,应采用经纬仪皮尺法、经纬仪视距法等方法施测。

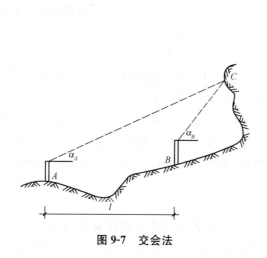
图 9-7 交会法

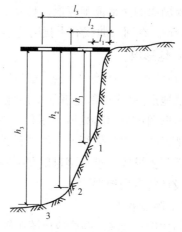
图 9-8 钓鱼法

3) 横断面图的点绘。横断面图的点绘一般采用现场一边测量一边点绘的方法，其优点是：外业不作记录，点绘出的断面图能及时核对，消除差错。点绘的方法是：以中桩点为中心，分左右两侧，按测得的各侧相邻地形特征点之间的平距与高差或倾角与斜距等逐一将各特征点点绘在横断面图上，各点连线即构成横断面地面线。

当现场无绘图条件时，也可采用现场记录、室内整理绘图的方法。横断面图应点绘制在透明坐标纸上，点绘时应按桩号的大小先从图下方到上方，再从左侧到右侧的原则安排断面位置。绘图的比例一般为 1∶200，对有特殊需要的断面可采用 1∶100，每个断面的地物情况应用文字在适当位置进行简要说明，如图 9-9 所示。

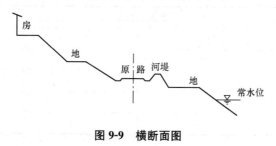

图 9-9 横断面图

4) 测量精度及测图范围。横断面的检测应用高精度方法进行，其限差规定如下(单位为 m)：

一级公路：

高程　　　　　　　　　　$\pm\left(\dfrac{h}{100}+\dfrac{l}{200}+0.1\right)$

水平距离　　　　　　　　$\pm\left(\dfrac{l}{200}+0.1\right)$

二～四级公路：

高程　　　　　　　　　　$\pm\left(\dfrac{h}{50}+\dfrac{l}{100}+0.1\right)$

水平距离　　　　　　　　$\pm\left(\dfrac{l}{50}+0.1\right)$

式中　h——检测点与路线中桩的高差；

　　　l——检测点到路线中桩的水平距离。

检测面的测量范围应根据地形、地质、地物及设计需要确定，一般中线左右宽度不小于 20 cm。在回头曲线有干扰时应连通施测。

6. 地形组

(1)任务。地形组的任务就是根据设计的需要，按一定比例测绘出沿线一定宽度范围内的带状地形图(或局部范围的专用地形图)，供设计和施工使用。

地形图可分为路线地形图和工点地形图两种。路线地形图是以导线(或路线)为依据的带状地形图，主要供纸上定线或路线设计使用。工点地形图是利用导线(或路线)或与其取得联系的支导线，进行测量的供特殊小桥涵和复杂排水、防护、改河、交叉口等进行工程布置设计的专用地形图。

(2)测设要求。

1)比例及范围。路线地形图比例尺采用1∶2 000，测绘宽度两侧各为100～200 m，对于地物、地貌简单、地势平坦的地区，比例可采用1∶5 000，测绘宽度每侧不应小于250 m。

2)测设精度要求。

①等高距规定如下：

比例 1∶500，0.5 m、1 m；

比例 1∶1 000，1 m；

比例 1∶5 000，1 m、2 m；

比例 1∶5 000，2 m、5 m。

②地形点观测要求见表9-2。

表9-2 地形点观测要求

比例	视距最大长度/m		竖直角
	竖角≤12°	竖角≥12°	
1∶500	100	80	≤30°
1∶1 000	200	150	
1∶2 000	350	300	
1∶5 000	400	350	

3)地形点的密度。

①当地面横坡陡于1∶3时，图上距离不宜大于15 mm。

②当地面横坡等于或缓于1∶3时，图上距离不宜大于20 mm。

③地形点在地形图上的点位中误差：当1∶500～1∶2 000时，不应超过±1.6 mm；当1∶5 000时，不应超过±0.8 mm。

7. 调查组

(1)任务。调查组的工作主要是根据测设任务的要求，通过对公路所经过地区的自然条件和技术经济条件进行调查，为公路选线和内业设计收集原始资料。

(2)分工及调查内容。调查组可由2～3人组成，综合调查组也可分小组同时调查。调查的主要内容有工程地质情况调查、筑路材料情况调查、桥涵调查、预算资料调查及杂项调查等。对于旧路改建，还应对原路路况进行调查。

1)工程地质调查。工程地质资料是公路设计的重要资料，通过调查、观测和必要的勘探、试验，进一步掌握与评价路线通过地带的工程地质和水文地质情况，为正确选定路线位置，合理进行纵坡、路基、路面、小桥涵及其构造物的设计提供充分、准确的工程地质依据。工程地质调查的主要内容有以下几项：

①路线方面：

a. 在工程地质复杂和工程艰巨地段，会同选线人员研究路线布设及所采取的工程措施。

b. 调查沿线范围的地貌单元和地貌特征、地质构造、岩石、水文地质、植被、土壤种类、地面径流及不良地质现象等情况，并分段进行工程地质评价。

c. 分段测绘代表性工程地质横断面，标明土、石分类界限，并划分土、石等级。

d. 调查气象、地震及施工、养护经验等资料。

e. 编写道路地质说明书。

②路基方面：

a. 调查分析自然山坡或路基边坡的稳定状况，根据地质构造、岩性与风化破碎程度以及其他影响边坡稳定的因素，提出路堑边坡或防护加固措施。

b. 沿溪线应查明河流的形态、水文条件，河岸的地貌、地质特征，河岸稳定情况、受冲刷程度等，进而提出防护类型、长度及基础埋置深度等意见。

c. 路基坡面及支挡构造物调查，提出结构类型、基础埋置深度等意见。

d. 路基土壤、地下水水位和排水条件调查，提出路基土壤分类和水文地质类型。

③路面方面：

a. 收集有关气象资料，研究地貌条件，划分路段的道路气候分区，并提出土基回弹模量建议值，供路面设计时采用。

b. 调查当地常用路面结构类型和经验厚度。包括特殊不良地质地区如黄土、盐渍土、沙漠、沼泽以及滑坡、崩塌、岩溶、泥石流等的综合性地质调查与观测，为制订防治措施提供资料。

2)筑路材料料场调查。筑路材料的质量、数量及运距将直接影响工程的质量和造价。进行筑路材料调查的任务就是根据适用、经济和就地取材的原则，对沿线料场的分布情况进行广泛调查，以查明数量、质量及开采条件，为施工提供符合要求的料场。主要有以下三个方面的内容：

①料场使用条件调查。主要对加工材料，如块石、片石、料石、砾石、碎石、砂、黏土料源的质量和数量进行勘探，以必要的取样试验决定料场的开采价值。

②料场开采条件调查。主要对矿层的产状条件、水文地质条件、开采季节、工作面大小、废土堆置场地等方面进行调查。

③运输条件调查。包括对运输支线距离、修筑的难易程度、料场与路线的相对高差、运输方式、材料的埋藏条件(包括剥土厚度)等方面进行调查。

3)小桥涵调查。小桥涵调查的主要任务是调查与搜集沿线小桥涵水文、地质、地形资料，配合路线总体布设，进行实地勘测，提供小桥涵及其他排水构造物的技术要求，研究并决定小桥涵的位置、结构形式、孔径大小以及上下游的防护处理等。

①小桥涵水文资料调查。水文资料调查的目的是为确定设计流量和孔径提供必需的资料。调查内容应采用水文计算的方法确定，计算方法包括形态调查法、径流形成法和直接类比法。当跨径在1.5 m以下时，可不进行孔径计算，通过实地勘测用目估法确定孔径。

②小桥涵位置的选定及测量。小桥涵的位置选定在原则上应服从路线走向，通常情况下是由选线组根据最佳路线位置确定的。但是桥涵如何布置，则由桥涵人员根据实地地形、地质及水文条件综合考虑，然后进行桥址或涵址测量。

③小桥涵结构类型的确定。小桥涵类型的选择应结合路线的等级和性质，根据适用、经济和就地取材的原则。结合其他情况综合考虑，使所选定的形式具有施工快、造价低、便于行车和利于养护的优点。

④小桥涵地质调查。小桥涵地质调查的目的是摸清楚桥涵基底工程地质及水文地质情况，为正确选定桥涵及附属构造物的基础埋深与有关尺寸、类型等提供资料。调查的内容包括基底土壤地质类型及特征，有无地质不良情况，土壤冻结深度及水文地质对基础和施工的影响等。

4)预算资料调查。施工预算是公路设计文件的重要组成部分，进行预算资料调查的目的就是要为编制施工预算提供资料。调查应按《公路工程基本建设项目概算预算编制办法》的有关规定进行。调查的主要内容有以下几项：

①施工组织形式调查。主要调查施工单位的组织形式、机械化程度和生产能力以及施工企业的等级等。当施工单位不明确时，应由建设单位提供上述可能的情况及编制原则。

②工资标准。包括工人基本工资标准和工资性津贴(附加工资、粮价补贴、副食补贴)、其他地区性津贴及工人工资计算办法等的调查。

③调拨或外购材料及交通运输调查。包括材料的出厂价格、可能发生的包装费和手续费、可供应的数量、运输方式、运距、中转情况、运输能力、运杂费(包括运费、手续费、装卸费、囤存、过渡、过磅等)、水电价格等内容。

④征用土地和拆迁补偿费。按国务院最新公布的相关规定和当地政府有关补偿费用标准和办法办理。

⑤施工机构迁移和主副食运费补贴的调查。

⑥气温、雨量和施工季节的调查。

⑦其他可能费用资料的调查。

5)杂项调查。杂项调查主要是指占地、拆迁及有关项目的情况和数量调查，为编制设计文件的杂项表格提供资料。主要内容有以下几项：

①占用土地的测绘和调查。

②拆迁建筑物、构造物(包括水井、坟墓等)的调查。

③拆迁管道、电力和电信设施的调查。

④排水、防护、改河以及临时工程(便道、便桥等)的调查。

8. 内业组

定测内业工作的复核、检查、整理外业资料和图表制作、汇总等的要求与初测内业工作要求相同。

定测内业工作进程中应及时进行路线设计和局部方案的取舍。外业期间应做出全部路基横断面设计，并结合沿线构造物的布设，逐段综合检查所定路线线位的技术经济合理性，同时应进行必要的现场核对。

思考与练习

1. 道路初测的目的和任务是什么？
2. 道路初测阶段的外业工作有哪些？
3. 道路初测阶段的内业工作有哪些？
4. 什么是导线？什么是导线测量？
5. 道路定测的目的和任务是什么？
6. 道路定测的外业勘测一般由哪些作业组组成？简述中桩组的主要工作内容。
7. 简述调查组工作任务中工程地质调查、筑路材料料场调查和小桥涵调查的主要工作内容。
8. 某段路线起点桩号为 K1+380，终点桩号为 K27+394.58，中间有两处断链，一处长链 43.36 m，一处短链 57.94 m，则该段路线总长为多少？

项目 10　公路现代测设技术

本章要求

1. 了解公路勘测的新技术——"3S"技术、公路计算机辅助设计 CAD。
2. 了解数字地面模型的应用。
3. 掌握公路透视图的概念及应用。

本章重点

公路透视图的概念、绘制方法及应用。

公路现代测设技术

10.1　概　述

近十几年来，随着电子技术、信息技术、空间技术以及计算机应用的迅猛发展，公路勘测设计速度得以快速提高，我国已经基本完成从绘图平板到计算机出图的革命。新技术将设计者从往日艰苦的外业测量及烦琐的内业设计工作中解脱出来，使得他们有更多的时间去构思、修改并完善设计方案。本书前面章节所介绍的是整个公路勘测设计行业的基本理论，本章主要对当代设计部门在公路和城市公路勘测设计过程中所普遍采用的新技术及方法做一个简要介绍，这有利于在学生毕业后更快、更好地适应工作岗位的要求。总的来说，新技术的应用主要体现在两个方面，一是数据采集与处理新技术；二是工程设计新技术。

10.1.1　数据采集与处理新技术

传统意义上的公路勘测设计外业主要用到的是水准仪、经纬仪、钢尺及平板仪，内业主要是手算及手绘，对于数据量较大且改动频繁的公路勘测设计行业来说，这些纯手工的勘测设计手段既费事又费时，而且数据计算时容易出错。现今，许多勘测设计单位均已配备先进的全站仪、红外线测距仪甚至 GPS 测量仪器，可以直接建立三维的数字地面模型。航空测量和遥感测量分别在 20 世纪 20 年代和 20 世纪 40 年代开始应用，现如今也已成为比较成熟的技术。

10.1.2　计算机辅助设计系统 CAD

如今，智能、高效的计算机辅助设计系统已经成为公路勘测设计部门必不可少的工具，主要包括硬件系统和软件系统两个部分，目前，我国的设计院已经全部采用计算机出图。

先进的公路辅助设计系统从公路定线、工程量计算到自动出图，为设计人员提供了全程的帮助，极大地提高了设计效果与设计效率。随着该系统的不断完善，今后公路CAD将向"数据采集-数字地面模型-公路CAD"的设计互动化、一体化的方向发展。

10.2 公路勘测新技术

在大规模进行公路(特别是高等级公路)建设的今天，公路勘测质量的好坏以及设计水平的高低将直接影响着整个工程的质量。因为一个公路建设项目质量的好坏、投资的多少以及运营的完善与否，直接取决于勘测工作是否周全，设计方案是否合理，两者是相辅相成、互为影响的。但目前我国的公路勘测设计仍然没有完全摆脱传统的勘测设计模式和方法，技术含量低，特别是高科技含量不足，制约了公路建设的发展。如何有效地加快勘测速度，缩短设计周期，优化设计方案，提高设计质量，是设计人员面临的重要任务。

目前已提出了"数字化地球"概念，并通过"3S计划"来实现，即丰富的全球地理信息系统(GIS)、精确的全球卫星定位系统(GPS)和先进的遥感测设系统(RS)。下面主要介绍上述三个系统在公路(主要在公路)测设工作中的应用。

10.2.1 地理信息系统(Geographic Information System)

地理信息系统(Geographic Information System，简称GIS)是为了获取、存储、分析和显示空间定位数据而建立的计算机化的数据管理系统。公路GIS是综合处理三维公路信息的一个计算机软硬件系统，它是GIS技术在公路领域的发展，是GIS与多种公路信息分析和处理技术的集成。早在几年前，北京市公路局科技处就着手开发了北京公路地理信息系统，是未来数字化地理信息系统的雏形。数字化地理信息系统应具备详细的地形数据资料，包括平面点的坐标、高程、已建公路和桥梁的位置、名称、公路沿线的民宅、工矿企事业单位、田地、果林、鱼塘、水渠、河流、电力管线等详细地面资料。建立一个庞大的GIS，单靠公路一家是无法实现的，还需与其他单位通力合作，如测绘部门、航测部门、规划部门、地勘部门。该系统完成以后，完全可以实现资源共享，具有较大的经济效益和社会效益。应用GIS，可以方便打开某一个区域或某设计路段数字化地形图，通过鼠标在地形图上选取控制点，控制点的属性也同时显示(包括点的坐标、高程)，控制点连线后，路线的走向就基本确定了，输入一些平曲线要素，一条路线方案很快就能选定。如果对所选路线方案不满意，可随时用鼠标修改，同时地形图比例也可以根据需要随时调节。在路线方案选定的同时，可以从地理信息系统数据库中获取其他相关信息资料，如最佳路径、最短出行时间、交通流量、公路沿线地区人口数量、经济状况、建材分布与储量、运输条件、土壤、地质和植被情况等。同时，设计人员对于同一起点、终点的路线，可以选取不同的路线方案进行分析、对比、筛选直至获得最佳满意方案为止。

GIS在公路前期规划中发挥了巨大作用。占地拆迁作为前期规划工作中的一项重要工作，它的估算准确与否会直接影响到工程总造价的高低和经济评价的好坏。在GIS电子地图上可准确定出占地线宽度、自动算出占地数量和占地线范围内的鱼塘、麦地、果树、电线杆、水井和电力管线等分项拆迁工程量，减轻了前期规划人员外业工作强度，提高了工作效率。同时，还可以随时到现场进行碎部测量并采集数据，补充更新原有的GIS数据库。

现在许多省、市都在尝试将 GIS 技术引入到初步设计和施工图设计中,并已取得了良好的效果。美国、英国、瑞典等国家已经将 GIS 技术引入到施工图设计阶段,并处于领先地位,还开发和推出了不少关于这方面的软件,如 INROADS、MOSS 和 CARD 等。

10.2.2 全球卫星定位系统(Global Positioning System)

全球卫星定位系统(Global Positioning System,简称 GPS)作为新一代的卫星导航和定位系统,不仅具有全球性、全天候、连续性、实时性的精密三维导航与定位能力,而且具有良好的抗干扰性和保密性。相对于经典测量学而言,GPS 定位技术具有观测点之间无须通视、定位精度高、观测时间短、提供三维坐标、操作简便以及全天候作业等主要特点。由于其高度自动化及其所达到的精度和具有的巨大潜力,GPS 一问世就广泛渗透到经济建设和科学技术的许多领域,如无线电导航、地震网监测、大坝变形监测、大陆板块飘移监测和大地测量等。随着 GPS 技术的快速发展,产品的更新换代,新一代具备实时动态定位(RTK)系统功能双频 GPS 接收机的诞生,给当今公路测设事业注入了新的活力。最新的 RTK 技术在公路测设中具备以下几个功能和作用。

1. 绘制大比例尺地形图

公路选线多是在大比例尺(1:1 000 或 1:2 000)带状地形图上进行。用传统方法测图,先要建立控制点,然后进行碎部测量,绘制成大比例尺地形图。这种方法工作量大,速度慢,花费时间长。用实时 GPS 动态测量可以完全克服这个缺点,只需在沿线每个碎部点上停留一两分钟,即可获得每点的坐标、高程。结合输入点的特征编码及属性信息,构成带状所有碎部点的数据,在室内即可用绘图软件成图。由于只需采集碎部点的坐标和输入其属性信息,而且采集速度快,因此,大大降低了测图难度。

2. 公路中线放样

设计人员在大比例尺带状地形图上定线后,需将公路中线在地面上标定出来。采用实时 GPS 测量,只需将中桩点坐标输入到 GPS 电子手簿中,系统软件就会自动定出放样点的点位。由于每个点测量都是独立完成的,不会产生累计误差,各点放样精度趋于一致。

公路路线主要是由直线、缓和曲线、圆曲线构成。放样时,只要先输入各主点桩号(ZH、HY、QZ、YH、HZ),然后输入起、终点的方位角 A,直线段距离 D,缓和曲线长度 L_s,圆曲线半径 R,即可进行放样操作。这种方法简单实用,比传统方法要快速得多。另外,如果需要在各直线段和曲线段之间加桩,只需输入加桩点的桩号就能自动计算放样元素。

3. 公路的纵、横断面放样和土石方数量计算

(1)纵断面放样时,先把需要放样的数据输入到电子手簿中(如各变坡点桩号、直线正负坡度值、竖曲线半径),生成一个施工测设放样点文件,并储存起来,可以随时到现场放样测设。

(2)横断面放样时,先确定出横断面形式(填、挖、半填半挖),然后将横断面设计数据输入到电子手簿中(如边坡坡度、路肩宽度、路幅宽度、超高、加宽、设计高),生成一个施工测设放样点文件储存起来,可以随时到现场放样测设。同时,软件可以自动与地面线衔接进行"戴帽"工作,并利用"断面法"进行土石方数量计算;通过绘图软件,可绘出沿线的纵断面和各点的横断面图。因为所用数据都是测绘地形图时采集而来的,不需要到现场进行纵、横断面测量,大大减少了外业工作。必要时可用动态 GPS 到现场检测复核,这与传统方法相比,既经济又实用,前景广阔。

4. 桥梁结构物放样

对于在江河上修建的大跨径桥梁,采用传统光学仪器以及全站仪来定位是比较困难的,因为江面较宽、雾气较大,易造成仪器读数误差。另外,江面情况变化多端、观测浮标位置飘浮不定,影响定位精度。而 GPS 采用的是空间三点后方距离交会法原理来定位,不受江面情况干扰,点与点之间不要求必须通视,简捷方便,精度高,大大提高了作业效率。它的平面坐标定位精度在 5 mm±1 ppm 左右,基线长度从几米到几十千米,符合桥梁控制网的精度要求。同样,对隧道控制网、立体交叉控制网也可以采用 GPS 的方法进行精确定位。

10.2.3 遥感技术(Remote Sensing)

遥感技术(Remote Sensing,简称 RS)是利用航片或卫星照片上含有的丰富地表信息,通过立体观察和相片判释并经过计算机的自动处理、自动识别,获得与路线相关的各种地质、水文、建材等资料的一个计算机软硬件系统。遥感技术在公路勘测设计中有以下优点:

(1)可以帮助设计人员对路线所经区域的地形、地貌、河流、居民点以及交通网等进行概要判读,了解其对路线的影响,有助于对路线方案的优化。

(2)可提供详细的地质、水文、植被资料,帮助设计人员了解不良工程地质现象对路线的影响程度,以便提前改线,避免不必要的损害和事故发生。

(3)可帮助设计人员了解沿线土壤和植被类型,了解农作物及经济作物的分布情况,为绿化设计作准备。

(4)可帮助设计人员了解沿线建筑材料的分布、储量、开挖、运输条件,为施工创造良好便利条件。

(5)可对所选路线线型进行三维透视,帮助设计人员了解路线线型是否顺畅、行车视距是否良好、与周围景观是否协调一致等。

10.2.4 航空摄影测量及新测量仪器的应用

利用航空摄影采集地形数据和地面、地物、地质等信息,称为航空摄影测量,这是一种现代化的高新技术。航空摄影和摄影图像为大规模采集地形数据提供了快捷的手段,它经历了常规摄影测量、解析摄影测量,现在已迈入数字摄影测量阶段。为使取得的航空图像能用于专门的仪器上建立立体模型的测量,摄影时飞机应按设计好的航线往返平行飞行进行拍摄,以取得具有一定重叠度的航空图像。以数字影像为基础,利用相关技术和扫描技术,借助电子计算机将航空图像数字化,从而形成三维的电子地形图,成为公路三维设计的基础资料。

早期的航空摄影主要用于军事侦察用途。由于在军事上的成功应用,航测技术相继推广到石油、地质、农林系统等领域。到 20 世纪 40 年代,非常规摄影和非摄影成像的航空遥感技术问世,同时图像判释技术也得到迅速发展。美国从 20 世纪 40 年代开始利用航测技术勘测一般公路和高速公路,国际摄影测量学会于 1960 年成立有关公路、铁路航测研究专门机构,此后,航测技术在大多数国家获得了广泛的应用。我国铁路部门从 20 世纪 50 年代就开始采用航测选线,公路部门则是在 70 年代中后期才先后在四川、广西、湖南等交通勘测设计院和交通部第二公路勘测设计院进行研究与应用。目前,国内许多高等级公路、复杂山区公路和铁路

(如广深珠高速公路、京九铁路、深圳地铁等)已采用航测成图和选线，同时结合计算机辅助设计，在提高选线质量、加快勘测速度、降低工程造价等方面效果显著。

10.3 公路计算机辅助设计

10.3.1 CAD 技术简介

1. CAD 的概念

计算机辅助设计(Computer Aided Design，简称 CAD)，是近年来工程技术领域中发展最迅速、最引人注目的高科技技术之一。它将计算机迅速、准确地处理信息的特点与人类的创造思维相结合，为现代设计提供了理想手段。

2. CAD 系统的组成

CAD 系统由软件系统和硬件系统组成。

(1)CAD 软件系统由数据库、图形系统和科学计算三部分组成。

1)数据库。数据库是一个通用性的、综合性的以及减少数据重复存储的"数据集合"。它按照信息的自然联系来构成数据，即将数据本身和实体之间的描述都存入数据库，用各种方法来对数据进行各种组合，以满足各种需要，使设计所需的数据便于提取，新的数据便于补充。它的内容包括设计原始资料、设计标准与规范数据、中间结果、最终结果等。

2)图形系统。图形系统包括几何构型、绘制工程设计图、绘制各种函数曲线、绘制各种数据表格、在图形显示装置上进行图形变换以及分析和模拟等。图形系统是 CAD 技术的基础。

3)科学计算。科学计算包括通用的数学函数和计算程序，以及在设计中所包括的常规设计和优化设计等，即 CAD 的应用软件包。科学计算是实现工程设计、计算、分析、绘图等具体专用功能的程序，是 CAD 技术应用于工程实践的保证。

(2)CAD 硬件系统。CAD 硬件系统由计算机、显示器、打印机及绘图机四大件组成。计算机进行数据的处理，其处理的结果由显示器进行显示，供设计者判断、修改，最后由绘图机输出所需的图形，由打印机输出数据处理的结果。

3. CAD 技术在工程上的应用

20 世纪 80 年代中期，国内高等院校和生产单位在计算机辅助公路路线方面开展研究，开发和引进了一些辅助设计系统，该系统软件由数字地面模型子系统，路线平、纵优化子系统，路线设计子系统，立体交叉口设计子系统，公路中、小桥涵设计子系统，公路工程造价分析子系统六大专业设计子系统组成。该系统覆盖了地形数据采集—建立数据地面模型—人机交互地进行路线平、纵、横设计，线型优化设计和人工构造物的设计—图和表屏幕编辑，并最终完成图纸的绘制以及工程造价分析等成套 CAD 技术。这些技术一经推出就得到了推广，并取得了显著的工程效益。

10.3.2 公路 CAD 技术

1. 发展概况

计算机在公路工程领域的应用可以追溯到 20 世纪 60 年代初，至今已有 40 多年的历史。在国内,从学习、试制到自主开发软件,也有近 30 年的时间,并取得了显著成绩。

(1)国外发展状况。20 世纪 60 年代,计算机运用到公路设计主要是完成繁重的计算任务,如多层路面结构力学计算、路基稳定性分析与计算、桥梁结构计算、路基土石方计算及平面和纵断面线型计算等。为了获得更大的经济效益,欧美发达国家,如英国、美国、法国、德国和丹麦等先后展开了路线纵断面优化技术研究,开发了较为成熟的路线纵断面优化程序,有代表性的为英国 HOPS 纵断面选线最优化程序系统、法国的 APPOLON 系统、德国的 EPOS 程序等。纵断面优化程序系统的应用,在一定程度上提高了公路设计的质量并相应降低了工程费用。联合国经济合作与开发组织于 1973 年在意大利西西里岛的一条公路上对上述各国的优化程序进行了联合试验,结果表明:使用纵断面优化程序可以节省土石方工程量 8%~17%,平均为 10%,这使得整个公路的建造费用得到很大的节省。

20 世纪 70 年代,公路优化技术从单一的纵断面优化扩展到一定宽度范围内的平面线型优化和平、纵面线型综合优化,数字地面模型开始应用,计算机绘图技术发展为实用阶段。平面优化技术有代表性的成果包括英国的 NOAN 程序,美国的 GCARS 程序,德国的 EPOS-1 程序。路线优化设计在理论和应用上已基本形成了一门独立的学科,但由于路线的优化设计涉及大量的非技术性因素,给研究工作带来了很大困难,因此,就整体而言,路线优化技术仍处在研究探索阶段。数字地面模型主要用于等高线地形图绘制、土地的填挖面积计算、支持路线优化设计等。20 世纪 70 年代末期,计算机图形功能逐步完善,这期间开发的辅助设计系统均可完成大量的设计图纸绘制工作,系统的功能进一步增强,逐步走向实用阶段。

20 世纪 80 年代,公路 CAD 系统的发展更加完善,并逐步向系统化、集成化方向发展。很多国家建立了由航测设备、计算机和专用软件包组成的成套系统,可以完成从数据采集、建立数字地面模型、优化设计到设计文件编制的全部工作,系统都有成功的图形环境支撑,商品化程度很高。如英国的 MOSS 系统、美国的 INROADS、德国的 CARD/1 等。MOSS 系统是英国 MOSS 系统有限公司经过 20 多年的不懈努力,开发出的大型三维公路路线设计计算机辅助设计分析软件,已在欧美一些发达国家的公路、铁路设计中广泛使用,使这些国家的公路、铁路设计完全摆脱了图板,实现了无纸化设计。CARD/1 是德国 Basedow&Tomow 软件公司推出的,包括测量、公路、铁道、排水四个子系统的复杂系统,特别适用于公路的勘测与设计,对于铁道、排水以及建筑景观规划、水利工程、矿山工程等各种土木工程也能有效地使用。这期间公路 CAD 系统的另一个特点是系统的开发环境由小型机或工作站向微型机过渡,并以微型机为主。

进入 20 世纪 90 年代,国外若干优秀的公路 CAD 软件,有向国际化方向发展的趋势。在系统开发过程中,积极研究相关国家的技术标准,尽量提高软件的适应性,使其满足不同国家的设计标准的要求;在数据采集方面,研究采用 GPS、数字摄影测量、遥感地质判释等新技术、新设备。

(2)国内发展状况。我国公路部门应用计算机起步较晚。对公路 CAD 技术的研究开始于 20 世纪 70 年代末,经历了 70 年代末与 80 年代初期的探索、80 年代中后期的发展和 90 年代的提高普及,到目前为止,已在数据采集、内业辅助设计和图形处理各方面取得了较大成就。20 世纪 70 年代末期至 80 年代初期,国内有关高等院校和设计单位在收集和翻译国外路线优化技术和 CAD 技术资料的基础上,首先开展了路线优化技术方面的研究,编制相关优化程序。在辅助设计方面,编制了一些生产实际中急需的路线计算程序,如中桩坐标计算、土石方计算等，开发了针对某种绘图机的绘图程序。这一阶段，路线优化设计是当时计算机在公路设计应用的主流，由于受当时计算机软硬件环境的限制，所编制的程序都是针对某一单项工作，以替代手工计算为目的。但功能单一，缺乏系统性，因此，应用面较窄。

20世纪80年代中后期，随着我国公路建设的快速发展，对公路CAD技术的需求也不断增大，促进了公路CAD技术的发展。1986年，原交通部在多次技术论证的基础上，把公路和桥梁CAD列入国家"七五"重点科技攻关项目，进行研究开发。公路CAD的研究内容包括数字地面模型、路线平纵面线型综合优化、路线设计、立交设计、中小桥涵设计、支挡构造物设计等许多方面；桥梁CAD的研究内容包括桥梁结构布置、桥梁结构有限元分析、桥梁施工详图设计、桥梁工程造价分析等。该项目以工作站为硬件平台，应用对象为一些较大的设计单位。在这一阶段，大量高档次微型计算机和外围设备不断出现，为微型计算机专门配备的图形软件也更趋成熟，给公路CAD软件的开发提供了良好的条件，有关科研院所和设计单位，根据各自单位的实际需要，也纷纷开展了公路CAD软件的开发工作，推出了一些各具特色的微型计算机公路CAD系统。这一阶段CAD软件的特点是计算分析和成图一体化，以提高软件的自动化程度为目标，但大多缺乏交互性能或交互性能不高，软件的子系统之间接口繁多，没有统一的数据管理。

20世纪90年代至今是公路基础设施建设大发展时期，公路建设的速度明显加快，建设规模空前扩大，对CAD软件的要求越来越高。这一时期也是CAD软件的商品化发展阶段，软件开发商为满足市场需求和适应计算机硬件技术、软件技术的迅速发展，在大力推销其软件产品的同时，对软件的功能、性能，特别是用户界面和图形处理能力，进行了大幅度扩充；对软件的内部结构和部分软件模块，特别是数据管理部分，进行了重大改造。新增的软件部分大都采用了面向对象的软件设计方法和面向对象语言。以计算机为平台的公路CAD系统很快占据了优势，并逐渐取代了以工作站为平台的CAD软件。这期间公路CAD软件发展的特点表现为：软件支撑平台由DOS系统向Windows系统过渡，软件界面及交互性能有所改善；部分软件自主开发了专业的图形支撑平台，系统具有较强的针对性和实用性；公路CAD软件的应用深度和广度都有较大提高，应用范围基本覆盖了公路初步设计和施工图设计的各个方面（不包括方案设计、方案评价选优等），到1996年年底，公路CAD技术已普及到地市级设计单位，设计文件全部由计算机完成，而且在立交桥和独立大桥等复杂工程中应用了三维技术进行渲染和动画，同时，开始实施院内计算机网络管理；跟踪国际计算机应用技术的最新发展，开始了领域内不同新技术的集成研究，如1996年原国家计委下达的国家"九五"重点科技攻关项目"国道主干线设计集成系统开发研究"、1998年原交通部重点资助项目"集成化公路CAD系统"研究等，研究的起点较以前有了较大提高。

2. 组成系统

(1) 公路CAD系统总体结构。公路CAD系统总体结构如图10-1所示。从图中可以看出，公路CAD模块化程序系统由数据采集、优化技术、设计和绘制图表三个子系统及一个数据库四个部分组成。系统采用模块技术，各系统及子系统内的各个程序都成为单独的模块。在系统使用时，运用菜单技术，通过数据库，采用数据通信的方式，有机地将各模块联系起来，在此数据库起到了桥梁的作用。这种模块化了的程序系统，不仅节省了有限的计算机内存空间，而且还增添了系统的灵活性，即可以不断地把新模块增添到系统内，加强系统功能。

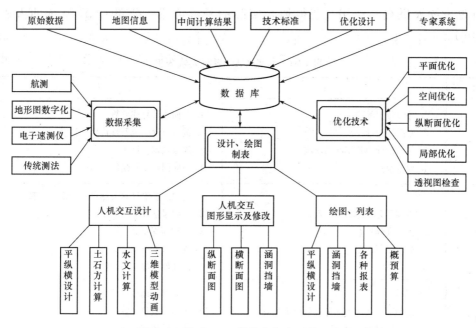

图 10-1 公路 CAD 模块化程序系统示意

(2)数据采集。公路设计必须依靠大量的地面信息和地形数据。数据采集可采用的方法如图 10-2 所示。

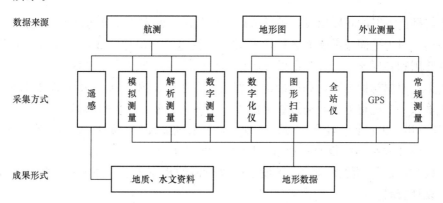

图 10-2 数据采集方法分类

1)用现代化的航空摄影测量手段建立数字地面模型。该方法快速，自动化水平高，但采用专摄航片，需委托航测部门按数据采集的要求订立合同，这种专摄航片受到时间、费用等因素的限制，除非是重点工程项目，在目前条件下对一般公路建设项目工程尚难以推广。

2)用全站仪或红外线测距仪地面实测的方法，直接建立三维的数字地面模型。该方法在工程上普遍采用。

3)用传统的经纬仪、水准仪和小平板实测。该方法在实际工程中已很少采用。

(3)优化设计。要使公路计算机辅助设计系统具备经济效益和获得质量较高的设计方案，必须包含有优化技术。进行优化设计时，应根据不同设计阶段，有不同的重点要求，建立一个从粗到细逐级优化的思路；同时，应注意多种复杂因素的干扰，在优化设计过程中,不断发挥人机交互作用,获得切合实际的最优方案。公路 CAD 系统的人机分工见表 10-1。

表 10-1 公路 CAD 系统人机分工

子系统	人	机
平面	1. 导线位置的确定 2. 平面线设计参数 3. 平面设计中各细部的修改 4. 规范检查	1. 平面线计算或验算 2. 桩号自动生成及逐桩坐标计算 3. 规范数据查询 4. 平面图显示及绘图
纵断面	1."拉坡"及竖曲线半径确定 2. 控制高程检查 3. 修改纵断面图	1. 竖曲线要素计算及逐桩设计高程计算 2. 工程量估算 3. 控制高程验算 4. 规范数据查询 5. 纵断面图显示与绘图
横断面	1. 横断面形式及各部分参数确定 2. 检查设计横断面 3. 特殊断面设计 4. 旧路结构利用设计	1. 横断面自动设计 2. 土石方数量计算 3. 防护结构标准图检索 4. 规范数据查询 5. 旧路结构利用数量计算 6. 横断面图显示与绘图

从确定最优方案的角度出发,进行公路最优化设计的方法可分为以下两类:

第一类:对于平面或纵断面各种比较方案,快速、准确地完成路线设计,并计算出各方案的总费用和各项比较指标,由设计者根据自己的经验选出最佳方案。

第二类:根据初始方案,利用最优化理论的数字方案和方法,由计算机寻找最优设计方案,即输入一个可行方案,通过数字迭代方法来完成最优方案的求解。

(4)计算机辅助设计、绘图和制表。现代计算机辅助设计一般具备在屏幕上显示并通过人机对话对设计方案进行修改;通过不断地人机交互作用,以获得切合实际的最优方案,在设计完成时可以利用绘图机输出各设计阶段所需的相应图纸,并由打印机输出工程量和概预算等设计资料。

10.4 公路虚拟仿真技术

10.4.1 数字地面模型的概念及应用

地形资料是公路设计的重要基础资料之一。在传统设计中,一般用地形图或断面图来表示地形。地形图或断面图的获得需通过野外实地测量,再经过手工绘制而成,人力、时间消耗很大。利用计算机进行公路设计,就要让计算机能认识和处理地形资料,为此,必须把地形资料变成计算机能接受的信息-数字。数字地面模型就是在这种背景下被引入公路设计领域的。

数字地面模型(Digital Terrain Model，简称数模 DTM)是指按照某种数学模型表达地形特征的数值描述方式。它由许多规则或无规则排列的地形点三维坐标 X、Y、Z 组成，是已数字化的地形资料存储于计算机的产物。

数字地面模型一般由以下三部分组成：

(1)用离散的形式将某一区域内一系列采样点的信息，按照一定的规则，存储在计算机中，形成一个有限项的向量序列。通常用 Z、Y 表示平面坐标系，用 Z 表示高程，各种平面地理信息如建筑物、河流等用编码或分层方式表示。

(2)给定某种数学方法来拟合地表形态。通过它可求得该区域任一平面位置点的高程，或者推算其他地面特征，如坡度、坡向等。

(3)实用程序块，主要完成坐标系的转换工作。

数字地面模型可用于公路设计的各个阶段，如图 10-3 所示。设计人员利用数字地面模型进行路线方案比选，只需输入少量的设计参数，计算机就会按照编好的程序自动完成设计和分析比较工作，输出比较结果。设计者可以轻而易举地对方案进行比较，选择较优方案，而不需重测。另外，数字地面模型还广泛地用于公路初步设计和技术设计中。设计者做一些必要的外业调查和实测，就可以直接利用计算机进行路线设计。除此之外，数字地面模型用于绘制地形图、路线平面图和地形透视图，可以大大减轻设计人员的工作强度。

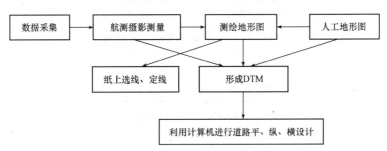

图 10-3 数字地面模型的应用

10.4.2 公路勘测设计一体化技术应用

从上述章节已经了解了公路勘测设计的一些新技术新方法及公路 CAD 系统的概念。如何将它们应用到实际的生产生活中去，如何应用到某一个具体的工程上，提高工作效率及勘测设计质量，实现职能化设计，是国内各院校部门及专家研究的热点。

(1)技术路线。

1)在路线带范围内获取带状地形数据。

2)计算机生成沿路线导线走向的数字地面模型 DTM。

3)计算机自动采集路线中线的地面高程及横断面地面线的高程。

4)由设计人员提出路线设计方案(平、纵、横)。

5)计算机完成路线的平、纵、横综合设计，并以《规范》要求的设计图表形式输出设计成果。

(2)技术流程。应用于国内一般工程的公路勘测设计一体化流程图如图 10-4 所示。

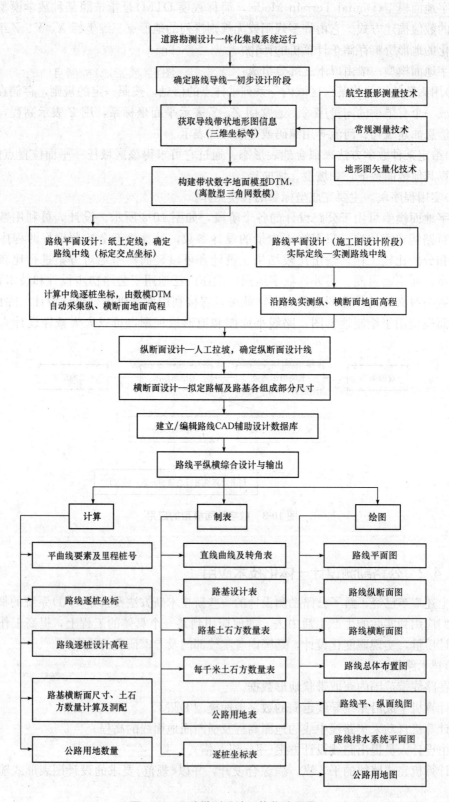

图 10-4 公路勘测设计一体化流程图

10.4.3 计算机辅助路线平纵横设计

根据前面几章的讨论,可以归纳出传统路线设计的一般过程:

(1)在路线方案确定的情况下,由设计者在地形图上(或实地)根据自己的经验初步定出路线的平面位置,即定出交点位置、平曲线半径和缓和曲线长度;

(2)检查所定路线是否满足规范要求及与地形的适应等情况;

(3)绘制与平面相对应的纵断面地面线图,并设计与之相适应的纵断面;

(4)参照纵断面图,考虑地面横坡,根据确定的标准断面,进行横断面设计,判断是否修改平面,如需修改则重复上述过程,直到满意为止。这实际上是平面与纵断面交替设计的过程,其工作量是十分繁重的,且要求有经验的设计者来完成。由于工作量大,往往会限制比较方案的个数,因此,采用的方案仅是几个比较方案中相对较好的。

随着计算机及其外围设备的推广应用和计算数学的发展,人们自然会利用计算机快速计算的优点,在数字地面模型的支持下,借助数学方法,由计算机确定路线平面位置,进行优化设计,自动完成路线平面、纵断面和横断面设计工作。但是,由于平面线型优化涉及许多复杂因素,用这种方法实现的 CAD 系统,目前,在国内外仍处于研究开发和完善阶段。因此,从目前来讲,路线计算机辅助设计的任务就是利用计算机快速计算来取代人工繁重的计算与绘图工作,进而用优化技术来自动进行部分修改工作;另一部分由人机交互修改,将设计人员的精力主要用于分析判断及处理一些难于用数学模型来表达的问题上。

1. 计算机辅助路线平面设计

(1)计算机辅助路线平面设计的任务。在公路设计中,根据测设阶段和数据采集方法的不同,平面设计可分为实地定线和纸上定线。在实地定线的情况下,计算机辅助路线平面设计的任务是验算曲线要素和主点桩号;进行超高、加宽计算;处理断链;生成平面图。在纸上定线设计时,计算机辅助路线平面设计的任务是:路线导线及偏角计算;人机交互设计(包括曲线要素和主点桩号计算);超高、加宽计算;生成平面图。

(2)计算机辅助路线平面设计的流程。路线方案确定以后,设计者根据实际地形条件在实地或纸上确定路线平面线型,将平面设计资料输入计算机进行处理。一般包括以下步骤:

1)输入数据:主要包括交点坐标(或交点桩号及转角)、平曲线半径、平曲线类型和缓和曲线长度(A 值)等数据的输入。

2)计算内容:由计算机进行路线里程、平曲线要素、曲线上各特征点桩号和逐桩坐标等数据的计算。

3)输出结果:计算机辅助编制直线、曲线转角表,辅助绘制路线平面图。

计算机辅助路线平面设计流程图如图 10-5 所示。

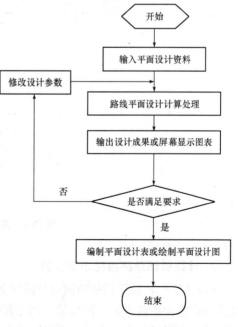

图 10-5 路线平面设计流程图

2. 计算机辅助路线纵断面设计

(1)计算机辅助路线纵断面设计的任务。纵断面设计主要包括纵坡设计和竖曲线设计两个部分。因此，计算机辅助路线纵断面设计的任务是输入并处理原始地面高程数据，再综合考虑平纵组合、纵坡设计技术标准、工程量大小及土石方平衡等因素的条件下确定变坡点桩号及高程，计算各纵坡的坡度值，确定各变坡点处竖曲线半径，逐桩进行设计高程及填挖高度计算。

(2)计算机辅助路线纵断面设计的流程。纵断面计算机辅助设计，第一步是输入原始数据，主要为纵断面地面高程数据，一般是现场逐桩实测得到；第二步是在原始数据基础上进行拉坡设计，计算机系统可以满足屏幕动态拉坡的需求；第三步是由计算机内置的"方案检查"模块对方案进行平纵组合、技术规范等检查，并提供结果；第四步是进行人机交互修改，直至得到满意的纵断面设计方案。其流程图如图10-6所示。

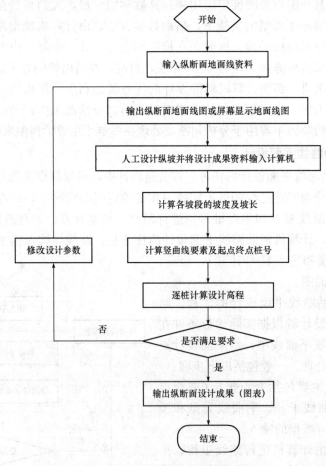

图10-6 路线纵断面设计流程图

3. 计算机辅助路线横断面设计

(1)计算机辅助路线横断面设计的任务。公路横断面通常由地面线和设计线组成，其中设计线还包含边坡防护、护坡道、挡土墙、排水沟等构造物设计线。计算机辅助路线横断面设计的主要任务是：根据定义的标准横断面形式，确定各桩号路基的形状和尺寸；确定各断面的边沟类型；对各桩号路基进行结构设计；以及计算土石方工程数量并绘制土石方工程数量表和横断面设计图。相对公路平纵设计，横断面设计是一项工作量大、重复性多的工作，其计算和绘图工作量占整个设计的很大比例。一般采用自动化设计和人机交互修改相结合的方式来进行横断面设计。

(2)计算机辅助路线横断面设计的流程。横断面设计：第一步是设计者根据路线所经地区的地形、地质、水文、气候等条件，归纳可能出现的横断面形式和处理方式，确定各段的标准设计横断面形式及构造物布置形式；第二步是计算机自动套用标准横断面，逐桩进行横断面设计，并可根据需要显示在屏幕上，设计者可在屏幕上修改不合理的设计断面；第三步是计算机自动提取已存入修改后的数据，计算土石方工程数量，并进行土石方调配；第四步是输出横断面设计图和有关图表。其流程如图10-7所示。

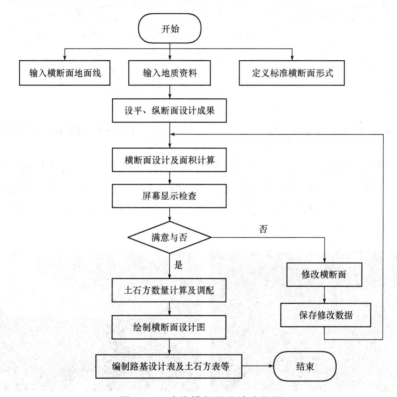

图 10-7　路线横断面设计流程图

10.4.4　公路路线三维可视化设计

现代公路除要能满足交通要求外，还要求行车舒适安全、线型和谐优美，与环境相互融合。若乘客的视觉良好，心旷神怡，即使长途旅行也不会感到疲劳和厌倦，因此，良好的公路线型应该在行车安全和乘客舒适两方面获得最大限度的满足。透视图技术是评价公路线型质量的主要手段之一，也是当今进行招标、投标时显现设计效果的重要手段。目前三维可视化设计从成果上看主要是公路透视图这一表现形式。

公路透视图是路线计算机辅助设计的重要组成部分，可以使设计者在设计阶段获得形象逼真的公路全貌。它可以检查路线设计的线型质量以及公路与周围景观的协调程度，并以此作为修改设计的重要依据。公路透视图分为线型透视图、全景透视图、复合透视图和动态透视图。线型透视图只能绘出路基边缘线以内的线条，这种透视图主要用来检查平、纵面线型及其组合情况以及立体线型是否顺适，或走向是否清楚，如图 10-8 所示；全景透视图不仅能提供线型检查，还可真实反映路线与周围景观的协调程度，并能直观反映视距不良路段，用以指导设计，如图 10-9 所示；复合透视图是将全景透视图与实拍照片进行叠加，形成具有真实背景的路线透视图，它能逼真地反映拟建公路与周围景观的配合情况；路线动态透视图是通过计算机连续不断地调用经过事先生成、经过特殊处理过的若干幅相邻且视点轨迹连续的路线透视图进行显示，使之在屏幕上形成具有动画效果的图形显示。通过改变各幅透视图的视点间距和调整显示时间间隔，可逼真地模拟各种车速在公路上行驶的情况，这也是评价公路设计质量的重要手段。

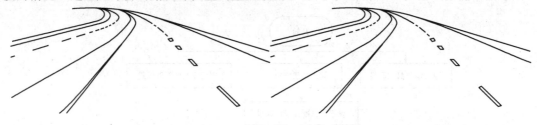

图 10-8 路线线型透视图　　　　　　图 10-9 路线全景透视图

公路的三维可视化设计是通过几何造型技术将公路几何尺寸输入计算机，在进行渲染、背景叠加后，形成逼真的静态或动态透视图。一般包括造型、渲染、背景叠加和动画技术四个步骤。图 10-10 是用 EICAD 公路与桥梁三维建模软件 3DROAD 生成的公路静态透视图。

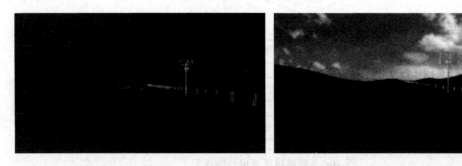

图 10-10 公路静态透视图

1. 视点和视轴的选择

视点位置和视轴方向是根据透视的目的和透视图的种类来选择的，当然也可以由计算机自动选取。

（1）视点的选取。驾驶员透视图，视点应取驾驶员在公路上眼睛的位置。视高一般为 $1.0 \sim 1.5$ m，鸟瞰图可高出路面几十米甚至几百米以上。在 AutoCAD 及 3DSMAX 环境中，用户可根据自己的需要自行选定视点位置。

（2）视轴的选取。视轴方向对透视图的影响极大，一般来说，在高速公路上驾驶员注意力集中点与视点的距离约为车速 $v(\mathrm{km/h})$ 的 5 倍，故视轴在水平方向应通过前方路中线 5 倍处。视轴的竖起角与站点的纵坡切线方向应保持一致。

(3)视野范围。视野范围也称可视区间,是最远和最近可见公路断面的桩号差,视野范围是透视图中所需绘制的公路长度范围。

2. 横断面间距及物点选择

根据车速与可视距离和车前距离的关系,透视图的绘制范围一般为 20~70 m。为了保证透视图的精度,横断面间隔按相关建议选取。当横断面确定后,绘制线型透视图,可以选取横断面上的路中心点、路面边缘点和路基边缘点作为物点;而全景透视图,除上述这些点外,还应包括边坡坡脚点和横断面地面线上的一些高程变化点。对于有中央分隔带的公路,还要选取中央分隔带左、右边缘点为物点。

3. 公路透视图的生成

透视变化是产生立体效果的基础,是生成真实感图形的保证,在公路线型设计中,由于需要变换视点位置,从各个角度观察线型,因此选用观察坐标系下的一点透视变换,即从一点出发,在整个平面上生成三维物体的投影。生成透视图包括坐标计算转换和消隐两个过程。

(1)物点坐标的计算。坐标计算和转换是绘制透视图关键的一步,如图 10-11 所示。物点的透视坐标计算是通过四个坐标系——局部坐标系 O_1、X_1、Y_1、Z_1,整体坐标系 O_2、X_2、Y_2、Z_2,视轴坐标系 O_3、X_3、Y_3、Z_3 及最后求得物点二维坐标的透视平面坐标系 O_4、X_4、Y_4、Z_4 的变换来实现的。

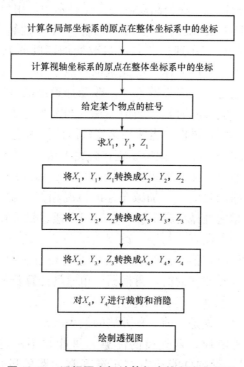

图 10-11 透视图坐标计算与变换程序流程图

计算出各迹点的坐标后,按照一定的规律连接这些迹点,就形成了公路的透视图。这种规律就是前面讲到的公路横断面特征点的属性问题。除此之外,还必须考虑迹点边线的消隐问题。

(2)裁剪、消隐与绘制。路基横断面上的各特征点及地面线点，经过坐标变换至图像坐标系中后，各点及按连接关系确定的各线段有可能部分或全部落到规定画出的窗口以外。图形裁剪就是要将窗口以内部分保留并显示或绘出，而将其余部分裁剪掉，以保持路线透视图画面的美观和简洁。

为了真实地反映物体的视觉效果，必须将那些被不透明的面或物体遮蔽的线段、平面隐去，否则画面将会杂乱无章，这一过程就是消隐。在计算路基横断面上物点的透视图坐标时，还无法判别哪些线段是被前面的面遮挡，变成不可见的。只有在所有透视点坐标求得后，才能在透视图绘制时，根据一定算法，判断并消去不可见的隐线和隐面。

隐线和隐面的消除算法是计算机图形学中比较困难但又十分关键的一个问题，算法很多。根据公路的带状几何特性，一般选用峰值线算法、画家算法两种消隐算法。前者以线框模型为基础，用于产生线框模型透视图；后者以面模型为基础，可以产生彩色面模型透视图。

4. 公路透视图三维动画实时显示

随着计算机的发展，可以产生动画的类型得到了拓宽和改进。在工程设计领域也被大量用于制作渲染图和动画。交互式的动态透视图，即实时动画，是画面显示和画面生成同时进行，采用"双缓冲区"方式进行。其最大优点是交互性强，用户能通过键盘、鼠标等外部设备控制透视画面的生成，如改变车速、视点、视线方向等，透视画面随之改变。交互的特性提供了一个模拟驾驶环境。在公路动画的实时显示中，用户的交互动作有以下几种：

(1)加减车速的交互和响应。模拟车辆在公路上从一个车速转变为另一个车速的方法有两种：一是通过加减速步长改变车速；二是通过改变加速度的方法达到改变车速的目的。前一种方法具有程序实现简单、加减速反应灵敏的特点。用户通过触发加减速消息，可以直接改变车速数值，不足之处是反应不够真实。改变加速度的方法则能够更加真实地表现驾驶员加减速动作。该方法能够同时扫描当前车速、当前加速度两个变量，当用户激发加减消息时，改变加速度的数值，再根据当前加速度数值计算车速。

(2)改变行车方向的交互和响应。模拟车辆在公路上从一个行车方向转变为另一个行车方向的方法有两种：一是通过直接改变摄像机指向观察目标点的矢量；二是通过改变转运角速度的方法达到改变方向的目的。与加减车速的情况相似，前一种方法具有程序实现简单、反应灵敏的特点，不足之处是反应不够真实。用户通过触发转向消息，直接改变方向，一旦方向改变后，车辆沿新方向直线行驶。改变转动角速度的方法则能够更加真实地表现驾驶员转向动作。该方法同时扫描当前行车的矢量方向和当前转动角速度两个变量，用户激发转向消息时，改变转动角速度的值，再根据该角速度计算新的角度，并保持转动趋势，实时改变摄像机矢量方向。例如，驾驶员向左转动方向盘后，车辆会向左一直转动，做圆周运动，而不是做直线运动，这是与前一种方法的最大区别。

(3)观察方向的交互和响应。驾驶员的注意力可能并不一定始终集中在公路的正前方，尤其是当车速较慢时，驾驶员能从左右车窗观赏途路的风景。如图10-12所示，为了模拟这种情况，我们应当增加一个摄像机矢量方向，它区别于行车矢量方向。行车矢量方向和行车速度被用于计算摄像机所在点的空间坐标，但是摄像机矢量方向与视线长度则被用于求算摄像机目标点的位置。响应用户改变观察方向的动作，可以参照第一种车辆转向响应方法。我们认为驾驶员一旦转动观察方向，就保持这一方向观察，而不会继续转动下去。

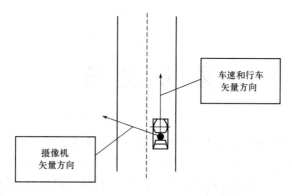

图 10-12　行车方向与摄像机方向示意

随着计算机软件、硬件技术的不断进步，一些能够实现高质量的动态交互式公路实景透视图的软件将不断推出，大大改善公路三维制作的现状，并逐步发展成包含视觉、听觉、嗅觉和触觉的真正意义上的虚拟现实。将虚拟现实技术引入工程设计领域，面临三维建模和交互仿真两方面的问题。动态交互式的仿真方式，在工程设计中用于完成动态全景透视图，它是一种虚拟汽车、行人在公路、桥梁等工程环境中通行、运动的交互式视觉仿真系统。尽管虚拟现实技术涉及多个学科领域，但随着高速 CPU 和更高流水数 3D 图形加速卡的出现，在 PC 平台上开发出适应公路、桥梁设计的虚拟现实系统是可行的。

10.4.5　公路勘测设计发展趋势

公路的勘测设计依赖于新技术的发展。计算机技术的发展与应用，使公路 CAD 技术快速发展，给公路设计等带来革命性变化。随着计算机技术的不断进步，信息技术和空间技术的飞速发展，必将使公路设计产生又一次飞跃，其发展趋势是将卫星遥感技术、全球定位系统、地理信息系统、航测技术以及全站仪等先进科学技术应用于公路设计，实现公路设计的自动化。地形数据采集，特别是快速、高精度原始数据采集对现代公路设计自动化至关重要。全数字化测图是在解析法测图基础上发展起来的更为先进的摄影测量技术，通过扫描方式获得地面立体三维坐标，具有测图速度快、无须人工量测、数据点密集等特点，但其中自动化的相关技术还不能代替人眼立体观察，需要进一步研究。将 RS、GIS、GPS 高新技术与计算技术结合，形成自动化测量技术，应用于公路自动化技术，将是今后研究的重点课题。

思考与练习

1. 什么是数字地面模型？数字地面模型有哪几种类型？
2. 简述公路透视图设计流程。
3. 计算机辅助路线平、纵、横设计系统的任务分别是什么？
4. 浅谈路线 CAD 系统未来的发展方向。

参 考 文 献

[1] 中华人民共和国交通运输部. JTG B01—2014 公路工程技术标准[S]. 北京：人民交通出版社，2014.
[2] 中华人民共和国交通运输部. JTG D20—2017 公路路线设计规范[S]. 北京：人民交通出版社，2017.
[3] 中交公司勘察设计研究院. JTG C10—2007 公路勘测规范[S]. 北京：人民交通出版社，2007.
[4] 中华人民共和国交通运输部. JTG D81—2017 公路交通安全设施设计规范[S]. 北京：人民交通出版社，2018.
[5] 中华人民共和国交通运输部. JTG B04—2010 公路环境保护设计规范[S]. 北京：人民交通出版社，2010.
[6] 陈方晔，李绪海. 公路勘测设计[M]. 3版. 北京：人民交通出版社.2015.
[7] 王学民，李燕飞，任国志. 公路勘测设计[M]. 郑州：黄河水利出版社.2013.